国家出版基金项目
NATIONAL PUBLICATION FOUNDATION

青少年讲武堂

总 主 编　崔常发　马保民
　　　　　荆　博　曾祥旭
副总主编　王道伟　郭松岩
　　　　　于玲玲　路志强

著名将帅传略

展现军事翘楚的
戎马生涯

荆　博　王文晓　路志强　编著

U0723153

文心出版社
·郑州·

图书在版编目（CIP）数据

著名将帅传略 ：展现军事翘楚的戎马生涯 / 荆博，
王文晓，路志强编著 . — 郑州 ：文心出版社，2016. 12
（2019.5 重印）
（青少年讲武堂 / 崔常发，马保民，荆博，曾祥旭
总主编）
ISBN 978 – 7 – 5510 – 1281 – 2

Ⅰ. ①著… Ⅱ. ①荆… ②王… ③路… Ⅲ. ①军事家 –
列传 – 世界 Ⅳ. ①K815.2

中国版本图书馆 CIP 数据核字（2016）第 177045 号

出版社：文心出版社
（地址：郑州市郑东新区祥盛街 27 号　　邮政编码：450016）
发行单位：河南省新华书店
承印单位：三河市金轩印务有限公司
开本：710 毫米 × 1010 毫米　　1 / 16
印张：12. 5
字数：275 千字
版次：2016 年 12 月第 1 版　　印次：2019 年 5 月第 4 次印刷

书号：ISBN 978 – 7 – 5510 – 1281 – 2　　定价：31. 00 元

与趣味性有机统一的基础上,编纂了《青少年讲武堂》这套丛书。

该套丛书共分22册,分别为《经典兵书导读 走出战争迷宫的理性指南》《著名将帅传略 展现军事翘楚的戎马生涯》《战争战役回眸 追寻战争历史的闪亮足迹》《指挥艺术品鉴 开启军事创新的思维天窗》《军事谋略精要 掀开以一敌万的神秘面纱》《军事科技纵横 领略军事变革的先锋潮流》《武器装备大观 把握军事世界的核心元素》《军事后勤评说 探究战争胜败的强力后盾》《国防建设考量 通晓国强家稳的安全屏障》《军事演习巡礼 体验军力提升的重要环节》《兵要地志寻踪 走近军事活动的天然平台》《军事制度一瞥 透视强军之基的内在支撑》《军事约章评介 揭示军势嬗变的影响因素》《军事文化解读 领悟文韬武略的历史积淀》《军事檄文赏析 解读壮气励士的激扬文字》《军事心理探幽 透析军人情志的心路历程》《军队管理漫话 掌握军事行为的调控方略》《军事情报管窥 练就审敌虚实的玄妙功夫》《军事危机处置 感悟化危为机的高超艺术》《军事代号揭秘 知谙诡秘数码的背后深意》《作战方式扫描 解析军事对抗的表现形态》《世界军力速写 通览当今世界的武装力量》。

本丛书在编纂过程中,参考借鉴了一些相关著作和资料,在此对相关人士一并表示衷心的感谢。同时,也真诚地期望广大读者朋友对丛书提出宝贵的意见,以使其更加完善,更好地服务于青少年国防教育,更好地服务于加快推进国防和军队现代化进程,更好地服务于全面建成小康社会。

丛书全体编者
2015 年 5 月

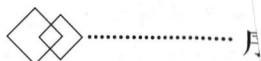

　　200多年前,全世界公认的军事理论权威——若米尼在他的著作中深刻地指出:一个国家即便拥有极好的军事组织,倘若不培养人民的爱国热忱和尚武精神,那么这个国家还是不会强盛的。人类5000年血与火的历史表明,若米尼的这番话可谓至理名言。

　　中华民族是一个既崇尚与热爱和平又富有爱国传统与尚武精神的民族,自古就有"国家兴亡,匹夫有责""位卑未敢忘忧国"之说,"投笔从戎""马革裹尸"等英雄壮歌更是响彻神州大地。

　　新中国成立之后,党和国家领导人一直高度重视全民国防教育,尤其重视对青少年进行国防教育。毛泽东同志亲自批准在高等院校学生中开展军事训练,为部队培养预备役军官。邓小平同志多次强调,国防教育要从娃娃抓起,要加强对公民特别是青少年的国防教育。江泽民、胡锦涛同志对青少年的国防教育工作作过一系列重要指示,要求国防教育应当成为对公民进行以爱国主义为主要内容的全社会性的教育活动。习近平同志强调指出,要加强国防教育,增强全民国防观念,使关心国防、热爱国防、建设国防、保卫国防成为全社会的思想共识和自觉行动。

　　全民国防教育是一项极其重要的战略工程,能够激发人们对国家安全的责任感和使命感,激励人们的爱国之心和报国之志,强化人们的忧患意识和国防观念,增强实现中华民族伟大复兴的凝聚力和向心力。而青少年是国家民族的未来,青少年时期是人们世界观、人生观、价值观形成的关键阶段,对青少年进行国防教育是全民国防教育的基础,是一项利在当代、功在千秋的工作。

　　为适应国内外发展变化了的新形势和国防教育的新要求,我们组织和邀请了中国人民解放军军事科学院、国防大学、空军指挥学院、南京政治学院、海军大连舰艇学院、总参工程兵学院等单位的一些专家、学者、博士、硕士,针对青少年学习军事知识的需求和特点,在注重科学性与通俗性、知识性与可读性、学术性

1

与趣味性有机统一的基础上,编纂了《青少年讲武堂》这套丛书。

该套丛书共分22册,分别为《经典兵书导读 走出战争迷宫的理性指南》《著名将帅传略 展现军事翘楚的戎马生涯》《战争战役回眸 追寻战争历史的闪亮足迹》《指挥艺术品鉴 开启军事创新的思维天窗》《军事谋略精要 掀开以一敌万的神秘面纱》《军事科技纵横 领略军事变革的先锋潮流》《武器装备大观 把握军事世界的核心元素》《军事后勤评说 探究战争胜败的强力后盾》《国防建设考量 通晓国强家稳的安全屏障》《军事演习巡礼 体验军力提升的重要环节》《兵要地志寻踪 走近军事活动的天然平台》《军事制度一瞥 透视强军之基的内在支撑》《军事约章评介 揭示军势嬗变的影响因素》《军事文化解读 领悟文韬武略的历史积淀》《军事檄文赏析 解读壮气励士的激扬文字》《军事心理探幽 透析军人情志的心路历程》《军队管理漫话 掌握军事行为的调控方略》《军事情报管窥 练就审敌虚实的玄妙功夫》《军事危机处置 感悟化危为机的高超艺术》《军事代号揭秘 知谙诡秘数码的背后深意》《作战方式扫描 解析军事对抗的表现形态》《世界军力速写 通览当今世界的武装力量》。

本丛书在编纂过程中,参考借鉴了一些相关著作和资料,在此对相关人士一并表示衷心的感谢。同时,也真诚地期望广大读者朋友对丛书提出宝贵的意见,以使其更加完善,更好地服务于青少年国防教育,更好地服务于加快推进国防和军队现代化进程,更好地服务于全面建成小康社会。

丛书全体编者
2015 年 5 月

序

　　200多年前,全世界公认的军事理论权威——若米尼在他的著作中深刻地指出:一个国家即便拥有极好的军事组织,倘若不培养人民的爱国热忱和尚武精神,那么这个国家还是不会强盛的。人类5000年血与火的历史表明,若米尼的这番话可谓至理名言。

　　中华民族是一个既崇尚与热爱和平又富有爱国传统与尚武精神的民族,自古就有"国家兴亡,匹夫有责""位卑未敢忘忧国"之说,"投笔从戎""马革裹尸"等英雄壮歌更是响彻神州大地。

　　新中国成立之后,党和国家领导人一直高度重视全民国防教育,尤其重视对青少年进行国防教育。毛泽东同志亲自批准在高等院校学生中开展军事训练,为部队培养预备役军官。邓小平同志多次强调,国防教育要从娃娃抓起,要加强对公民特别是青少年的国防教育。江泽民、胡锦涛同志对青少年的国防教育工作作过一系列重要指示,要求国防教育应当成为对公民进行以爱国主义为主要内容的全社会性的教育活动。习近平同志强调指出,要加强国防教育,增强全民国防观念,使关心国防、热爱国防、建设国防、保卫国防成为全社会的思想共识和自觉行动。

　　全民国防教育是一项极其重要的战略工程,能够激发人们对国家安全的责任感和使命感,激励人们的爱国之心和报国之志,强化人们的忧患意识和国防观念,增强实现中华民族伟大复兴的凝聚力和向心力。而青少年是国家民族的未来,青少年时期是人们世界观、人生观、价值观形成的关键阶段,对青少年进行国防教育是全民国防教育的基础,是一项利在当代、功在千秋的工作。

　　为适应国内外发展变化了的新形势和国防教育的新要求,我们组织和邀请了中国人民解放军军事科学院、国防大学、空军指挥学院、南京政治学院、海军大连舰艇学院、总参工程兵学院等单位的一些专家、学者、博士、硕士,针对青少年学习军事知识的需求和特点,在注重科学性与通俗性、知识性与可读性、学术性

目 录

下篇　中国著名将帅

上 篇 外国著名将帅

亚历山大：西方古代战史"第一伟人"

在人类文明史上，大凡称得上伟人的，或是有盖世的业绩恩及时人，或是有超凡的智慧泽被后世，尤其是能被冠以"第一"之伟人者，那就必当是伟人中之伟人。亚历山大在西方古代军事领域里，就是这样一位被认为是盖世无双的顶级人物。

亚历山大出生于公元前 356 年，他的父亲马其顿国王腓力二世为了使其基业永盛，对这位身材健美、眉目端庄的爱子寄予了极大的期望，在倾其所能对小亚历山大进行严格的体质和军事技能训练的同时，非常重视他的智力和才能发展。亚历山大 13 岁时，腓力二世即让他拜"古希腊最博学

亚历山大

的人"（马克思语）亚里士多德为师，跟随这位哲学大师苦读三年，亚历山大不仅受到了良好的古希腊文化的哺育，而且养成了善于思考、手不释卷的好习惯。亚历山大的母亲阿林匹斯是一个小国国王之女，个性粗野、专断，母亲坚强的性格给了小亚历山大极大的影响，培养了他讲究实际的精神和追求胜利的英雄气概。良好的客观环境和刻苦的主观努力，使其文韬武略与日俱增。

腓力二世为使亚历山大尽快成为真正的军事英才，非常注重强化训练他的实战指挥能力。早在公元前 340 年的喀罗尼亚战役中，年仅 16 岁的亚历山大就被委以马其顿军队左翼骑兵主帅之重任，配合其父（右翼）击溃了雅典等国联军。初出茅庐的亚历山大所表现出的统帅才能，以及他的丰富的实际作战指挥经验，为他的辉

煌未来奠定了坚实基础。

公元前 336 年,腓力二世遇刺身亡,20 岁的亚历山大继承王位。此时,局势非常严峻,王室中有人谋废新主,希腊各城邦国纷纷宣布独立,可谓内忧外患。亚历山大以其独有的雄才大略,在以铁腕清除异己的同时,以雷霆之势,率大军"出巡"希腊各地,战绩硕硕,威震四方。看到这位年仅 20 岁的青年有如此胆略,谁敢不退让三分?因此亚历山大有了自己的治世威望,他就此恤民心,察国情,采取了一系列的治国策略,稳定了自己的皇权地位。帝位甫定不足二年,亚历山大就开始践行他的"宏图大略":他先是借口波斯人曾蹂躏过希腊人和参与谋杀其父而挥师东向。首战格拉尼克斯,亚历山大将军队分成左右两翼,他首先驱动右翼中部的轻骑兵和一部分步兵方阵诈攻波斯军队给对方以错觉,从而牵着敌人的鼻子耗其兵力,然后趁机率兵将敌兵阵线分割零碎,致敌一败涂地。亚力山大乘胜捣敌,小亚细亚滨海的大多数城市不战而降。公元前 332 年,亚历山大继续南下,许多腓尼基城防官兵闻风丧胆,弃城而逃,唯有提尔城猛烈抵抗,历攻不下。亚历山大以其军事家的智慧,采用攻城塔、穿城螺旋锥等当时所有的先进攻城武器,力克顽敌,威风再度大震。怯于亚力山大的威力,当时的波斯国王大流士提出割地求和,表示愿意割让幼发拉底河以西的全部领土,赔款一万塔兰特,并将女儿送给亚历山大,但亚里山大要的是全亚洲,他的胃口并非一区域一美女所能喂饱。继而他又一举攻占了加沙,侵入埃及。埃及祭司宣布亚历山大为太阳之神阿蒙之子,是埃及法老的合法继承人,遂使波斯帝国西部和地中海基本控制在亚历山大的手中。同时,他还在尼罗河口附近建立了一座以自己的名字命名的城市——亚历山大城。

公元前 331 年,亚历山大率大军(步兵 4 万,骑兵 7000)与波斯决战。当时,从兵力数量上,波斯军队远远超过亚历山大,局势相当严峻。亚历山大一面稳住阵势,一面趁敌人得势忘形、大意不备之时,从侧面直捣敌军,敌阵官兵顿时惊慌失措,敌帅带上随从,掉头后逃。亚历山大却出人意料地放走了敌帅,转而兵分三路,将敌军全歼。亚历山大乘胜东进,占领巴比伦、苏萨、波斯波利斯等政治中心。他以阿契美尼德王朝的合法继承人自居,自称波斯皇帝。

正当准备进一步征服地中海西部和南部等地时,亚历山大突然患病,于公元前 323 年 6 月 13 日病逝,终年 33 岁。

亚历山大通过大规模的军事远征,在辽阔的土地上建立起一个前所未有的大帝国,它的版图西起巴尔干半岛,东到印度河,南临尼罗河,北至药杀水,地跨欧亚非三洲。亚历山大作为杰出的军事统帅,有许多鲜明的特点:他秀外慧中,具有远大的政治眼光和追求胜利的狂暴热情,尊重荣誉,喜欢冒险,具有顽强的意志。凡是他决定要做的事情,不管别人如何反对,他都要全力去做;不管遇到多大的险阻,都毫不畏惧,在危急时刻,总能保持坚定的信心、敏锐的判断和随机应变的才能。他精于战略战术,善于正确制定战略目标,并运用他的灵活机动的战术保证战略目标的实现。他善于鼓起部下的勇气,使他们对成功充满希望,并能在危险中以身作则,使士兵们勇敢无畏。亚历山大终身尽瘁于事业,除狩猎之外几乎没有其他过分的物质享乐,但奖励部下却毫不吝啬。他在私生活中,除两次政治性婚姻外,没有一个情妇。这些特点,使他对将士具有磁石一般的吸引力。他的军事指挥艺术给后来的西方军事思想以巨大的影响,汉尼拔、恺撒、拿破仑等著名军事家都曾效仿过他。

亚历山大是世界古代著名的军事家,他的十年远征堪称古希腊军事学术发展的高峰。他在腓力二世的基础上,革新军事学术,增加军队侧翼的密度以提高其攻击能力,创立了既善于在乘马队伍中又善于在徒步队形中进行战斗的新型骑兵,使骑兵成为军队的决定性突出力量;制定了战斗队形各组成部分之间灵活机动的、有机协同的作战原则,在交战中善于在一个侧翼集中优势兵力(重骑兵和步兵方阵)实行突破,带动全线进攻。因而恩格斯称他是"历代最优秀的骑兵指挥官之一"。同时他的军事行动有明确的战略目标,注意战略基地的建立和巩固,并把政治行动与军事行动结合在一起。

亚历山大东征的十年是希腊社会的"外部极盛时代"(马克思语),在此前后,不仅希腊文明吸收了东方营养,而且高度发达的古希腊文明以空前规模传向东方,对古代东方文明特别是中亚文明产生了巨大影响。

汉尼拔:"坎尼战法"流芳百世

杰作出自杰才,杰才创造杰作。名将之所以被称为名将,正是由于他们在人类战争史上创造了杰作而被后人视为典范。汉尼拔就是一个创造典范的世界名将。

汉尼拔是古代继亚历山大大帝之后又一位杰出的军事家,他不仅率孤军深入敌国,征战十余载,取得了屡歼敌军,横扫意大利,威震罗马,攻克大小城池400座的辉煌战绩,而且凭借他丰富的实战经验和超凡的军事智慧,对军事学术做出了卓越的贡献。他用兵不拘陈规,敢于创新,经常以出人意料的行动

汉尼拔

实现其战略意图,他率军翻越阿尔卑斯山,这在当时是一个惊人壮举。

汉尼拔是富于政治头脑的将领,善于正确判断政治和军事形势,利用矛盾分化

3

敌人。他统帅来自不同民族的军队在敌国作战 15 年而不溃散,显示了非凡的驾驭力和组织才能。出征时,他注意战略后方基地和交通线的安全;在战斗中,他总是在周密地组织侦察,详细地了解敌情之后,再制订作战计划。有人评论说:"汉尼拔喜欢采取偏僻和出人意料的路线埋伏狙击,喜欢研究对方将领的性格,注重情报工作,经常派出侦察人员。他自己常常化装、戴着假发,亲自去收集情报。"在战术上,汉尼拔大胆果断,灵活多变,善于利用地形和敌人的弱点,力求全歼敌人。在特拉西米诺湖战役中,他使用伏兵;在坎尼战役中,他又实行两翼包抄进而合围,这两仗都取得显赫战果。特别是他组织指挥的坎尼之战,被后人誉为战术发展新阶段的标志。

坎尼城位于意大利南部,靠近亚得里亚海,是罗马军队的重要粮食补给基地,谁占有了它,谁就有了重要的战备粮仓。公元前 216 年春天,汉尼拔为了解决自己的粮食补给问题,以奇袭方式顺利占领了坎尼城。坎尼的丢失,不仅使罗马人损失了大量的粮食和物资,而且使一个以坎尼为中心的富饶农业区被汉尼拔所控制,这使罗马人坐立不安,全国上下纷纷要求同汉尼拔决战,并提出鲜明的口号:"夺回坎尼城,消灭汉尼拔!"

为了夺回坎尼,罗马新当选的两名执政官瓦罗和鲍路斯受命统帅罗马军队,他们动员全国力量,很快组织起一支拥有 8 万步兵和 6000 骑兵的大军,浩浩荡荡地向坎尼进发。而此时,占领坎尼的汉尼拔手中只有 4 万步兵和 1.4 万骑兵,力量明显处于劣势。但汉尼拔从容镇定,他仔细了解和分析研究了敌军的战斗力、统帅的特点、惯用的战术以及坎尼地区的气象等作战要素,然后,胸有成竹地命令部队在坎尼附近的平原上安营扎寨,同罗马大军对峙于阿乌非德河南岸。

汉尼拔通过派出去的情报人员很快获悉:统帅罗马军队的两位执政官,轮流指挥,每天更替一次。他们在作战指挥上存在着严重分歧:鲍路斯主张谨慎小心,反对冒险轻敌;瓦罗则蛮横傲慢,好大喜功,急于求成。

8 月 2 日是由瓦罗轮任统帅的日子,汉尼拔决定在这天同罗马大军决战。凌晨,他率领大部分迦太基军队渡过阿乌非德河到达北岸,佯攻罗马人在北岸的第二营地。他根据坎尼地区离海很近,海面上经常在中午刮强东风的规律,在河北岸选择了一处背向东风的河川弯曲部,准备背水作战。

早就跃跃欲试的瓦罗,听到汉尼拔渡河北去的消息,立即命令罗马大军主力跟踪渡河,并将部队开到汉尼拔阵地以北的广阔平原上。瓦罗看见敌人背水为阵,认为是歼敌良机。他根据迦太基人依托河川、罗马军无法实施包围的情况,决定加强正面的突击力量,采取罗马人惯用的三线战斗序列,对汉尼拔进行重兵冲击。这个部署的最大错误是步兵配置过于密集,运动时彼此互相妨碍,造成重兵之累。汉尼拔观察了战场形势后，一眼就发现了敌人的弱点，于是，他马上将自己的 4 万步兵和 1.4 骑兵列成半月形，把凹面向着敌人。兵力部署是：步兵摆在中央，但中部战斗力较弱，最精锐的步兵都配置在两侧和后部。战阵的两翼配置强大的骑兵，汉尼拔亲率 3000 骑兵立马阵中，作为后备力量。

开战前，汉尼拔激励将士们说："忠实的勇士们，还记得你们以往的荣誉和功勋吗？在你们面前的是一直败在你们手下的军队。我提醒你们，如果被这些败兵败将打败，那将是你们终生的耻辱！""失败不属于我们，属于我们的只有胜利！"一位将领应声喊道。接着，士兵们也跟着呼喊起来，呼喊声惊天动地。上午 9 时，会战开始了，罗马军队不知不觉地钻进了汉尼拔的包围圈还自以为是，正准备受降之时，海上刮起了东风，顿时尘土飞扬，使得逆风战斗的罗马军队睁不开眼睛，彼此互相碰撞，难以战斗。此刻，留在敌人后卫地带的 500 名诈降的迦太基步兵，按原定计划突然从怀中取出暗藏的短剑，勇猛地从后方袭击罗马步兵。与此同时，汉尼拔的重骑兵和埋伏在山谷里的轻骑兵也开始从后方袭击罗马步兵，把口袋紧紧"扎"住，从而完成了对罗马人的包围。陷入重围的罗马军队一片恐慌，过分拥挤的队形使士兵不能充分发挥手中武器的作用，而建制一乱，军队也就失去了战斗力，难以摆脱被围歼的厄运。

惊心动魄的残杀整整进行了 12 个小时，直到夜幕降临时，才告结束。罗马的 8 万大军，有 54000 多人倒在血泊中，18000 人被俘，执政官鲍路斯和军团将校全部战死，只有指挥决战的执政官瓦罗率残部逃回罗马。而汉尼拔仅仅损失了 6000 人。就是这样，汉尼拔以其超人的智慧、神奇的用兵，创造了古代战争史上以少胜多的奇迹。也正是由于这一奇迹的出现，汉尼拔同他的坎尼之战成了后来人们效法和研究的重点对象。在军事人才训练中，坎尼之战作为经久不衰的典型战例而被运用，汉尼拔的坎尼战法也成了智慧用兵的象征。汉尼拔的坎尼战法虽然在今日没有直接的效仿价值，但用兵以智，巧借气象、地形等客观因素之利而取得作战之主动权，达到以最少的代价换取最大战果的用兵原则和思路则是永远不会过时的，这也正是汉尼拔的"坎尼战法"能风靡全球、流芳百世的原因所在。

恺撒：从崇拜英雄到被崇拜的英雄

只有崇拜英雄才能成为英雄，只有成为英雄才能被人崇拜。公元前 68 年，在西班牙卡地兹的一个神庙中，一个在那里担任财政官职务的三十来岁的罗马人看着亚历山大的塑像，不禁仰天长叹："亚历山大在我这样的年纪，早就征服了世界，而我至今还一事无成！"于是他决定立即辞职，以便赶回罗马去寻找成就大业的机会。

这个胸怀远大志向和抱负的人，就是后来成为古罗马杰出的军事家、政治家和文学家的盖乌斯·尤利乌斯·恺撒。

恺 撒

恺撒于公元前102年出生于罗马古老而著名但已衰落的尤利乌斯贵族家庭。少年时就幻想拥有权力和荣誉，受过良好的教育和训练，曾师从罗马著名演说家毛路。良好的教育，为他打下了坚实的文化基础。公元前78年，恺撒开始政治活动，起初被选为军事护民官，后历任度支官、市政官、大法官、罗马远征西班牙行省总督等职，丰富的经历为他成就伟业打下了坚实的基础。公元前60年，他与庞培、克拉苏结成"三头政治联盟"，第二年任执政官。任期届满后，恺撒又有幸出任高卢行省总督，这一职务，有权领导三个军团，还可再招募一个军团，使恺撒有了军事指挥权，也为他扩大自己的军事实力提供了极其有利的条件。公元前58年，恺撒任高卢（今意大利北部、法国、卢森堡、比利时、德国、荷兰和瑞士一部的广大地区）总督时，这一地区尚未被罗马征服，正处于大动乱之中。居住在这一地区的诸部落，彼此互相争雄，战争不断，恺撒审时度势，利用矛盾，运用分化瓦解和武力征服相结合的策略，统率大军8次远征高卢，终于使高卢全境和比利牛斯半岛大部分地区并入罗马版图。

恺撒征战一生，军事成就卓著，指挥过几十次重大战役。作为军事统帅，他多谋善断，善于抓住战机，特别是在不利的情况下，他都是以少胜多，出奇制胜。作为战役总指挥，他总是能以顽强的意志坚持自己的战略企图，扭转战局，表现出他那不同凡响的高超的军事指挥才能和艺术。他的战略思想和战术原则为西方许多著名军事统帅（如拿破仑等）所效法，对西方军事学术的发展做出了杰出的贡献。

恺撒的军事指挥特点可以归纳为以下八个方面：

1.重视骨干部队的建设。恺撒十分重视抓骨干部队的培养和使用，不论平时或是战时都力求使骨干部队成为其他部队学习的模范。在他任高卢地区总督时，招募组建了一支日耳曼族骑兵部队。对于这支部队，在训练上他要求十分严格，很快使其成为一支擅长进攻的闪电式突击力量。这支骑兵部队在战斗中，充分发挥了它的高度机动力和冲击力，进攻时，勇猛顽强，追击时，快速灵活，在关键的战役中起了重要作用。

2.严格执行军事纪律。恺撒把军队纪律的好坏，看作战斗力强弱的重要标志。他说，军事纪律绝对不能废除，如果对犯罪分子不予以惩罚，则没有一个人类社会可以维持其团结和生存。因此,他执行军纪时,赏罚严明,处事以理服人,使部队既能心甘情愿地遵守他制定的纪律,又能积极忘我地去与敌人厮杀。

3.使部队保持高昂的战斗士气。恺撒十分重视部队中的宣传鼓动工作,他擅长以演说的形式阐明战争的必要性,以理喻人,使部下愿意跟着他打仗。在关键的时刻,在困难的条件下,他总是身先士卒,出现在士兵中间,出现在最危险的地方。他的行动是一种无形的力量,使将士们对他心悦诚服,在任何情况下都能听他指挥,为他效命。

4.强调要时刻保持清醒的头脑。每次作战,恺撒总是首先着眼于政治、经济和军事形势的全面估量,以此作为指导战争的依据。并从这一基本估量出发,尽量使自己保持清醒的头脑,具有战略上的敏感和预见性,在两军对垒中先敌一招,制胜敌人。

5.善于集中兵力,选择主要攻击方向,造成必要的优势。然后,巧妙地分割敌军兵力,予以各个击破。罗马内战时,恺撒运用这一战术原则打败了庞培,创造了西方战争史上的一个范例。

6.善于适时地捕捉战机。恺撒认为,战机掌握得好不好,对于战局的胜败关系极大。准确捕捉战机的关键,在于周密细致的侦察。公元前58年,他远征高卢与赫尔维西亚族军队交战时,侦察到敌军正在以小船渡河,恺撒判定敌军拂晓前只能渡过四分之三的兵,便连夜率军赶往渡口,"半渡而击",一举歼敌9万人。

7.重视使用预备队。恺撒指挥作战时,把预备队作为布阵的重要组成部分,只有到了关键时刻,才把预备队撒出去,以加强主要方向上的进攻力量,使预备队成为决定战争成败的一支突击力量。恺撒建立、使用预备队的做法,在西方战争史上是一个创举。

8.善于机动、主动地进攻。恺撒在战场上善于使骑兵和步兵紧密协同,迅猛、大胆、机动地迎击敌人。他所指挥的军队具有高度的机动能力,对敌人常常施行突然袭击,使其防不胜防。远征高卢时,他曾率军长途行军两个月,在高卢境内穿越1600多公里的崎岖山路,平均日行军27公里,被人们视为奇迹。由于部队机动能力强,行动迅速,进攻的主动权就掌握在自己手里,常能给敌以出其不意的致命打击。

恺撒有多方面的才能,能文能武。他结合自己的经历写下了著名的《高卢战记》《内战记》等战争史著作。苏沃洛夫和拿破仑都认为,恺撒的著作应是每个军官的必读之物。不仅如此,他的《高卢战记》因为文笔清新简朴,成为初学拉丁文者必读之书。恺撒还制定了通常所说的"儒略历",这种历法现在还为许多东正教徒所使用。

恺撒在军事实践上的巨大成就和在军事理论上的造诣,为罗马军事学术的发展做出了杰出的贡献,他的军事业绩为罗马开拓了广大的疆土。千百年来无数君主帝王和平民百姓都把自己或子孙命名为"恺撒"(就连沙皇的"沙"字,也是俄语的"恺撒"一词),以期业绩丰硕,事业发达。恺撒就是因为崇拜英雄而最终成为被崇拜的英雄。

斯巴达克:"整个古代史中最辉煌的人物"

战争是军人的试金石,为谁而战又是军人道德的试金石,凡是为大多数人的利益而战且战绩赫赫的人,都会在人类历史上金光灿灿。

公元前 73 年,在意大利中心地带爆发了以奴隶为主,并且有贫苦自由民参加的起义。这是罗马历史上出现的最大的一次奴隶起义。起义的领袖就是这位斯巴达克,他领导的奴隶大起义,极大地震撼了古罗马奴隶主的统治。伟大的无产阶级革命家马克思评价斯巴达克是"一位伟大的统帅,具有高尚的品格,为古代无产阶级的真正代表","是整个古代史中最辉煌的人物"。列宁称赞他是 "大约两千年前最大一次奴隶起义的一位杰出的英雄"。斯巴达克原是位于希腊北方的色雷斯

斯巴达克

人。色雷斯地处巴尔干半岛、爱琴海和黑海之间。罗马人一直把色雷斯人称为"蛮族"。在斯巴达克身上集中体现了色雷斯部落人民酷爱自由、独立、勇敢、顽强的特点。他智慧过人,足智多谋,组织指挥能力超群。在一次反对罗马入侵的战役中,斯巴达克被罗马人俘虏,罗马人见他气度不凡,力大无穷,就把他送往意大利卡普阿城的角斗场训练学校当角斗士。斯巴达克不堪忍受这种惨无人道的角斗士生活,于公元前 73 年, 在卡普亚角斗学校秘密组织受过训练的 200 多个角斗士准备起义。后因起义计划被一个叛徒出卖,斯巴达克只好带领 78 个角斗士提前行动,他们用菜刀、木棒、铁叉作武器,杀死了看管他们的奴隶主和卫兵,冲出学校。当他们路过另一个角斗学校时,那里正在运送几车角斗武器,他们缴获了这些武器,并用这些武器武装了自己,然后向南奔往维苏威山(当时的维苏威还是一座活火山,斯巴达克起义 150 年后它才第一次喷火),建立了起义营地,斯巴达克被推选为起义军的领袖。斯巴达克组织和指挥起义军在山上进行紧张的军事训练,不间断地袭击小股罗马军队,夺取奴隶主庄园的武器、粮食。在斗争中,起义队伍不断发展壮大,很快就达到了 1 万人。

公元前71年,斯巴达克移军南下意大利,由于事前应允把起义军运过墨西拿海峡的海盗背信弃义,使斯巴达克的计划无法实现,只好率兵北上。同年冬,就在斯巴达克准备北上的时候,被罗马军队堵住,使起义军处于进退维谷的境地。斯巴达克冷静地分析了当时的战情,认为此时正值隆冬,起义军粮草不足,既不宜打持久战,也不宜猛打硬拼。为了尽快冲出封锁线,斯巴达克立即改变作战方案,采取了反常的军事行动。他利用大雪纷飞的夜晚,命令士兵在靠近敌军的地方,燃起夜火,吹起笛子,敲响皮鼓,跳起各部落的舞蹈。按照当地古老的风俗习惯,奴隶们在死前都要进行一次营火晚会。因此,迷惑了敌人,使敌军官兵误认为斯巴达克及其所属官兵正在准备自杀,因而放松了对其行动的警惕。斯巴达克抓住这一有利时机,带领起义军身披白色羊皮,在雪中前进,接着,他们用携带的木料、冻土等,在敌人不备的地方填平壕沟,冲出封锁线,又奇迹般地出现在意大利平原上。

在斯巴达克领导起义之初,罗马正在西边的西班牙和东边的小亚细亚持续地进行扩张战争,对意大利本土上的奴隶起义只能进行小规模的讨伐。凭借斯巴达克的机智与勇敢及指挥若定,起义军屡屡击溃了前来镇压的罗马军队,甚至连敌人的司令官也被生擒活捉,取得了一个又一个胜利。至公元前72年,斯巴达克率领的起义军已扩大到10余万人,声势浩大,威风大震,很快占据了意大利南部的大部地区。

斯巴达克所领导的奴隶起义军对罗马统治者的威胁越来越大,罗马统治集团如坐针毡,惊恐不安,执政者下定决心,派两个军团前去镇压。面对强大的敌人军队,起义军内部人心惶惶,众说不一。斯巴达克审时度势,根据敌人的兵力部署情况,敏锐地认识到敌人前后夹击之势的战略意图,从军事利弊上进行了精心的分析。他认为,敌军前后夹击,对起义军十分不利,但敌军轻兵冒进,兵力分散,又为起义军创造了有利条件。如果以集中对分散,就会变不利为有利,一口一口地吃掉敌军。在斯巴达克的巧妙指挥下,起义军不仅没有被镇压,反而在胜利中再一次得到壮大,发展到12万人。当起义军进军到达意大利北部摩提那城时,山南敌军首领贾息斯率领一万多装备精良的部队前来狙击,被强大的起义军一击即溃。斯巴达克并没有满足于一城一域的战绩,也没有占城为王的举动,而是出人意料地放弃原来的计划,带领12万起义军挥戈南下。斯巴达克的这一举动使罗马帝国立即处于紧急状态,迅速派遣新任执政官克拉苏统率4万精兵前去征伐。克拉苏为了防止起义军袭击罗马城,将几个军团部署在罗马城外东面的皮塞嫩边境上,依靠有利地形,准备在那里与起义军决战。然而,斯巴达克却机智地避开了罗马城,率军继续南下。克拉苏发现自己扑了个空,急命副将穆米乌斯引兵追击。斯巴达克见穆米乌斯孤军深入,求功心切,遂抓住他的这一弱点,杀了一个回马枪,大败穆米乌斯。为了摆脱克拉苏军的继续追击,斯巴达克命令起义军把一批辎重和物资扔在大路上做诱饵,乘罗马士兵抢夺物品之时,突然率军反击,一举将敌歼灭。斯巴达克的足智多谋和用兵如神,让时人折服,为后人称颂。

后来,由于种种原因,起义军处于困境,在与罗马军队的决战中,斯巴达克身先士卒,勇猛杀敌,不幸被敌人的镖枪刺中,只好下马步行与敌搏斗。在生命的最后一刻,"他屈下一支膝,举盾向前,还击来攻之敌,直到与敌同归于尽"。

杜伦尼:拿破仑曾经的军事偶像

杜伦尼

杜伦尼·亨利·德·奥弗涅格元帅是法国封建时代末期久负盛名的沙场名将。拿破仑曾说,他生前和身后的所有统帅,"最伟大的是杜伦尼","如果我在战争中有一个像杜伦尼那样的人做副手,我就会成为世界的主人"。

杜伦尼出生在法国北方重镇色当的一个显贵家庭,受父母的影响,从小便成了一名胡格诺教徒。当时,法国贵族阶级盛行玩弄阴谋术数,追逐荣宠利禄之风。杜伦尼跟其他贵胄子弟一样,从小便受到如何见风使舵、钻营腾达的家庭教育。不过,父母对他在生活上要求还是很严格的,按照加尔文教的清规,不准儿子学跳舞、玩纸牌,也不准穿华丽的服饰,以免沾染纨绔子弟的恶习。在家庭教师的引导下,小杜伦尼读书很用功,养成了乐于追求知识的习惯。他在少年时代最爱读法国文艺复兴时期的代表性小说《巨人传》,书中描绘的巨人,体格魁梧,意志坚强,学识广博,求知欲极其旺盛,尤其使他神往。

1625年,法国波旁王室为了跟同属哈斯堡家族的神圣罗马帝国和西班牙国王争霸欧洲,正式投入"三十年战争",14岁的杜伦尼从此投身军旅,随叔父开赴荷兰战场。因为按照中世纪以来的传统,贵族子弟发迹致富的主要途径是在战争中建功立业,经商赚钱被认为是下贱的。杜伦尼把兵营看作学校,利用战事闲暇,自修了历史、逻辑学、几何、物理等知识,大量阅读了历代著名军事家的传记和军事筑城学方面的书,开始对作战艺术入了门。每次战斗,他都能在两军厮杀之中沉着冷静,善于发现敌人弱点,赢得了"很有前程的少年军官"的赞誉。杜伦尼19岁时,总揽朝政的法王路易十三世的首相黎士留红衣主教为加强王权,颁令各大贵族派一名子嗣入住中央。杜伦尼作为本家的"忠君保证人"来到巴黎宫廷。由于善于取悦于人而又风度翩翩,博得黎士留的赏识,被任命为步兵团长。此时法国争夺欧洲的战争扩及意大利和莱茵河流域,他获准离开宫廷,率部先后在拉弗斯元帅和大孔代亲王的麾下转战各地。1635年,杜伦尼因在洛林地区作战立功,升任旅长。次年在攻打萨弗尼城堡时负伤。1637~1638年间,杜伦尼以巧妙的机动战法,身先士卒率部连克兰德勒西等一批著名要塞,不久又打下了意大利名城都灵,声名由此大振,晋升中将,后于1644年5月当上了法军元帅,任法军德意志战区总司令。从此至1648年战争结束,他率领的部队先后在弗赖堡、纳德林根和楚斯马斯豪森三战大捷中发挥了主要作用。其中,1644年8月的弗赖堡之战,两军打得都很顽强,以致法军元帅大孔代要通过把节杖抛入敌方战壕,然后手持短剑亲率士兵破入敌阵把它夺回的办法,才能重新激起部队再战的斗志。而杜伦尼则独具战术慧眼,针对敌军弱点实施机动策略,最后率部队攻进了该城,获得胜利。在随后的纳德林根平原之战中,他又担任主力一翼,将敌主将梅西击毙。三十年战争的胜利,使法国得到了盛产煤、铁的阿尔萨斯和洛林的大片领土,开始了称霸欧洲的鼎盛时代。与此同时,杜伦尼的军事威名也传遍了整个欧洲。

三十年战争结束后,法国便陷入了内战,市民阶级与一部分封建贵族为反抗路易十四的首相马扎然的苛捐杂税和中央专制,发动了"投石党"起义,大孔代亲王任义军统帅。杜伦尼为取悦情人大孔代的姐姐隆格维尔女公爵,开始时曾率军参加起义。后经两次失败与流亡,他反而转头调向效命于国王。这种朝秦暮楚的行为,在惯于口称"公众利益",实则玩弄投机钻营把戏的高级贵族中是相当普遍的。1652年,杜伦尼指挥王党军以少胜多,将大孔代击败于巴黎附近,拯救了路易十四。内战结束后,杜伦尼于1660年获最高军衔大元帅。之后,他几次率军与趁法国动乱而入侵的西班牙军队作战,连连奏捷,并领导了全国军队的改编和训练。后来,为表示在兵权在握的情况下仍然对国王矢忠不二,他在妻子夏洛特·科蒙去世时改奉当时的国教天主教。

1667~1668年,为争夺数百年来富甲西方、素称"欧洲货栈"的西属尼德兰,法国在和西班牙军队的布鲁日之战中大获全胜,使南尼德兰的里尔等11座商城并入法兰西版图。1672年,路易十四为全部攫取荷兰和尼德兰,同时与西班牙、荷兰、神圣罗马帝国等反法联盟国家及德意志诸侯开战,史称"尼德兰战争"。杜伦尼和沃邦、大孔代(已与朝廷言归于好)等元帅指挥30万大军,首先攻向荷兰。他们暗中买通唯利是图的荷兰军火商,使荷兰的军火为之一空。荷军战力大损,最后靠决堤放淹海水,才勉强保住首都阿姆斯特丹。

正当法军主力在北欧作战之际,神圣罗马帝国调集全部兵力7万多人,占领阿尔萨斯地区。杜伦尼率部南下迎敌。1674年初冬,帝国正在莱茵河西岸斯特拉斯堡至贝尔福之间展开,面对优势之敌,杜伦尼不顾国王多次禁令和宫廷私敌的掣肘,大胆采取了一整套看来荒悖透顶的做法:他带领一支人数仅 2 万多的部队,首先在敌战线当面中央构筑营垒,摆出一副准备就地防御过冬的姿态;继而隐蔽穿过孚日山脉,进入洛林高原,在那里将部队化整为零分散行军,骗过敌军侦探;然后迅速集结于敌战线南端后方。时至仲冬时节,法军犹如从天而降,突然在敌后部发动袭击,短短几天之内就彻底歼灭敌军。路易十四在凯旋仪式上致辞感谢杜伦尼说:"你捡回了我王冠上的一朵百合。"(百合花徽是法国王室的标志)第二年,杜伦尼挥师东渡莱茵河,以巧妙的伏击战再获图恩海姆大捷。这两次以少胜多的战役,使杜伦尼的声誉达到了顶峰。

沃邦:元帅级的军事工程师

沃 邦

17 世纪末,由于资本主义生产关系的建立,极大地促进了社会生产力的发展。与此同时,受社会生产力水平直接拉动的军事科学技术,也发展到了一个新的阶段。这时,火炮得到不断改进并广泛应用于战场。传统的要塞式的欧洲国家之间的战争,通常就是永无休止的连续攻城和要塞保卫战。要进攻一个国家或保卫一个国家,其焦点都要在要塞的得失上下赌注。沃邦就是适应这一时代的战争特点,而涌现出的杰出的军事工程学家。虽然说不上是这一科学的鼻祖,但可称得上这方面的大师和权威。

1633 年,沃邦出生在法国中部圣莱热–德富日雷一个寒门之家。因家境贫寒,幼年的沃邦无法接受系统的文化教育,只是断断续续地学过历史、数学和绘图等课程。1651 年,不满 18 岁的沃邦以士官修补生的身份,投身军旅。20 岁转入王室军队服役。他的顶头上司司克里尔维是一位当时第一流的工程技术人才。这使善于学习、勤于钻研的沃邦获益匪浅。两年后,22 岁的沃邦就获得了皇家普通工程师的头衔。从 1659 年法国和西班牙停战起,到 1667 年法王路易十四进行第一次征服性战争的八九年间,沃邦一直在司克里尔维的指导下,从事对法国的要塞加固和改进工作。1667 年,沃邦随军征战,他在攻城术和其他工作方面表现出来的超群才干,使当时法军的军政部长路费大为赏识,被破格任命为总监,负责军政部的一切工程事宜。战争结束后,沃邦开始执行其伟大的工程计划,加速法国各主要方向和地区的要塞化。

　　沃邦是一个公务勤勉、虚心好学、事业心强的人。他毕生为路易十四和法国效劳。平时，他经常到各地视察，具体指导对要塞的改造和新建；战时，他亲临前线，指挥攻取要塞和保卫要塞。有人统计，他指挥过的围攻战有 53 次之多，他设计建筑的要塞和港口总数在 100 个以上，另外还改建了 300 个左右的旧式要塞。沃邦一生奋斗，很少有时间享受家室之乐。除指导军事工程建设之外，沃邦的最大乐趣就是记笔记，他所记下的 12 本备忘录式的《闲散论集》，内容极为广泛。其中有关于陆军和海军建设问题，有改造内陆水道和修建运河问题，有植树造林计划，有法国各地财富、人口、资源的统计，甚至还涉及法国对美洲殖民地的统治方法及在国内建立论功行赏制度等问题。沃邦不但自己勤勤恳恳，对部属也要求严格。当时的法国各要塞，在业务上都由他统管。沃邦要求各个要塞的负责人定时给他详细的报告，谁的报告如果内容不完备，他就毫不客气地让他们按时补送。对于沃邦对事业的高度热忱，他的同代人和后代人都给予很高的评价。著名的文学家伏尔泰称他是法国"公民中的最优秀者"；伟大的空想社会主义思想家圣西门称颂他为"爱国志士"。

　　沃邦对法国社会和民族的贡献是多方面的，但是最突出的还是军事上。他 17 岁从军，到 74 岁逝世前几个月还驰骋在血与火的战场上。他是一个优秀的军事改革家，有颇多的建树。他主张把工程兵编为陆军中的一个正规兵种，主张建立正规的军事工程院校，对技术兵种实行科学教育。他力劝陆军当局废弃铜炮，改用铁炮，并发明了"跳弹射击"的方法，增大了火炮的杀伤力。他建议普遍使用燧式火枪，并发明了装在枪管之侧的刺刀以代替长矛。同时，沃邦对征兵方式、供给体制和海军战略也做了一些有益的探讨。沃邦对于战争艺术最重要的贡献，莫过于军事工程技术方面，具体来说是在要塞构筑和攻城术方面。他详细地策划了法兰西领土上的筑城体系，认为筑城的原则是：国境的筑城体系必须是连续的；要塞线的正面必须以水障碍物之类的永备性障碍物来掩护；永备筑城工事也应和军队一样，配置成两条线而形成类似军队的战斗队形，从而开始摆脱了依赖围堡的传统做法，迈出了"纵深防御"的第一步。根据上述原则，沃邦设计了三种防御体系，即一个简单体系和两个复杂体系。在他的指导下，法国在从缪斯河到北海 200 公里的正面上，建立了两道要塞线；用梯次配置的 26 个要塞，封锁了通向法国内地的所有道路。

　　沃邦在军事筑城方面的价值，主要在于他设计、建造了几种筑城样式，更重要的是他创造性的工作方法和从实际出发的科学态度。他摒弃了对以往筑城体系的机械沿袭，又善于利用前辈军事工程师们所创造的全部理论遗产，根据具体的地形条件和要塞的任务来创造性地加以运用。他不像有些学究那样，不预先勘探地形就在办公室内设计要塞，而是不厌其烦地实地研究地形。所以，他设计、建筑的要塞有很强的适应性。在 1701~1714 年欧洲进行的争夺西班牙王位继承权的战争中，沃邦的军事筑城发挥了异乎寻常的作用，强大的联军两次被要塞阻滞在法国的边境地区，而法军却能及时增援。沃邦在攻城术方面也有很多创见。他创造了制式的攻城体系，其要点就是尽量通过使用临时性的工事、堑壕，保护进攻部队接近敌方要塞，待攻占外围之后，即部署攻城炮，轰击敌人的主防线。沃邦所创造的"平等线攻城法"和"堑壕堡攻城法"，一直为 18 世纪的欧洲所沿用。他的学说和实践，对法国资产阶级军事思想的形成和完善，产生了不可估量的影响。

沃邦为法国的国防事业和路易十四的霸业建立了丰功伟绩，同时也赢得了极大的荣誉。1703 年，他获得元帅军衔。法国最高学府——法兰西学院授予他名誉院士称号。他把军人的眼光引进自然科学和技术科学的园地。其信徒更是跨时代、超国界。迄今为止，世界上很少有哪一个军事工程学家的影响能与沃邦相比拟。

马尔伯勒："18 世纪西方第一个战略家"

马尔伯勒

"战术是战斗的艺术，战略是战争的艺术"。一位战略家，不仅要具备取胜于战斗的勇气与机智，而且要有取胜于战争的雄才大略。马尔伯勒(也有人把他译为马尔巴勒)是近代战争史上一位赫赫有名的"常胜将军"。在欧洲著名的西班牙王位继承战争中，他指挥的 4 场大会战、4 次遭遇战和 26 次围城战，战无不捷，被称为"18 世纪西方第一个战略家"。

马尔伯勒出生在英格兰德文郡阿什一贵族家庭。13 岁入教会圣保罗学校读了两年多书，并刻苦练习剑术，养成了勇武性格和强健体魄。他的发迹史并不光彩。当时正是斯图亚特封建王朝复辟时代，他通过钻营开始发迹。他利用姐姐当上了英国国王查理二世之弟约克郡公爵夫人的荣誉女侍的关系，当上了公爵的男随从。然后借依权势，于 1667 年取得皇家禁卫军军官身份。到英国海外殖民据点北非丹吉尔港驻军任职 3 年。1670 年回到宫廷后，他与国王的一个情妇克利兰公爵夫人坠入情网，通过她得到了一份 5 千英镑的年俸。1672~1674 年，英国与荷兰争夺北欧海上霸权，马尔伯勒站在法国一边参加对荷作战。尼姆根城一仗，马尔伯勒的才干和勇气脱颖而出。法军元帅杜伦尼曾预言："这个英国小伙子将来必有出息。"1673 年，马尔伯勒率领一支小部队进行了一次奇袭，从荷军重围中救出法军的一位显贵将领，法王路易十四亲自致谢。1678 年他与公爵次女安娜公主的贴身公侍莎拉结婚。不久被擢升为上校,于1682年被封为勋爵。

此时,英国国内政治斗争围绕着王位继承人问题重新趋于激烈化。代表贵族利益的托利党支持法定继承人约克公爵,代表工商资产阶级和新贵族利益的辉格党则支持国王的私生子蒙默斯公爵,马尔伯勒站在约克公爵一边,约克公爵继位(称詹姆士二世)后,马尔伯勒因支持其即位有功遂被晋封为男爵,获少将军衔。后来,马尔伯勒发现约克大势不妙,就趁1678年出使荷兰之机向威廉表示效忠。1688年,马尔伯勒及国会里的一些反叛分子与威廉里迎外合,发动了史称"光荣革命"的政变。詹姆士临战提升马尔伯勒为中将,并指派心目中的"亲信"马尔伯勒率兵迎战。殊不知,马尔伯勒本来就是这次政变的组织者之一,詹姆士被轻而易举地赶下了台,威廉登上王位,因马尔伯勒的政变之功,被封为伯爵并作为威廉的私人顾问。然而,马尔伯勒的品性已被威廉看透,以莫须有的罪名将其投入牢中,他险些丧命。

1702年,安娜公主成为英国女王。为从法国手中夺取欧洲霸权和海外殖民地,决定联合奥、荷两国对法宣战。马尔伯勒因其公认的军事才略而被任命为英军总司令和军械总督并出任英荷联军统帅,率领4万英军来到了欧洲大陆。这时,他面临的对手是名将如云、长期以来无敌于全欧的法兰西"常胜军"。马尔伯勒率军进入北欧弗兰德战场,计划首先与荷军并力击垮北线法军。这位推崇历代军事改革家,主张以进攻战略代替规避战略、机动战代替要塞战、火力代替撞击力的联军统帅,作战口号非常简略:一是"进攻",二是"不要侥幸",三是"战法不能抄袭前人",在头两年的北线战局中,他巧妙运用机动战法,五次诱敌落入圈套,但每次都因为荷兰人协同不力而功败垂成。为了扭转久拖不决的战争,马尔伯勒于1704年5月20日率军从北欧贝德堡出发,挥师南下多瑙河流域,以便与当时欧洲另一名将尤金亲王所统率的奥军汇合,首先击垮法国盟友巴伐利亚,把法军主力引到中欧进行决战。这是一次极其大胆而又艰难的远征,沿途布有法巴两国的重兵。他一路声东击西,进军方面飘忽迷离,使敌方屡屡追扑一空。进到莱茵河中流的科布伦茨时,他摆出一副向西进入法国的姿态;当法军受骗后,他又突然南下曼海姆。这时,人们以为英军下一步会移兵莱茵河上游。不料他却折向东南,消失在内卡河谷地,接着神出鬼没地出现在多瑙河上游地区。至此,英军猛然加快行军速度,抢在法军赶到之前攻克了水路要冲佛耳特,顺流而下插入巴伐利亚境内,完成了与奥军的会师。历时6个星期的长途跋涉,每个宿营地他都派人事先做好准备,部队一到,马上就能架起帐篷开饭,然后休息,从而使全军始终保持了充盈的战斗力。这次战略机动,其胆略之大,运筹之妙,后勤保障安排之周到,后来一直被视为"西方战争艺术史上的一篇杰作"。

1704年7月3日,英巴两军在希仑堡举行会战。马尔伯勒首先佯装宿营避战,然后趁敌不备,利用山丘隐蔽接近敌人,集中大部炮兵猛击敌人自认为最牢固的一侧,一个半小时歼敌万余人。8 月 13 日,英巴双方又举行著名的布伦海姆决战,面对优势敌军,马尔伯勒首先施诈,使对方误以为英军已撤退,随即突然兵临敌营,迫使法巴联军仓促布阵,兵力被尼贝尔河隔成两截。激战中,马尔伯勒与尤金配合默契:首先以连续冲击诱敌主力转移到左翼尼贝尔河西岸;接着,马尔伯勒率领英军在河东岸给敌中央部位以致命的一击。在两军厮杀之际,他勒住马缰,在一张酒店账单背面匆匆写给妻子一封便信:"请报告女王,陆军已获得一个光荣的胜利。"会战结束时,法巴联军损失达 3.8 万多人,敌将塔拉尔德被生俘。这一仗的胜利,按欧洲史学家的说法,"改变了欧洲的政治轴线"。胜利消息传到英国,诗人们竞相赋诗赞颂,国会赠给马尔伯勒一座庄园。后来,马尔伯勒又连续取得了拉米莱斯、奥地那德、马尔普拉奎特等战役的胜利,使英国迅速发展成为殖民势力遍布全球的"日不落帝国"。

马尔伯勒"发迹"道路上布满了阴谋,马尔伯勒的战略才能却被时人和后人佩服。对于马尔伯勒一生百战而不曾败北的秘诀,他的一位上校副官是这样概括的:"他没有哪一仗的计划是抄袭别人的。"马尔伯勒堪称 18 世纪西方第一个战略家,他以其杰出的战略眼光和战略胆识写下了他的军旅笔记。

腓特烈:真正使拿破仑害怕的人

腓特烈

"只要他还活着,我们就不可能站在这里。"拿破仑的这一句话,道出了腓特烈的威力。世界上真正能使拿破仑如此害怕的人,恐怕只有腓特烈。

腓特烈,普鲁士国王,著名统帅,又译弗里德里希二世,史称腓特烈大帝,是 18 世纪勃兰敦堡——普鲁士军事集权国家的第三代君主。他在位的 46 年中,近乎疯狂地扩军,极力加强军事官僚专制制度,多次发动侵略战争。他以少胜多、以弱制强的赫赫战绩,使拿破仑都为之折服。

腓特烈生于 1712 年 1 月,他从小才思敏捷,性情坚定,意志顽强过人。他虽然生于王宫,但他的童年极为悲惨,因其父亲腓特烈·威廉生性凶残,经常暴怒如雷,打骂齐作,甚至要用绳子勒死他。腓特烈几次出逃未遂,老暴君要处他死刑。幸亏有荷兰、瑞典、波兰等国的国王说情,腓特烈才免于一死。幼年时代的痛苦生活,使腓特烈更能洞悉世情,心肠渐渐变硬,学会了克制自己,假痴假呆和曲意奉承父亲的旨意。后来,他在攸琴亲王部下参加过一次战争,虽无殊功,却劳绩突出,获得了一处私宅。从此,腓特烈可以随心所欲地沉溺于自己的嗜好之中,每天钻研军事、政治、文化和音乐。腓特烈从小接受的是法文教育,因法王路易十四久为欧洲盟主,使法文在欧洲享有优势地位,在日耳曼优势更大。在这种教育熏陶下,腓特烈酷爱法国文学,可上帝赋予他的只是军事、政治天才,而很少文学细胞,使他在文学上只有功底而无功绩。因此,腓特烈虽然发愤,渴望发表点不朽的文章,但却劳而无功。

1740年,威廉国王去世,28岁的腓特烈当上了普鲁士国王,他给人的印象是温和、自由、和善。其实,他是一个有非常军事才能、野心勃勃、没有惧怕、没有信仰、没有慈悲的暴君。他继位的第一件事就是扩编军队,仅仅几年就使他的军队由8万增加到20万人,军费开支竟高达国民收入的80%。腓特烈依仗着这支军队开始拓展自己的领土,主要目标是吞并奥地利的西里西亚。腓特烈以其特有的狡猾而一举将奥王制服。1744年秋天,腓特烈又一次发动了西里西亚战争,但由于他的轻敌而被奥军击败。在失败的羞辱中,他近似疯狂地钻研战略战术。1745年,他在意大利、日尔曼、法兰德斯进行了水陆大战,皆获大胜。几场大战也使他成了主宰欧洲的决定性人物。他虽然不能与拿破仑等军事怪杰媲美,然而已逐渐成为一个老练、坚毅、勤于动脑、精通军事的专家。虽然在作战中各国并力奋战,但在所有参战的列强中,只有腓特烈一人得利,其他列强都成了被他利用的工具,他不但把西里西亚攫为己有,而且接连制服了法国和奥地利。从此,欧洲的局势操在了这位新崛起的雄略国王之手。

腓特烈躬理国政,他的理想是做一个比路易十四还要独裁、还要有声望的帝王。他做事狐疑多猜,从不与人商量,对部下无信可言。他将一切权力集于自己一身,终日劳碌着处理事务。与他的父亲一样,腓特烈对军队有着特别的嗜好,他要靠武力使普鲁士跻身欧洲列强。他坚信"只要有强大的军队,就能得到想得到的一切"。

1756年,英法两国因争夺北美和印度爆发了战争,英国以各种优惠条件吸引普鲁士,而奥地利则千方百计借此机会征服普鲁士,收复西里西亚,因此加入了法国同盟,沙俄也加入了法奥联盟。战争以普鲁士军队突袭萨克森和波希亚开始。8月28日,普鲁士6万大军开进了萨克森,很快将其占领。1757年,普军直捣波希米亚,与奥军在布拉格展开血战。结果,腓特烈以最勇敢的战士全部战死的昂贵代价,换取了这场战争的胜利。6月18日,普奥军队在科林重新开战,腓特烈被击退。腓特烈非常苦恼,再加上其母病亡的消息传来,心境更坏。他像一头被逼得无路可逃的狮子,决意破釜沉舟挽回败局。因而,以他的韬略和士卒的奋勇,大败法军,俘获法军7000余人。接着,率领4万士卒的腓特烈与不下6万士卒的奥军进行了卢仙会战。这场会战可以说是腓特烈一生的最得意之作。他的战士从来没有这样的尽力,腓特烈的军事天才也从来没有显得如此超群。拿破仑称这次战争应该"允推杰作","就战争本身来讲,已足使腓特烈在诸将帅中坐第一把交椅"。普军以俘虏奥军2.7万人,军旗50面,炮100门,战车4000辆的战绩大获全胜,不勒斯劳的城门被打开了,西里西亚重被占领,腓特烈的大名又一次真正地风靡欧洲。

1758年春,经过充分休整和准备的腓特烈大军,又向占据普鲁士领土的俄军反攻,把俄军杀得片甲不留,接着又急赴萨克森对付法王的军队。在一年的时间里,腓特烈同法、奥、俄三国列强作战,就作战资源来讲,这三国中的最弱者也要比腓特烈强上三倍。然而,腓特烈以弱击强,以少击众,大战四次,竟有三次获胜。1759年,奥军布满萨克森,进逼柏林。俄军将腓特烈驻在奥得河的诸将打败,威胁西里西亚。腓特烈集中优势兵力向俄反攻,但由于俄军工事坚固,抵御顽强,经六小时的激战,普军精疲力竭,连续冲锋三次未胜,腓特烈也险些陷入敌手。但是几天之后,腓特烈又奇迹般地招集了3万士兵,使他的部队重新恢复了元气。普鲁士迭经战乱,国力日衰,但腓特烈只知一味向前,决心战斗到底。他说:"只要普鲁士还有一个人在,这个人就要负枪;只要还剩有一匹马在,此马就要拖炮。"1760年,他在同奥军作战时又获胜利。

腓特烈不仅善于领兵打仗,还是一个文笔行云流水的著作家,他的代表作有《战争原理》《政治典范》《军事典范》《布阵法与战术纲要》等。正是由于这些才能和业绩,他才深为后人折服,并一直为日耳曼人视为骄傲。拿破仑在腓特烈的墓前说,"只要他还活着,我们就不可能站在这里",表现了他对腓特烈的佩服之情。

苏沃洛夫:"常胜将军"和"士兵元帅"

苏沃洛夫

在人们的心目中,大将军总是一副战时至猛,平时至尊的威风凛凛之相。然而,苏沃洛夫不仅以其战无不胜的卓著战绩被誉为"常胜将军",而且以深入士兵同甘共苦的作风被称为"士兵元帅"。

亚历山大·瓦西里耶维奇·苏沃洛夫于1730年出生在莫斯科城的一个军人家庭,其父瓦西里·苏沃洛夫,是彼得大帝军队中的一位比较有名的军事文官,曾编纂了俄国第一部军事词典。受战争环境和家庭的影响,苏沃洛夫自幼极度醉心于军事。父亲起初对此很不满意,理由是儿子身体瘦弱,不适合从军。尽管苏沃洛夫多方请求,仍然无济于事。为了锻炼出军人一样的身体和意志,苏沃洛夫坚持每天洗冷水浴,无论天气怎样寒冷都坚持打开窗户睡觉,冒着倾盆大雨跨马奔驰。1742年,苏沃洛夫终于如愿以偿。经父亲同意,他被登记为列兵,因其年龄不足以正式参加军事生活,而按规定在家习武。他求知心切,见书入迷,五年的时间里,几乎研读了父亲所藏的一切军事著作,直到1748年苏沃洛夫才正式在军中服役。

当时的俄军各方面萎靡不振,多数军官不懂军事。苏沃洛夫所在的谢米诺夫团中的军官,绝大多数出身于富豪贵族,在军中过着安闲游荡的生活,泡在宫廷中的歌舞晚会里,把练兵任务交给那些司务长去做。苏沃洛夫对这种现象很反感。他坚决回避了宫廷生活,埋头苦读军事功课,并且一有空闲就和士兵们来往,同他们做长时间的交谈。他很尊重士兵的人格,与士兵们总能互相谅解,而且可以用三言两语向士兵们把任何一种思想解释清楚。苏沃洛夫的这种才能,为他后来率领军队建功立勋提供了有利的条件。就是后来升为大元帅,他也坚持过和士兵一样的生活,一位替苏沃洛夫写传记的人这样说:"他和劳苦农民一样,睡的是几把干草。""他不是做样子,是真心和士兵同甘共苦。"因此,士兵们常常亲昵地称他是"士兵元帅"。

1756年,苏沃洛夫参加了有名的七年战争。起初,他在军队中担任掌管军需和给养方面的职务。1759年,他作为俄军大本营的军官,参加了库涅斯多夫交战和攻战柏林的战斗。1761年,他又指挥独立支队参加了鲁缅采夫的攻城战斗,顺利地攻占了科尔别格城。1762年8月,苏沃洛夫晋升为中校,开始担任阿斯特拉罕步兵团团长。七年战争结束后,苏沃洛夫被调到苏兹达尔步兵团充任团长。他到任不久即发现,俄军的训练完全照搬普鲁士军队的那套教条。为了从实战出发训练精兵,苏沃洛夫创立了一整套教育和训练方法。他反对盲目练兵,主张激发士兵的民族自尊心和爱国热情,努力使士兵在最复杂的战斗条件下大胆主动和巧妙地行动。行军演习是苏沃洛夫进行改革的重要项目之一。他严令士兵每天行军40至50俄里。在行军途中,他用各种方法组织竞赛。他认为,在行军中若不能发挥高度的竞赛精神,在战场上,也同样不能发挥高度的竞赛精神。他还有一句得意的格言"训练时艰苦,作战时轻松"。1768年,苏沃洛夫晋升为准将,指挥一个旅的部队参加征服波兰的战争。

第一仗是与法国将官杜穆累交锋。杜穆累把自己的部队布置在沿山斜坡的战壕里,山两面又有森林作掩护,自以为兵力占优势,对俄军的进攻不以为意。苏沃洛夫带领劣于对方的兵力,决心要去冒险。他率400多名骑兵走在前边,当接近敌人阵地时,命令骑兵向敌人阵地猛冲。杜穆累的军队被突如其来的冲击惊呆了,顿时乱作一团,纷纷逃窜,仅半个小时就结束了战斗。接着,苏沃洛夫于1769年在奥列霍夫、1771年在斯特洛维奇等地,战胜了波兰贵族党人。1773年,苏沃洛夫在鲁勉采夫指挥的第一集团军中任职。同年6月,他率领的支队击败了图尔图卡依的土耳其人。时隔一个月,他又在科兹卢贾附近击溃了4万土耳其军队。战争结束,苏沃洛夫载誉回国,受到俄皇叶卡捷林娜二世的嘉奖。

此后,苏沃洛夫又率兵进行了多次征战,为巩固叶卡捷林娜二世的统治建立了功勋。1776~1779年,他统率驻克里木和库班的军队,在策划克里木并入俄国方面起了很大作用。在第二次俄土战争中,苏沃洛夫统领部队担负赫尔松——金恩地区的防御,以不到3000人的兵力,打退了7000人的土耳其大军在这一地区的登陆作战。1789年,在福克沙、尼和雷姆尼克附近,他又取得了重大的胜利。因此,被俄国女皇叶卡捷林娜二世封为雷姆尼克公爵。1794年9月,苏沃洛夫再次被派往波兰,参加瓜分波兰的战争。10月,他率兵攻克华沙,因战功卓著而被俄皇叶卡捷林娜二世晋升为陆军元帅。1796年11月,叶卡捷林娜二世去世以后,苏沃洛夫由于与新皇保罗一世在军事战略分析和军队训练方式等方面意见分歧而被免职。

1799年,保罗一世同英奥两国结成反法军事同盟,俄国与法国展开决死一战已不可避免,两军即将在意大利境内摆开战场。危急之时,俄国准备启用苏沃洛夫担任统帅。保罗一世开始担心苏沃洛夫会因计较个人恩怨而拒绝接任此职,但出乎意料,苏沃洛夫却欣然应允了。苏沃洛夫很快来到部队,当时俄军正在行军途中。不成样子的俄军,每天只能走12俄里。苏沃洛夫一到部队,立即取消了保罗一世推行的普鲁士军队的那一套陈规旧制,撤换了一批无能的军官,对部队进行了严肃整顿,军队因此而面貌大为改观,行军速度大大加快。在阿达河岸上,苏沃洛夫同法军第一次交锋,法军被苏沃洛夫的声东击西战术打得落花流水。俄军随即顺利地通过了阿达河。接着,苏沃洛夫又率军打败了法军名将莫洛,使其一个整师缴械投降。之后,俄军趁有利时机大举反攻。法军兵分两路图谋对苏沃洛夫分进合击,在敌兵力倍加于己的形势下,苏沃洛夫先发制人,攻击法军部队,经过3天的激烈战斗,打得法军溃不成军。在远征意大利的作战中,苏沃洛夫取得了辉煌的成就,歼灭了3个法国集团军,使北部意大利在短期内获得解放。1799年9月1日,苏沃洛夫开始了对瑞士的远征,他选定圣哥式佳山峡这个最近的道路,越过阿尔卑斯山。恩格斯曾评价苏沃洛夫的这次行军是"到当时为止所进行的一切阿尔卑斯山行军中的最出色的一次"。这次远征,苏沃洛夫虽然花费了较大的代价,但最后还是取得了胜利。

乌沙科夫:"俄国海军军魂"

费多尔·乌沙科夫于1744年出生在俄罗斯阿列克谢耶夫村,父亲具有蒙古血统,是俄国的一个穷贵族。乌沙科夫的少年时代,仅仅受教于一个乡村的教士。因此,从其家庭背景和所受的教育来看,似乎很少有成为一位威震海上的海军统帅的可能。乌沙科夫18岁进入彼得堡贵族武备中学,22岁毕业,被授予次尉军衔,指派到波罗的海舰队服役。1766年,乌沙科夫又有幸进入海军学校就读。在那里,他的才智得到了发挥,其学习成绩之优秀、才思之敏捷,使得全体教授和同学都感到吃惊。刚刚毕业不久,乌沙科夫就随部队参加了1768~1774年的俄土战争,在亚速海——顿河区舰队担任舰长。在这次战争中,乌沙科夫充分显示了他在战术上灵活机动的天才。战争结束,乌沙科夫被提升为波罗的海舰队护航舰的舰长。

乌沙科夫

从1774年开始,俄国和土耳其之间保持了长达13年之久的休战时期,然而,始终保持清醒战略头脑的俄皇叶卡捷林娜二世并没有放松海军建设,尤其是注重在海军基层指挥员中发现和选拔优秀军事人才。1780年,乌沙科夫作为海军中的特优军官被任命为女皇专用快艇的艇长,但志在海军的乌沙科夫并不情愿干这种看似荣耀实则无法发挥真才实学的差事,他毅然放弃了令人艳羡的进入宫廷的机会,要求回到舰队寻一份大有用武之地的工作。不久,便被任命为当时比较有名的"维克托"号战列舰舰长。为了从实战出发训练一支海上劲旅,乌沙科夫十分重视对官兵的体能训练,他认为,在海上作战中,官兵最大的困难就是如何战胜风浪,海军官兵能否发挥出作战威力,也与解决这一问题直接相关。为了提高水兵战胜海上风浪的能力,他组织和指导所属官兵整整打了三年秋千,从而使官兵的体质有了很大的提高,为他的军舰能在海上大显神威奠定了基础。为了避免俄国商船遭受英国舰队的袭击,他曾几次奉命担负从波罗的海到地中海的远洋护航任务,确保了海上商业通道的安全,维护了俄国的海上利益,深得上司赞赏。1783年,不到40岁的乌沙科夫再次被调至黑海舰队,在沃伊诺维奇海军上将麾下任职。乌沙科夫有自己的海战哲学:集中全力攻击敌人的一部分兵力;出其不意地打乱敌之阵势;全力支援受伤的本国舰只;尽量利用敌之弱点,以智取胜;等等。他就是按照这些观点训练他的舰长,并给予他们相当大的战术主动权。

1787年,第二次俄土战争爆发。乌沙科夫作为"圣保罗"号战列舰舰长,参加了对土耳其海军的作战。开始,土耳其海军一直处于优势地位。1788年,在菲多尼亚岛海战中,乌沙科夫指挥俄国分舰队前卫,对土耳其舰队进行猛烈的攻击,为最后取得战役胜利起到了决定性的作用。此后,战局发生了根本性的转变,俄国海军无论在数量上还是在士气上都处于优势。在1790年的交战季节到来之前,俄国对指挥人选做了一次大的调整,乌沙科夫被任命为海战最高领导。

乌沙科夫上任不久,便率领一支由8艘炮艇和11艘劫掠船组成的轻舰队,从斯托波尔出发,前往敌方求战。在驶入锡诺普地区后,他将劫掠船丢下,率8艘炮艇去袭击敌舰,很快就俘获8艘土耳其船,并迫使另外4艘船靠岸。7月13日,乌沙科夫率领由33艘舰艇组成的俄国主舰队出海。7月19日,在刻赤海峡发现胡塞因·巴夏的土耳其主力舰队,有各种舰船54艘。两支舰队势力不相上下。这一天,大雾弥漫,能见度较差。双方经过4小时的激战,土耳其舰队退却了。接着,在加特齐贝的海面上,俄国海军以37艘舰船对抗土耳其45艘舰船,又获得了胜利。两次海战,打破了土耳其人进攻克里木的计划,使克里木大部分掌握在俄国人手中。六个星期之后,乌沙科夫率领大体上同上次出海兵力相当的舰队,于9月8日,在坦德拉岛附近海面上发现土耳其的舰队。双方的兵力与上次海战相差不大。战斗大约在下午3点开始,一直持续到第二天早晨。在此次海战中,由于乌沙科夫吸取了上次海战的经验,在战术上进行了一些改进,因而从一开始就掌握着战场的主动权,使土耳其舰队损失7艘舰船,被俘1500人,而俄国海军只伤亡46人。

此时,得到了战争主动权的叶卡捷林娜二世和时运不佳而海军仍有实力的土耳其,都准备和谈,双方在加拉茨重开谈判。土耳其人想通过显示海军力量而争取较好的谈判条件,便于1791年4月11日将舰队停泊在卡利亚克里亚角的罗密里海岸,组成两支坚强的战舰阵线。一支由海军大将胡塞因·巴夏率领,另一支由海军大将沙伊脱·阿里率领。这两位大将自恃兵力雄厚,认为胆敢来犯者必定有来无回,便放纵土耳其水兵在岸上寻欢作乐。7月31日这天,正是回教节,乌沙科夫率领俄国舰队突然出现在卡利亚克里亚角海面。开始是排成整齐的战斗队形,从东北向西南行驶。当土耳其舰队前来迎战时,他却迅速掉转航向,向土耳其舰队背后插去。经过4小时的炮战,土军舰队乱作一团,若不是夜幕降临,土耳其舰队真有全军覆没的危险。此次战役,乌沙科夫创立了帆篷舰队以火力与机动巧妙结合为基础的战术,不仅消灭了土耳其舰队的有生力量,也迫使土耳其在谈判桌上求和。1792年,俄土双方在雅西签订了和约。从此,迎来了叶卡捷林娜二世时期俄国海上力量的黄金时代。

从1790年的交战前夕乌沙科夫被任命为海战最高领导,到1792年俄土签订和约历时三年的时间里,乌沙科夫率其舰队与土耳其海军在海上进行了近三年的拉锯式海战,东击西打,取得了一个又一个重大胜利。此后,乌沙科夫又率领俄海军联合舰队和1700人的海军陆战队进入地中海,成功地完成了封锁敌人海岸、海军陆战队登陆和摧毁要塞等复杂的任务,掩护了苏沃洛夫在陆上的进攻行动。尤其是在1799年,乌沙科夫率领的海军陆战队,在舰队的支援下,从海上登陆,攻占了著名的科孚要塞,夺取了地中海的中枢阵地。这次登陆作战的成功,推翻了俄国海军长期因循守旧、规定舰队对海军基地只能封锁不能攻占的理论,被誉为军舰和海军陆战队协同作战的范例。乌沙科夫战功卓著,被晋升为海军上将,同时也获得"俄国海军军魂"的称号。

拿破仑:"军事艺术巨匠"

在世界军事史、战争史和军事艺术领域中,可能再也没有比拿破仑这个名字的"点击率"更高的了,再也没有比拿破仑的称号更多的了。用"军事艺术巨匠"来称呼拿破仑,恐怕更合适一些。

拿破仑于1767年8月15日出生在法国科西嘉岛阿雅克修城的一个日趋衰败的贵族家庭,父亲夏尔·波拿巴博士是一个有地位的法院陪审官。拿破仑自幼聪明伶俐,勤奋好学。1779年获得法国王室奖学金并进入法国东部的布里埃纳军官学校,因成绩优异,于1784年又被保送到巴黎军官学校深造。1785年,因父亲病故,家境困窘,拿破仑被迫辍学。之后,拿破仑到

拿破仑

陆军中当了一名炮兵少尉。1791年4月被提升为中尉。因为战绩卓著,1794年1月,年仅27岁的拿破仑就被升任准将。凭借文韬武略和赫赫战绩,于1804年登上皇位。

拿破仑是法国杰出的政治家、军事家,法兰西第一帝国的创立者,历史上称之为拿破仑一世。他纵横驰骋于欧洲战场20年,指挥过将近60次重大战役,常常是以少胜多,以弱制强,多次取得辉煌战果,形成了独具特色的作战原则和指挥艺术:拿破仑始终把歼灭敌人当作作战行动的最主要目标,积极主动地发动攻势;他一贯坚持集中兵力的原则,力争在战役中心点上确保自己的优势力量;他强调快速机动,经常以大部队的迅速运动达到出奇制胜的效果;他作战指挥灵活,随机应变,不墨守成规。他的军事实践活动,对世界军事科学的发展产生了相当巨大的影响。

拿破仑一生经历了7次同"反法同盟"的战争。1800年,他率军第二次远征意大利,在马伦哥大败奥军,直逼维也纳,粉碎了第二次反法联盟。1805年,英俄纠集第三次反法联盟,拿破仑根据战情的需要,主动放弃渡海进攻英国的计划,将法军主力迅速东调,夺取乌尔姆要塞,并在奥斯特利大败俄奥联军。奥斯特利大捷将拿

破仑推上了军事辉煌的巅峰……

　　会战之前，拿破仑为了防止俄军和奥军会合，首先在乌尔姆歼灭奥军主力5万人，攻占了奥地利首都维也纳，然后挥师北上，追击溃退奥军至奥斯特利茨村。此时拿破仑面临的形势是严峻的：奥俄两军已经会合，总兵力达到8.7万人，而拿破仑只有7.3万人，当面之敌不仅在数量上处于优势，而且俄军的补充兵力将随后源源不断地开到这里来，奥军司令部也决定从意大利抽调大量部队到这里增援。更为危险的是，在法军侧面集结的10余万普鲁士军队也正开向边境，准备从西北部向法军发动进攻。在腹背受敌的危机面前，拿破仑冷静地分析了面临的形势，认为摆脱不利处境的最有效办法，在于抢在普鲁士的增援部队到来之前迅速击垮俄奥联军。为了实现上述战略目标，精明机智的拿破仑像演员一样采取了两项措施：一是制造法军畏战退却的假象；二是施展外交手腕，推迟普军参战的时间。这两项措施的实施，为拿破仑进行会战赢得了极为有利的条件。会战打响前夕，拿破仑预料联军一定想要截断他的退路，于是，他故意命令前沿部队后撤，主动放弃有利于防守的普拉钦高地，诱使俄奥联军实行迂回，以便在联军运动之际攻其侧背而取胜。12月2日清晨，奥斯特利会战打响了。当拿破仑获悉联军4万主力部队正兵分三路迂回法军右翼的消息后，迅速将计就计，以1万人的少量兵力进行牵制、引诱；而在普拉钦方向上，以近6万兵力对付4万联军。这样拿破仑就通过精巧的作战部署，变劣势为优势，掌握了战场主动权。这时，拿破仑已经胜券在握，他兴奋地高呼："奥斯特利的太阳升起来了。"

　　上午7时半，当拿破仑发现普拉钦高地只有少量敌军后，立即意识到这是联军犯了放弃战场制高点的严重错误。于是，拿破仑立即决定，以优势兵力猛攻普拉钦高地，迅速占领了高地。这样，拿破仑就把联军切成两段。随后，他命令炮兵调到高地，从侧面轰击正在迂回的联军主力部队。同时，法军主力从后面和侧翼向联军主力突击；在联军主力正面，又以一个军的兵力奋起冲杀。在法军前后夹击下，联军大乱，士兵纷纷四面溃逃。最后，拿破仑利用压倒对方的优势，将联军包围并压缩到普拉钦高地和扎恰湖之间，慌乱的联军被迫撤到半结冰的湖泊上，而湖泊的冰层已经被法军炮火击碎。结果，整团整团的联军沉入湖底。拿破仑仅用短短几个小时，就把俄奥联军打败。俄皇亚历山大一世和奥皇弗兰茨二世狼狈逃跑。联军损失2.7万多人，而法军只损失不足1万人。第二天，奥皇不得不向拿破仑求和，并于12月26日签订了《普雷斯堡和约》，这一和约的签订，标志着第三次反法联盟完全破产。这是拿破仑战争史中最辉煌的一次胜利，使拿破仑赢得了"欧洲第一名将"的美誉。拿破仑自己也曾说："这一仗打得实在最好。同样的仗我曾打过30次，但是，并无一次比得上这一次。"恩格斯对这次战役也做了很高的评价,说这"是战略上的奇迹,只要战争还存在,这次战役就不会被忘记"。第三次反法联盟的惨败,使得反法联盟的主要组织者——英国首相小威廉·皮特心力交瘁。临终前,他要人取下挂在墙上的欧洲地图说:"卷起来吧!今后十年不需要它了。"皮特的预言没错,随着法国军事上的胜利,拿破仑随心所欲地重新绘制了欧洲地图。

库图佐夫:第一个打败拿破仑的人

在繁若星辰的世界将帅之中,能被称为"狐狸"的人并不多见,俄国名将库图佐夫因为斗败了称雄欧洲的拿破仑,而被他的对手拿破仑称为"一只狡猾的北方狐狸"。

1745年9月5日,米哈伊尔·库图佐夫出生于俄国的一个贵族家庭。其父亲是一位军事工程师,在彼得大帝统治时期是一个有学识的人物,被称作"智囊"。在父亲的影响下,库图佐夫自幼酷爱学习,求知欲强,对军事、数学、历史和文学都有浓厚的兴趣。1757年,年仅12岁的库图佐夫进入炮兵工程学校接受军事教育,很快成为学生中的佼佼者。1759年,库图

库图佐夫

佐夫以优异成绩毕业并被选拔留校任教。1761年又被调到阿斯特拉罕步兵团担任连长,当时的该团团长就是后来成为俄国著名大元帅的苏沃洛夫。库图佐夫在苏沃洛夫部下服役,在苏沃洛夫的教育和影响下,库图佐夫的军事才干不断增长。库图佐夫学到了前辈们不少优良品质和战略战术,特别是苏沃洛夫的《制胜的科学》一书,对库图佐夫最终成为一名军事统帅奠定了理论基础。从1764年至1790年,库图佐夫参加了不少战役,在克里木的一次战役中,年仅29岁的库图佐夫被土耳其人打瞎了一只眼,颈部曾两次负重伤,无论在多么危险的情况下,他都表现出了超常的勇敢和镇静。库图佐夫不仅英勇善战,而且用兵如神,常以少击众,出奇制胜。在1812年的俄法战争中,库图佐夫指挥若定,打得60万人的拿破仑军队只剩下不足3万人的残兵败将。这次作战的胜利,不仅为俄国人赢来了"神圣的荣誉",库图佐夫的英名也像长了翅膀似的传遍了整个欧洲。这时的库图佐夫毕竟年岁已高,战后不久即染上风寒,于1813年4月16日在西勒西亚的布克泽劳城内逝世。俄国人在那里给他立了一个纪念碑,上面写着:库图佐夫统帅把俄国胜利军队引到了此地,可是死神在这里打断了他继续建立丰功伟绩的征程。他的英勇奋

斗的光荣是永垂不朽的。

俄国人永远忘不了库图佐夫为他们立下的赫赫战功：

第二次俄土(俄国与土耳其)战争期间,苏沃洛夫命令库图佐夫负责围攻伊兹梅尔要塞。土军在雷姆斯基河被俄军打败后,便以多瑙河为天然屏障,以建筑多瑙河口上最坚固的伊兹梅尔要塞抵御俄军的进攻。1790年10月,俄军花了近两个月的时间还没有攻克该要塞。当时,俄军处境极为困难,特别是冬季已经来临,军队既无攻城炮又缺少给养和燃料,而且,疾病又在士兵中流行着。就在这时,库图佐夫奉命指挥第六纵队强攻伊兹梅尔要塞。

伊兹梅尔要塞的防御很严密,火力配备十分强大,城堡高达十至十五米。12月11日拂晓,根据苏沃洛夫的命令,库图佐夫率领部队向伊兹梅尔要塞的齐利亚门发起进攻。士兵们冒着敌军的猛烈炮火,架起云梯,爬上城头。库图佐夫身先士卒,亲自向城堡冲击。俄军两次登上敌城堡,两次都被土耳其军击退。库图佐夫见部队伤亡甚重,便向苏沃洛夫求援。苏沃洛夫不但没有给他增援部队,而且还派人返回俄罗斯,报告伊兹梅尔已经攻下,并将库图佐夫调升为伊兹梅尔要塞的司令官。库图佐夫明白,能不能攻克伊兹梅尔要塞,直接关系到俄罗斯帝国的威望,只要这个要塞在土军手里,土耳其对俄国就不会让步。在此紧急关头,库图佐夫决心不惜一切代价强攻要塞。他重新调集队伍,进行了第三次进攻。经过苦杀猛斗,俄军一鼓作气冲进城堡,就在战斗进入白热化的紧急关头,俄军增援部队适时赶到,俄军官兵在每一条街道上与土耳其军展开了肉搏战,整整厮杀了一天,到了黄昏,全部歼灭了土耳其守军。占领要塞后,库图佐夫在给他夫人的信上写道："我将不能再见到这样的交战了。……我的毛发全都耸了起来。"苏沃洛夫也说："没有哪一个要塞比伊兹梅尔更加坚固,没有哪一个要塞曾被这样拼命地防守。""像这样的围攻,一生中只能有一次啊!"

第三次俄土战争期间,从1806年到1818年,俄军先后调换了几个总司令都未能取得胜利。此时,拿破仑正在加紧准备侵俄战争,形势对俄国十分不利,亚历山大一世不得不任命库图佐夫为对土作战的总司令官。库图佐夫到任后,俄军又抽调5个师到西部边境防御拿破仑,此时,库图佐夫手里实际上只有4.6万人的兵力。当时,俄军战线长达一千多公里,面对如此艰难之势,库图佐夫认为："欲使这样一个广大的地区,在每点上都有充分的实力防守,那是不可能的。"于是,他果断地决定放弃一条直线全面防守的警备阵形,把俄军集中一地,准备在一个点区形成拳头,以优势兵力打击敌人。此时,土军占据着坚固的舒姆拉要塞,库图佐夫了解到要攻克这个要塞"既不可能,亦属无效",即命令他的部队撤到鲁什丘克地区,背临多瑙河,诱敌出巢。土军见俄军撤退,果然上当,从舒姆拉要塞倾巢而出,追击俄军,结果进了库图佐夫事先设好的埋伏圈。俄军在鲁什丘克以逸待劳,把土军6万之众打败。此时,库图佐夫不但没有让俄军追击,反而将这里的炮台和工事炸毁,继续后退,由多瑙河南岸撤到北岸。这种做法使一些军官不能理解,库图佐夫解释说:"我们如果追击土军,也许要一直追到舒姆拉,但是我们接着又将怎么办呢?我们必须回军,和去年的情形相同……比这样好得多的是鼓舞一下我的朋友阿哈买拜(土耳其首相),那么,他便要落入我们的手中了。"果然不出所料,土耳其阿哈买拜在拿破仑的鼓动下,将兵力留在南岸。此时,库图佐夫认为整个局势彻底改变了,他的策略将获得成功,库图佐夫立即组织了一支7000人的轻装部队迅速迂回到多瑙河南岸,突袭土军军营,然后从多瑙河南、北两岸包围土军,一举大获全胜。

1812年,俄法战争爆发。在俄军失利情况下库图佐夫出任总司令,面对优势法军,他实施战略撤退和坚壁清野,在博罗季诺之战中重创法军后继续后撤,直至放弃莫斯科。在人民群众支持下开展游击活动并组织预备队,形成兵力优势后适时转入战略反攻,指挥俄军从北、东、南三个方向进攻法军,歼敌于别列津纳河畔鲍里索夫地区。与库图佐夫几次交战都成为手下败将的拿破仑深深体会到了库图佐夫的狡猾与难斗,不无自愧地称库图佐夫是"一只狡猾的北方狐狸"。

纳尔逊:西方"海军第一伟人"

在人类的战争史上,军事对垒,各尊其将,仇敌相争,你死我活。这是极其合理也是非常正常的场面。然而,也有些现象令人纳闷:在著名的特拉法尔加大海战中,拿破仑舰队被纳尔逊击败后,拿破仑却命令每艘法国军舰都要悬挂"死对头"纳尔逊的肖像。这究竟是为什么?

纳尔逊生于英格兰诺福克郡伯纳姆托庇村的一个贵族家庭,他体质虽弱,但性格刚勇。纳尔逊自幼对航海和海军有着超常的极大兴趣,经常随其舅舅出航。后来由其舅舅荐举,纳尔逊当上了一

纳尔逊

艘炮艇的代理副艇长。起初,人们担心这个十几岁的小伙子不能胜任。经出航风高浪涌的直布罗陀海峡实践考验后,他的艇长说:"只要纳尔逊在船上,我就用不着操心了。"19岁那年,在海军招选军官的正式考试中,纳尔逊因成绩优异,而被正式任命为一艘战舰上的副舰长。一年后,纳尔逊又成为一艘轻型巡航舰的舰长。1779

年,21岁的纳尔逊被任命为巡航炮舰的上校舰长。当时,正值美国独立战争时期,纳尔逊率部参加了远征洪都拉斯登陆战役。后来,他又当上了当时世界一流战舰"亚伯美"号的舰长。在率舰赴北美护航中,表现突出,声誉颇佳,回国后得到威廉皇帝的召见和嘉奖。纳尔逊抓住这一被召见的机会,对当时的海上斗争形势和加强海上力量建设提出了自己的见解,纳尔逊对时局大事的透彻见解和对海上军事建设的合理建议,博得了皇帝的重视,但由于种种原因,他的建议并没有得到实施。北美独立战争结束后,纳尔逊预料英法之间终将再战,便利用假期赴法国进行了游历考察。之后,他退出现役,回到故里,看似享受天伦之乐,实则闭门研究战争。法国大革命爆发之后,英法两国争霸欧洲的矛盾急剧激化。纳尔逊看到国家正值用人之时,加上晋见英王时受到了优礼,就应召担任了"亚加曼浓"号巡航舰舰长,被派往地中海服役。

1793年2月1日,法国以及西班牙、荷兰等三个海上强国对英开战,在攻夺法属科西嘉岛的巴斯蒂亚和卡尔维两座重要城市的登陆作战中,纳尔逊首次立下战功,并负伤失去了右眼。谁知评功论赏时,纳尔逊不仅没能列上功劳榜,甚至连伤员表也未列入。对此,他并不计较,反而愈发坚定了"用行动建立毕生功簿"的决心。1795年年底,新任的地中海舰队总司令杰维斯,破格提拔纳尔逊担任分遣舰队司令。次年冬,由于拿破仑在意大利战场上的节节胜利和科西嘉人民的坚决抵抗,使英国舰队无法在地中海立足,不得不撤往直布罗陀,纳尔逊是这次大撤退的主要组织者。这次撤退的成功,使他在海军中开始有了名气。

纳尔逊指挥过不少有名的海战,第一场使他成名的海战是在英吉利海峡的圣文森特角附近海域中进行的。1797年2月13日,纳尔逊分舰队与杰维斯舰队主力会合时,发现了数量上居两倍优势的西班牙舰队。纳尔逊一反常规战法,率领自己的旗舰直插对方舰队的两个纵队中间,将敌人一分为二,之后乘机集中力量攻击敌舰队后尾,短兵相接后,纳尔逊亲自率领官兵连续跳上敌军两艘战舰,将敌人俘获。此次战役共俘敌舰4艘,重创10艘,创造了英国海军以少胜多的范例。捷报传来,纳尔逊被荣封为巴思勋爵。同年7月,他在特内里费岛登陆战中失去右臂,却豪壮地说:"我还有两条腿和一只胳膊哪!""我的一切都是为了国家而战。"纳尔逊的行动给了官兵以极大的鼓舞和教育,同时使他在官兵心目中的形象越来越伟大。次年8月,在搜寻出征埃及的拿破仑舰队中,纳尔逊又在尼罗河口打了一场漂亮的伏击战,使15艘法舰仅有两条逃命,敌舰队上将司令毙命。英王加封他为男爵。1800年7月,纳尔逊在担任西西里国王顾问两年之后回国,政府在港口和首都为他举行了隆重的凯旋仪式。第二年,他又以波罗的海舰队副司令的身份,巧妙地指挥了哥本哈根海战,为了表彰他的功绩,英国皇帝又授予他子爵勋章。

1803 年,英法之间短命的《亚眠和约》破裂,拿破仑把法国海军主力集中于土伦,准备入侵英伦三岛。英国首相皮特把已退出现役的纳尔逊重新召回,委任为地中海舰队司令,命其率军封锁土伦。此时,因几十年的艰苦征战,纳尔逊已染上一身重病,加之失去一目一臂,难以经受海战生活了。但他却说:"法舰未灭,我不能倒下。"双方经过两年多的海上角逐,于 1805 年在特拉法尔加角海域进行了决战。这场决战,法、西联合舰队拥有战舰 33 艘,英军则只有 27 艘。10 月 21 日清晨,纳尔逊命令自己的旗舰"胜利"号打出"祖国期待我们人人尽责尽职"的旗语,自己也写好遗书,身着大礼服,登上甲板亲自指挥战斗。英国舰队在纳尔逊的指挥和鼓舞下,一举毁俘敌舰 22 艘,西班牙主将战死,法军舰队司令维尔诺夫上将被俘。这一辉煌的胜利,使拿破仑踏灭英国的计划彻底破灭。然而,这次胜利的缔造者纳尔逊也在激战中中弹身亡。

人的忠勇能感动友人也能感动敌人,惨败在纳尔逊手下的拿破仑为纳尔逊的忠勇所感动,为了使纳尔逊的武德精神在法军中得到发扬光大和效法,同时也为了怀念这位使自己佩服至极的伟人,拿破仑命令每艘法国军舰都要悬挂纳尔逊的肖像。

海战结束后,纳尔逊的遗体被移送到伦敦的圣保罗大教堂,供国民瞻仰。他生前的旗舰"胜利"号被法定为英国的历史文物,从此停泊在皇家海军的最大港口朴茨茅斯,供人们凭吊、参观。直到今天,在当时特意修建的特拉法尔加广场高大圆柱的顶端,仍然耸立着纳尔逊的铜像。纳尔逊的武德精神也感动了世界。至今,世界绝大多数国家海军战士的水兵帽上都保留着为纪念这位西方"海军第一伟人"的两根飘带。

若米尼:"文人战略家"

一位西方人士这样说过:法国大革命产生了一代天骄拿破仑,拿破仑战争则培育出克劳塞维茨和若米尼这两位近代军事科学巨匠。

若米尼祖籍意大利,1779 年出生于瑞士法语区巴耶那的一个富裕家庭。少年读书时,他立志成为一名贸易家或银行家。走出学校后,若米尼到巴黎一家大银行里当上了职员。17 岁时,拿破仑大军在意大利战争中取得的震惊全欧的奇迹般胜利,一下子改变了若米尼一生的道路。这个年轻的瑞士人热情向往刚刚经过革命洗礼的法国,尤其仰慕拿破仑光彩初绽的统帅艺术。

若米尼

29

这一年,他投笔从戎,先是在为法国服务的一个瑞士步兵团任职,后来进入法国陆军的一个后勤部门当军需官。干这种事情,一无正式军官的荣誉身份,二无薪饷可拿。对此,若米尼不仅毫不计较,在工作中还表现了出色的才华,不久若米尼即被遴选到司令部门当了参谋。可惜的是,虽然若米尼工作勤奋努力,但由于没有受过正规军人教育,既无法得到重用,也没有机会上前方领兵打仗,一试锋芒。

1802 年,欧洲战争出现一段间歇,若米尼用了两年时间,潜心研究拿破仑的崭新作战方式和统帅艺术,并且同前代名将腓特烈大帝的统帅之道做了比较和分析,据此写出了他的第一部军事著作《大战术理论和应用教程》。这部著作引起了拿破仑手下大将内伊元帅的重视,他不仅掏钱资助出版了这本书,还将此书推荐给了拿破仑。据说拿破仑读了此书以后,拍案惊起,说:"年轻的瑞士人把我的全部战法都写出来告诉我们的敌人了!军政部为什么批准出版这本书?"一会儿过后,拿破仑平静了下来,又说:"我实在不必自忧。敌人的那些老将根本不读书,而肯读书的青年人又不够资格掌握军队的指挥权。不过,今后再出版这种书,必须由我亲自批准。"不久,若米尼被提为上校,当了内伊的参谋长。1806 年,欧洲战火重起,拿破仑亲自召见若米尼,决定把他留在统帅部以备咨询。召见完毕后,若米尼需要返回内伊军部做个交代,行前问拿破仑:"四天以后我是否应该到班堡再去见您?"拿破仑一听,一半惊异,一半恼怒,反问:"谁说我要去那里的?"因为这是拿破仑内心的绝密行动计划,未曾泄露给任何人。若米尼不慌不忙地回答:"陛下,是地图和您指挥的马伦哥、乌尔姆两次战役告诉我的。"这件事给拿破仑留下了极深的印象,在他被流放到圣赫勒岛的晚年,还曾对人讲述起这段事。

1812 年,若米尼升任准将。同年,在拿破仑远征俄国的战争中他又被任命为维尔诺城防司令和斯摩棱斯克省省督。他虽然不是行伍出身,被称为"文人战略家",据他本人讲,甚至"从未见过刺刀肉搏的实际场面",但如果以为他只会纸上谈兵,那就大错特错了。法国大军征俄失败,遇到俄军追击时,是若米尼的预见措施和所率部队的迅速行动,才使法国皇帝及其残军安全地撤过了别列津河,返回西欧。如果当时若米尼不是久病不愈,那时,拿破仑就准备把元帅节杖授予若米尼。次年,若米尼身体刚刚康复,就被任命为内伊的参谋长。在拿破仑指挥法军同俄、普联军进行的包岑会战中,若米尼又为法军的胜利做出了重要贡献。若米尼深得拿破仑的器重而成为拿破仑的真正高参,也正是由于拿破仑对若米尼的这种厚爱而使若米尼遭到了其他人的嫉妒,尤其是拿破仑的参谋长贝耶元帅更是千方百计地排挤他。若米尼对自己的处境非常清楚,先后十五次主动提出辞职,但均未得到允准。后来,若米尼感到继续在法国军队干下去肯定不会有什么好结局,因而,于 1813 年致书俄国沙皇亚历山大,表示愿意前赴俄国效劳。亚历山大早已仰其大名,欣然表示欢迎,这样,若米尼又踏上了俄国的土地。

初到俄国时,若米尼在亚历山大的统帅部当军事顾问。随后又帮助亚历山大创建了俄国第一座高等军事学府,并亲自为俄军将校们讲授军事理论和战争艺术史。1828~1829年的俄土战争和1853~1856年的克里木战争中,若米尼参加制订了俄军的作战计划,对俄军的胜利做出了重大贡献。若米尼对俄军的作战指导和军事教育做了大量的工作,是俄皇不可缺少的军事顾问。

对于若米尼的离法去俄,法国方面未做苛责,因为他的国籍是瑞士,而瑞士又是中立国,所以人们并不把他的做法视为叛国。当俄国等欧洲反法同盟国家在1815年重新对法开战时,若米尼也保持了人格的荣誉,从未为俄国及其盟友设一谋。

虽然如此,鉴于若米尼的超众才华和智慧以及对军事理论的精通,俄皇仍一直任用其作为自己的高级顾问。直至1815年之后的和平年代里,若米尼继续充任俄皇的军事顾问达20年之久,曾参加过俄军诸多军事战略的制定,协助进行军事改革,取得了很大的成绩。1855年若米尼被晋升为俄军步兵上将。同年,若米尼又离开俄国赴比利时,晚年定居法国,靠俄国的养老金生活。1869年病逝于巴黎,终年90岁。

若米尼一生参加过12个战局和许多高级军事会议,对法国革命战争和拿破仑战争深有研究。他在军事理论上第一次把战略、战术和后勤明确区分开来,指出战略是进行战争的科学,战术是进行战斗的科学;认为进攻优于防御,交战是克敌制胜的唯一方法;主张保持战略的主动性、突然性和集中兵力攻击敌之薄弱环节。若米尼是一个精通战略战术的政治家,他呼吁社会给军人以相应的荣誉和地位。他说:"假如在一个国家里,那些牺牲了生命、健康和幸福去保卫国家的勇士,其社会地位反而不如大腹便便的商贾,那么这个国家的灭亡就一点也不冤枉。"若米尼的这些观点对军事理论的发展产生了很大的影响。若米尼一生军事著作颇丰,主要有《论大规模军事行动》《革命战争批判军事史,1792~1801》《拿破仑的政治和军事生涯》《战争艺术概论》。其中影响最大、流传最广、理论价值最高的,当数《战争艺术概论》。就其军事学术价值而言,有人把他的这部著作同中国《孙子兵法》和克劳塞维茨的《战争论》相媲美。

克劳塞维茨:"全世界公认的军事理论权威"

克劳塞维茨出身于普鲁士马格德附近布尔格镇一个退役军官的家庭,他从小受到军旅生活的熏陶,12岁就投身军营,接受传统军事教育和严格训练,13岁就在第一次反法联盟的对法作战中,体验了4个月的堑壕生活。首次参战的规模虽然不

克劳塞维茨

大,但法国人的胜利和普鲁士失败的景象,却给他留下了极深刻的印象,同时激励了他的求知欲望和对军事研究的兴趣。

克劳塞维茨的前期军事生涯,正是在"战神"拿破仑几乎踏平整个欧洲的年月。他以犀利的军事眼光,目睹了这位军事巨人的兴衰。1793年至1795年的几年间,克劳塞维茨经历了大大小小的几十次战斗,领略了当时战争的各种现象。进攻和防御、胜利和失利的实践与体验,使他认清了老式横队战术的落后性,炮兵的巨大威力,积极防御的坚强有力,以及军队的武德在战争中的重大作用等,从而为这位军事理论大师的成长垫铺了肥壤沃土。自1795年普鲁士与法国议和以后,克劳塞维茨和他所在的军队度过了十多年的和平生活。在这期间,他如饥似渴地博览群书,读了大量的战史和其他军事著作。他广博的学识和敏锐的思维,开始引起了有关人士的注意。1801年,团指挥官推荐和保送克劳塞维茨到柏林普通军校深造。在校学习期间,他比周围的人都善于利用时间,不仅潜心钻研军事理论,而且孜孜不倦地研读数学、逻辑学、地理和历史等学科。在军校上学的三年,使他不仅有了潜心钻研军事理论的良好学术环境,而且结识了当时出色的军事理论家——该校校长沙恩霍斯特。在沙恩霍斯特的帮助、提携和影响下,他很快成长为最优秀的军官。毕业后,经沙恩霍斯特荐举,克劳塞维茨担任了普鲁士奥古斯特亲王的副官。不久,又得到了国王的赏识,并给予正式的任命。这样,克劳塞维茨便跻身于上层社会。他是一位颇为能干的副官,既充当亲王的总督,又是随从官,处处表现得彬彬有礼,才智出众,办事干练,深得上下人心。同时,他在这样的环境中,发愤从事军事科学的研究,并进一步丰富了其他方面的知识,尤其改善和加强了文学方面的素养。

1806年10月,普法战争失败后,克劳塞维茨与他的亲王一起双双成了拿破仑的俘虏。1807年元月,他随亲王被解送到法国。在法国,克劳塞维茨一边同他的亲王过着高贵的战俘生活,一边饱餐巴黎的文化艺术,并研究拿破仑的用兵方略。10个月后,以两国交换战俘的机会使他们重新回到普鲁士。从1807年11月至1808年3月,克劳塞维茨根据自己的这段实践和所见所闻,写了一份长达14页的备忘录《关于普鲁士未来反法战争行动》,对以后战争做了新的预测和探索。1808年,普鲁士军队实行大改组,克劳塞维茨受聘担任军事改革委员会主席办公室主任。在对部队体制进行研究的同时,也参加了一些重大的军事演习,使他对部队的体制、编制、作战等一系列问题有了更加深入的认识。1810年,克劳塞维茨被晋升为少校,并担任了柏林军官学校的战略学和战术学教官。这样，他又有机会把自己积累的知识和经验做理论上的进一步整理和概括。

1812年6月，拿破仑发动了大规模的侵俄战争。战争前夕，克劳塞维茨因反对普鲁士同拿破仑结成同盟而辞去军职，转而投奔俄国，参加反抗拿破仑的战争。克劳塞维茨在俄国军队中任军参谋长等职，参加了斯摩棱斯克争夺战和博罗季诺会战等。1814年春，随着拿破仑被击败和欧洲军事形势的改变，克劳塞维茨重新回到普鲁士军队。1815年被任命为布吕歇尔军团第3军参谋长，参加了林尼会战。同年秋升任莱茵军团参谋长，开始从事对拿破仑作战经验的总结，着手战争理论的研究。1815年3月，被调任有职无权的柏林军官学校校长，9月晋升为将军。从此，在任职的12年当中，他致力于军事理论、军事历史的研究，撰写了许多军事著作，后来由他的夫人整理出版了共10卷的《卡尔·冯·克劳塞维茨将军遗著》，其中的1~3卷，就是有名的《战争论》。

克劳塞维茨聪颖过人，经历丰富，善于思考和总结经验教训，他先后经历过两个国家的军队领导工作，既具有最基层的士兵感受，也具有在皇室高官身边工作的经验；他既当过战略战术教员，也当过军事院校校长……他看问题既具有宏观的气吞山河之战略气势，也具微观的下层官兵之眼力，这些主、客观因素的共同作用，使他能够写出极富科学及实用价值的军事巨著。

克劳塞维茨的名著《战争论》，是世界军事思想发展史上的一个光辉的里程碑。该书认真考察了以往各个时代的战争，特别是在他生活的那个时代刚刚过去的拿破仑战争，他以130多个战例为基础，以辩证研究的方法和手段，科学地阐明了许多复杂的政治、经济和军事现象，从而比较客观地揭示了战争的发展规律及其发展变化的内在动力，对战争与政治、战争的目的与手段、战争中的人与物、消灭敌人与保存自己、进攻与防御等相互关系，做了比较辩证的分析，提出了不少精辟的见解。其军事思想反映了资产阶级初期的进步倾向和革新精神，曾大大地推动了19世纪战争理论和军事学术思想的发展，至今仍具有很高的理论价值。

毛奇：在西方军界如雷贯耳

提起毛奇的名字，人们可能会想到两个军事名人，一个被称为"老毛奇"，另一个被称为"小毛奇"。"小毛奇"其实是"老毛奇"的侄子。我们这里说的毛奇是"老毛奇"。

毛奇的名字在西方军事界可谓如雷贯耳，他军事生涯长达70年，在普鲁士军队的总参谋长位置上就干了30年。他不仅是一个出色的战地指挥官，而且是德国

毛 奇

最著名的军事思想家和军事理论家之一。在完成日耳曼统一的事业中,他和"铁血宰相"俾斯麦,好比是普鲁士的一对不可拆散的"雌雄剑"一样配合默契,劈荆斩棘,横扫群敌,创造了德意志盛世。

1800年10月26日,毛奇出生于梅克伦巴尔希姆的一个破落贵族家庭。他的父亲曾在普鲁士军队当过军官。毛奇的童年,处在战神拿破仑几乎踏平整个欧洲的年代,战争的烽火硝烟熏染了他幼小的心灵,毛奇刚满10岁就被送到哥本哈根皇家军校接受严格的军事教育和训练,18岁时进入丹麦军队中服役,同时被授予少尉军衔。富有雄才大略的毛奇觉得弱小的丹麦军队不能为自己提供一展宏图的用武之地,便在1822年通过考试取得了普鲁士军籍,次年又考入柏林军事学院。在校期间,他废寝忘食,刻苦攻读军事历史、军事地理、语言学、物理学等多门学科。1828年,毛奇因发表《论军事测绘大纲》而受到军界重视,被调到总参谋部供职。1855年,毛奇被调去为弗里德里希·威廉亲王做副官,从而与这位后来的普鲁士国王和德意志帝国皇帝弗里德里希三世密切接触。由于国王的信任与提拔,毛奇于1857~1888年长期担任普军总参谋长。

毛奇担任普鲁士军队总参谋长后,开始专心致志地经营总参谋部工作,他通过扩大总参谋部的编制,完善机构,扩大权限,使之逐渐变成普鲁士军事指挥的枢纽和中心。他与俾斯麦奉行的"通过王朝战争统一德国"的政治战略紧密配合,从动员体制、军队训练、武器装备等方面,实行了一系列加强军队建设的重大措施。在威廉皇帝的支持下,毛奇领导建立了一支37万人的常备军、12.6万人的预备役和16.3万人的国民兵,使国防力量编成更加合理,使战斗力提高到了一个新水平。1864年,普鲁士为了夺取列斯维希公国和霍尔施坦公国,联合奥地利以及其他一些德意志联邦国,发动了对丹麦的战争,毛奇作为总参谋长坐镇统帅部,指挥整个部队的行动。此次战争的胜利,迫使丹麦签订了《维也纳条约》,使列斯维希公国和霍尔施坦公国"自愿"接受普、奥两国的控制。

1866年6月,毛奇受命全权指挥普军,发动对奥地利的战争,迫使奥地利退出德意志联邦,普鲁士获得了汉诺福、希里维格、阿尔斯坦、希斯、纳骚和法朗克福自由城,建立了以普鲁士为盟主的北日尔曼系联邦。

为了统一全日耳曼,普鲁士决心对阻挠这种统一的法国摊牌,而苦于找不到借口。1870年,俾斯麦巧妙利用了普法两国在西班牙王位继承问题上的分歧,激怒了拿破仑三世,诱使法国于7月19日首先向普鲁士宣战。法国宣战,正中普鲁士的下怀,普鲁士总指挥毛奇,把 38 万军队分成三个军团,利用铁路运输,迅速使部队到达集结和待机地域,拿破仑三世原想依靠兵力优势,先发制人,攻入德境,一举打败普鲁士。结果一闯入德境就遭到毛奇的痛击。在法军首先发动的吴尔斯会战中,法军官兵虽然表现出传统的勇敢精神,却抵挡不住普军的攻击。同时,普军第 2 军团在斯皮齐云也同法军展开激战,将法军击溃。接连的挫败,不仅给法军大本营带来了惊惧,而且使法军的士气大伤。随后,毛奇又指挥部队与法军展开了一系列的战役,尤其是在色当战役中,毛奇以超常的智慧和强大的攻势大败法军,直逼巴黎,迫使法国签订了《法朗克条约》。条约规定:法国赔款 2 亿英镑,阿尔萨斯和洛林东部并入德国版图;法国给德国以最惠国待遇……由于毛奇为实现德意志统一做出的重大贡献,国王因此称他很好地"使用了宝剑",封他为伯爵,晋升为元帅。

在这几场战争中,特别是在普法战争中,毛奇的战略获得了惊人的成功。在实现德意志统一后,毛奇即将主要精力用于研究军事问题,特别是德国东、西两线作战问题,更是毛奇专心研究的焦点。毛奇的军事思想继承了克劳塞维茨的理论观点,同时加上了当代的特色,他强调战争是政治的继续,重视总参谋部和参谋人员对于组织和完善军队作战指挥的重要作用,强调在军事上要充分认识和运用最新技术,他在战争指导上主张先敌动员、分进合击、快速突破、外线作战和速战速决。

毛奇的为将之道和指挥艺术有许多特点。例如,他首创了完善、高效能的参谋体制;重视利用当时最先进的铁路交通实现部队的快速机动,加强严格的训练和发挥火炮的威力;主张先发制人的快速攻击;等等。其中更为突出的是,毛奇善于从战略上组织战争,而不在细节的战术问题上纠缠。每次战争,他都不大包大揽,而是给各军团司令以最大自主权,充分发挥他们的主动精神,只要把军团送到了预定的位置,就任凭他们按照简单的命令和意图去各自为战。在军事建设上,毛奇对战争动员、军队编制、作战指挥、武器装备等问题都有诸多论述和建树。他的军事理论在西方军事界是很有影响的。可以说,西方军队中流行的"委托式指挥法""闪电战"理论,都是在毛奇那里首开先河。恩格斯对毛奇的作战理论和作战实践都给予了崇高的评价,多次称毛奇是"军事天才",说"毛奇的作战行动是非常卓绝的"。

恩格斯:"伦敦头号军事权威""将军""小毛奇"

恩格斯不仅是科学共产主义创始人,无产阶级革命导师,而且也是马克思主义军事理论奠基者。他虽然只当了一年的炮兵,却荣获了"伦敦头号军事权威""将军""小毛奇"等称号。

弗里德里希·恩格斯于 1802 年出生在德国莱茵省巴门(今乌培塔尔)市一个虔

恩格斯

信宗教的棉纺厂主家庭。1834 年 10 月入爱北斐特理科中学读书。1837 年 9 月，因父亲的坚持而中途辍学从商。由于年轻的恩格斯勤奋好学，探求真理，特别是在青年黑格尔派的大卫·施特劳斯的《耶稣传》的影响下，促使恩格斯与家庭彻底决裂，强烈反对君主政体、等级制度和贵族特权等。恩格斯在青年时代，就非常注意对德国工业发达的莱茵地区进行社会调查，在他发表的第一篇作品《乌培河谷来信》中，用许多具体的事实和数字，揭露了工人和手工业者的劳动繁重、工资微薄、生活贫困、疾病蔓延和儿童失学等社会罪恶，抨击了宗教虔诚主义的伪善。

1841 年 9 月至 1842 年 10 月，恩格斯在柏林炮兵部队服兵役，同时到柏林大学旁听哲学课，并于 1842 年 4 月开始为《莱茵报》撰稿。写成了一系列批判文章，对保守的哲学教授谢林的神秘主义观点进行了揭露和批判。这位年轻"志愿兵"的论文曾一度被认为出自造诣很深的哲学博士之手。在柏林期间，恩格斯和青年黑格尔交往密切，经常参加他们的活动，但对他们脱离实际和进行纯理性批判的观点持保留态度。同年 11 月，恩格斯按照父亲的要求，到英国曼彻斯特"欧门-恩格斯棉纺厂"的办事处工作，这期间，他把业余时间的主要精力用于了解工业发达城市的社会状况和工人状况，开始系统研究政治、经济与哲学问题。恩格斯还积极投入英国的工人运动，参加他们的各种集会，与宪章派左翼和正义者同盟的领导人建立了经常联系，为宪章派和欧文主义者的报纸写稿，介绍革命的工人运动和社会主义运动。这些交往和活动，加深了恩格斯对工人阶级的了解，所以列宁说："恩格斯是在英国，是在英国工业中心曼彻斯特结识无产阶级的。"1844 年，恩格斯在《德法年鉴》上发表了《政治经济学批判大纲》，表明他已由革命民主主义和唯心主义转向共产主义和唯物主义。1845 年，他同马克思合作的第一部著作《神圣家庭》出版，该书阐明了辩证唯物主义和历史唯物主义的一些重要原理。1847 年，他同马克思一起改组正义者同盟，使之成为世界第一个国际共产主义组织"共产主义者同盟"，并为同盟第二次代表大会起草了党纲草案。1848 年，发表了他与马克思合著的科学共产主义的纲领性文献《共产党宣言》，第一次公开升起了共产主义的旗帜。

1848 年德国革命爆发后，恩格斯与马克思一起回到德国，创办《新莱茵报》，进行革命工作。1848 年 5 月至 7 月间，恩格斯参加德国人民武装起义，任维利希志愿部队参谋长，表现出了卓越的军事才能。恩格斯的军事才能，不仅表现在他对军事战术的精通，而且更重要的是他运用科学的辩证唯物主义和历史唯物主义的世界观和方法论,对战争本质的深刻理解和认识,表现在他对革命战争过程和前程的辩证思考。由于种种原因,此次起义未能获得彻底胜利。起义被镇压后,恩格斯经瑞士前往伦敦与马克思会合。与普通的军事家所不同的是,恩格斯没有因为一次战争的失利而气馁,他把这次起义战争作为总结战争的教材。1850年至1852年,为总结1848年革命的经验,恩格斯撰写了《德国农民战争》《德国的革命和反革命》等著作。他深深感到了军事在无产阶级革命斗争中的重要意义,认识到了崇高的革命追求和科学的军事思想及军事力量在革命道路中的极端重要性,于是系统地运用辩证唯物主义和历史唯物主义观点,来分析当时世界上发生的重大军事事件,从中揭示战争的本质、起源和制胜战争的要素。从此以后,到1869年6月,恩格斯完成了大量重要的军事著作,撰写了《1852年神圣同盟对法战争的可能性与展望》一书,发表了有关克里木战争、意大利战争、美国内战、普奥战争等的评论文章和其他军事论文,并为纽约《美国新百科全书》撰写了"军队""步兵""炮兵"等59个军事条目。所有这些著作,涉及军队建设、装备发展、作战指挥以及后勤补给等十分广泛的问题,为无产阶级军事科学的形成奠定了基础,为无产阶级革命斗争指明了方向。这些军事著作和军事思想,成为无产阶级革命斗争的重要的军事宝库,成为时人和后人研究、认识、把握战争规律的珍贵财富。列宁称恩格斯是"伟大的军事专家"。

1870年9月,恩格斯迁居伦敦;10月,当选为第一国际总委员会委员,直接参加共产国际的领导工作。1871年,他同马克思积极支持巴黎公社。1877年至1878年,完成了光辉巨著《反杜林论》,对马克思主义的三个组成部分第一次做了系统的论述。从19世纪70年代初至1883年,恩格斯研究了自然科学中的哲学问题,并做了许多札记,后辑录成《自然辩证法》。1883年3月马克思逝世后,他承担了马克思未完成的《资本论》第二、三卷的整理和出版工作。1884年又撰写了《家庭、私有制和国家的起源》,晚年还给各国社会活动家写了大量书信,进一步发展了历史唯物主义原理。1895年8月5日,伟大的无产阶级革命家、军事家恩格斯,因患食道癌而在伦敦与世长辞,终年75岁。

施利芬:德军两次世界大战的"总设计师"

施利芬是一个将门之子,其父曾是普鲁士军队的一位少将。施利芬自幼勤奋好学,苦读经史。由于受父亲的影响,他从小就立志从军,之后考入军校,20岁毕业后,即投身军旅,成为一名年轻的军官。1853年,服役5年的施利芬又赴柏林军事学院深造,毕业后任职于德国陆军禁卫第一骑兵团。1866年,普鲁士同奥地利进入战争状态,施利芬随部队开赴前线作战。在著名的萨多瓦战役中,普军在毛奇的指

施利芬

挥下,连战连捷,将23万奥军击败,取得了普奥战争的决定性胜利。施利芬在这次战役中,亲身领略了"老毛奇"的指挥艺术,第一次享受到作为战场上的胜利者的欢愉,同时也为他建造自己的军事理论大厦奠定了基石。

普法战争(1870年)之前,施利芬被调到德军总参谋部任作战参谋,而总参谋长正是备受他敬仰的毛奇元帅。这样,施利芬可以直接向他的崇拜者学习兵法战术,毛奇对施利芬的聪明才智特别器重,给予了他特别的关照和帮助。在普法战争中,毛奇采用铁路进军、密切协同、分割慕尼黑的战术,一举击败法军,从而使施利芬对毛奇的快速机动、集中兵力、速战速决等战略战术原则有了更深刻的体会。

施利芬聪明绝顶,忠于职守,对战略战术问题有超群的洞察力,工作效率也很高,所以备受毛奇的赏识。才干加机遇,成为施利芬在和平时期步步高升的关键因素。1876年,他被任命为德国第一骑兵团团长,1884年任德军总参谋部的处长,1888年晋升为军需总督。3年后,当接替毛奇任总参谋长的瓦德西被解职后,58岁的施利芬担任了德军的总参谋长。

施利芬升任德军总参谋长后,横溢的才华和孜孜不倦的精神,使他的军事思想日臻成熟。他早年丧妻,长期过着单身生活。他把父亲"始终不渝地勤奋工作,矢志不移地忠于职守"的遗言作为座右铭,将全部身心投入到工作和学术研究之中。一年一度的圣诞节,在西方是最为隆重的节日,施利芬的圣诞节却过得别具一格。每到这一天,他或是把部属召集起来切磋学术,提出新的战略战术构想,或是出难题作业,让部属连夜做完,以此作为献给圣诞节的"礼物"。

19世纪末,德国已跻身于帝国主义列强的行列。施利芬适应德国对外扩张的需要,致力于建设一支人数可观、装备精良和训练有素的军队,以便随时准备用武力去夺取"阳光下的地盘"。1893年,在施利芬等军界要人的呼吁和推动下,国会通过了扩军的军事法案,使军队的平时编制增加到接近60万人。与此同时,施利芬加强对各级军官的训练,更新军队的技术装备,为提高德军的实战能力竭智尽力。

在担任总参谋长期间,施利芬认为,两线作战问题对德国至关重要。为解决此问题,他经十多年研究,于1905年制定了《对法战争备忘录》,即"施利芬计划"。他认为,德国被夹在俄、法两强之间,既有弊也有利。从总体上说,德军兵力与法、俄相比处于劣势,有腹背受敌的危险;但另一方面却将法、俄隔开,对其中任何一方来说均处于优势,便于各个击破。因此,趋利避害的唯一途径是集中兵力于西线,先发制人突然袭击,从侧翼迂回包围迅速歼灭法军,数周内结束对法作战。尔后利用铁路迅速将兵力调往东线,全力对付俄国。"施利芬计划"集中反映了施利芬军事思想的基本内容,其精髓是"坎尼战"思想,即速战速决,各个歼敌。

1906 年,年事已高的施利芬考虑到英国可能参战,对他的战略计划做了某些枝节上的变更之后,便退出了现役。

虽然新上任的总参谋长"小毛奇"并不是施利芬的信徒,但施利芬计划的战略构想,仍在大战前的德国军事科学中占有统治地位。大战爆发后,德军的战略部署基本上是以"施利芬计划"为蓝本的。不过,由于"小毛奇"把这个计划改得不伦不类,本来意义上的"施利芬计划"并未付诸实施。

德国在第一次世界大战中失败后,军事学术界对"施利芬计划"或褒或贬,但多数人认为德国失败的原因恰恰是没有完整地实施"施利芬计划"所致。所以,在第一、二次世界大战之间,德国正统军事思想仍把"施利芬计划"奉为楷模,看作是军事学术的最高成就和西线作战获胜的秘诀。第二次世界大战初期,德军实施的"曼施泰因计划"也是在"施利芬计划"的基础上加以扩大与发展而成的。因而,军事学术界认为,施利芬实际上是德国发动两次世界大战的"总设计师"。

马汉:"海权论""海军战略论"的创立者

一个美国评论家曾写道:"如果说,特洛伊中的海伦是把许多军舰送下水的人,那么,马汉就是把军舰送下水的设计师。"还有的人说,马汉的笔"强于一支海军舰队,新建的无畏战舰是他的'孩子',16 英寸口径的舰炮轰鸣则是他洪亮声音的回声"。对于马汉的生平,美国《军事百科全书》中有这样一段记述:"美国海军军官,海军历史学家,第一流的海军战略理论家和海上力量哲学家。"的确,马汉及其创立的"海权论""海军战略论"对世界历史的影响是直接的、广泛的和深远的。

马汉

1840 年,马汉出生在美国西点军校的一个教授家庭。其父亲是一位在军事工程学和战术学方面都有较深造诣的人。马汉的童年,不仅受到了西点这样有名的军事学府的环境影响,而且直接受到知识分子家庭的熏陶。因此,他从小酷爱军事并得到了良好的家庭教育。15 岁时他进入哥伦比亚学院就读,但他从来没有放弃自己要成为一名军人的志向。开始他曾企图成为一名杰出的陆军军官,然而,命运并没有做出这样的安排。1856 年,按照父亲的意愿,马汉转到安纳波利斯海军学院学习,从而使他在陆军成名的幻想破灭。马汉的可塑性很强，到海军学院不久，他便对海军产生了浓厚的兴趣。他的优秀学习成绩曾使全校师生惊叹不已。从海军学院毕业后，马汉被分配到联邦海军中服役。此后，他借舰船执行任务的机会，周游了世界上很多海洋国家，使他对海军、海洋和海权等有了更直接的了解和更深刻的认识。

1878 年，海军学院举办了一次海军训练报告会的写作比赛，马汉作为一名海军中校参加了这次比赛。虽然没有取得理想的成绩，但更加激发了他研究海军的兴趣，坚定了他研究海洋的信心。1884 年，美国为加强对海军军官的培养，在罗得岛新港新建了一所纽波特海军军事学院。学院院长看到马汉在海军军事学术方面颇有见地，就邀请已升为海军上校的马汉担任教员，专门讲授海军历史和战术课程。这是马汉军事生涯的转折点，也是他进入真正的学术研究的开始。在这里，他潜心钻研了被称作拿破仑式的战略家的著作，如克劳塞维茨的《战争论》、亨利·约米尼的《战争艺术》等。这些著作对于马汉强化自己的军事理论基础和启迪海军学术思想，起到了非凡的作用。而且，马汉思维敏捷，见解独特，善于在前人思想的基础上进行再创造。结合教学实践，马汉进行了深入研究，先后发表专著和论文 100 余部（篇），其中关于海权论的著作有 20 多部，主要有《海权对历史的影响，1660~1783》《海权对法国革命和帝国的影响，1793~1812》《海权的影响与 1812 年战争的关系》等，从而形成了"海权论"。另外，还撰写了《海军战略》。这是马汉继"海权论"系列著作后，又一部影响较大的系统阐述其海权思想的理论著作。

马汉的"海权论"和"海军战略"论问世后，立即在世界许多国家尤其是西方国家产生了空前的影响。

最先接受马汉理论的是英国人，因为当时英国正在辩论扩充海军的问题，马汉的理论被认为"是一个伟大的发现"，他的书受到百般推崇，而且被当作最大的权威著作加以引用。在法国，由于马汉著作中对法国海军的失败进行了多处评论，触到了法国海军建设的要害，虽然遭到了一些人的攻击，但大多数人拥护马汉的观点，因而马汉著作在法国被称赞为最客观公正的著述。在日本，马汉的著作出版后，即刻便被译成日文，而且均被列为日本海军军官的必读书。当时，日本正在跃跃欲试，企图赶上西方，因此日本政府便开始与马汉进行频繁的通信联系，就日本海军的规模、舰炮的型号等问题征求马汉的意见。在俄国，马汉早期著作的俄译本被年轻的海军军官奉为经典，克拉多曾企图把马汉理论应用于俄国海军和海上力量建设，并因此受到沙皇的赞赏。

尤其需要指出的是马汉著作在德国产生的巨大影响。当时的德国海军大臣提尔皮茨元帅及其皇帝威廉二世在马汉"海权论"中找到了扩充海军的理论依据，也都成了马汉理论的狂热崇拜者。威廉二世说："我现在不是在阅读马汉上校的著作，而是想吞食它,并且牢记在心灵之中。这是第一流的著作,所以在各点上都是经典化的。在我所有的军舰上都备有此书,并经常为我们的将领和军官们所引述。"德国还规定将马汉的著作作为海军学校的教材。

在美国,马汉的《海上力量对历史的影响》一书刚出版,当时担任文官委员会委员后来出任总统的西奥多·罗斯福就写信给马汉,称赞这本书是"非常好的书",是"绝妙的书",是一部"经典著作",美国海军和陆军当局也先后下令大量订购马汉的著作,甚至连美国政府的议员们也以引证马汉的词句为荣。根据马汉的理论,美国迅速建立了一支与世界海军强国相抗衡的海军舰艇部队——"大白色舰队",于1898年进行了美西战争,夺取了西班牙的殖民地古巴和新加坡,不久又开凿巴拿马运河,"建立了美国对运河的绝对控制",还相继占领了关岛、菲律宾和夏威夷。自此美国海军把势力范围扩展到了世界各大洋,以一个海军强国的面目称雄于世。

马汉理论特别是其"海权论"适应19世纪末20世纪初美国垄断资本向海外发展的需要,是当时历届美国政府制定对外政策和海洋战略的重要依据,对美国军事思想和其他许多国家的海军理论都产生了重要影响。但由于时代的局限性,作者过分夸大了海上力量和舰队决战的作用。

东乡平八郎:日本帝国海军"名将之花"

东乡平八郎是日本明治时代阅历极为丰富的海军"名将之花",是日本对外侵略扩张的重要执行人。东乡平八郎出身于萨摩鹿儿岛藩士,自幼学文习武,舞枪弄剑,立志要"从事海军事业"。1863年从军,随父参加萨、英战争,更坚定了服务于海军的决心。1866年萨摩藩成立海军局,东乡平八郎刚满19岁就参加了萨摩藩海军。在1868~1869年推翻德川幕府的战争中,担任"春日"舰分舰长的东乡平八郎,转战和函馆等地,初立战功。1871~1878年,他两度赴英国留学深造6年多,学习军事,专修海军技术,并绕世界航行一周,增长了见识,扩大了眼界。

东乡平八郎

1884年,东乡平八郎出任"天城"舰舰长,曾到上海、福州和基隆等地调查考察中法战争情况。1894~1895年,东乡平八郎参加日本侵略中国的中日甲午战争时,担任日本联合舰队第1游击队"浪速"舰舰长,在丰岛海域偷袭中国舰队,击沉中国政府租用的英国运输舰"高升"号,致使该舰装载的1000多名中国军队官兵大部分牺牲，东乡平八郎欠下了中国人民一笔举世震惊的血债，大英帝国和日本朝野也为之震惊。1895年日本攻打澎湖列岛时，东乡平八郎作为舰队少将司令，又指挥第1游击队以火力支援步兵登陆。同年，东乡平八郎又一度代理日本联合舰队总司令职务，前往讨伐和镇压台湾人民，在中国人民面前，东乡平八郎是一个血债累累的刽子手，而在日本侵略者的心目中，东乡平八郎却是一个战绩赫赫的海军英雄。1895年，东乡平八郎被提拔为海军大学校长，曾专修海军战略战术，两年后又被晋升为中将。1900年，东乡平八郎被任命为日本常备舰队司令官，参与策划和指挥八国联军侵略中国的战争，镇压义和团运动。1903年任日本联合舰队司令官。1904年日俄战争爆发后，他指挥联合舰队多次袭击位于旅顺口外和仁川港的俄国舰队，封锁对马海峡，夺得黄海制海权。

东乡平八郎夺得制海权后，日本陆军相继从朝鲜半岛及辽东半岛大批登陆。接着，北线日军迅速合围了辽阳，南线日军很快攻陷了金州、大连，并开始向旅顺要塞发起猛攻。此时，东乡平八郎率领52艘战舰，严密地封锁了旅顺港，与陆军协同作战，很快使旅顺要塞成了一个孤立的据点，使旅顺不再是俄国舰队的安全港。为此，沙皇命令阿列克谢耶夫，迅速组织龟缩在旅顺港内的太平洋第一分舰队，向海参崴突围。东乡平八郎获悉这一情报后，马上把主力隐蔽配置在圆岛附近。

1904年8月10日清晨，俄国太平洋第一分舰队新任司令费特吉夫特率领6艘战列舰、4艘巡洋舰、8艘驱逐舰及其他辅助船只20余艘，冲出旅顺港，开始突围。中午时分，俄国舰队不知不觉地进入了东乡平八郎蓄谋设好的伏击圈。经过一个小时的苦战，俄国舰队侥幸冲出包围，拼命向东逃遁，东乡平八郎率舰队紧追不舍，步步进逼。下午5时许，航速较快的日本舰队终于追了上来，迎头截住了俄舰队的退路，接着发起了更加激烈的海战。激战中，东乡平八郎指挥各舰集中火力猛攻俄国旗舰"泽萨列维奇"号，6时左右，一颗炮弹突然落到"泽萨列维奇"号的舰桥上，包括俄军司令官费特吉夫特在内的舰桥上的全体官兵顿时被炸得血肉横飞。俄舰队失去指挥，陷于更加混乱之中。而此时的东乡平八郎却表现出了异常的沉静，他指挥日本舰队乘机猛攻四散逃命的俄舰，很快便重创俄军铁甲舰1艘、巡洋舰5艘，其余的俄舰，除少数脱逃到青岛等港口外，大都被迫逃回旅顺港。

旅顺告急，沙皇政府迅速从波罗的海舰队抽调舰船组成"太平洋第二分舰队"，开往远东增援，随后，又将驻欧洲的一些破旧舰艇拼凑为"太平洋第三分舰队"以补充第二分舰队。经过一番准备，俄国太平洋第二分舰队在罗日杰斯特温斯基海军中将的率领下，于1905年5月，太平洋第二、第三分舰队在越南金兰湾附近会合，合成联合舰队，由罗日杰斯特温斯基统一指挥。

在俄国舰队东调的过程中，东乡平八郎率领舰队进行了充分的迎战准备。尤其是对舰炮的射击准确度进行了强化训练,东乡平八郎提出的练兵宗旨是"百发百中的一门大炮要胜过一百门百发一中的大炮"。与此同时,他对未来的战役进行了精心的筹划,经过周密的分析,东乡平八郎判定,俄国舰队最可能通过对马海峡,取最短的航线前往海参崴。因此,他将主力隐蔽配置在对马海峡和日本海岸附近,决定在俄国增援舰队抵达海参崴之前,趁其舰船失修、人员疲惫之机,采取以逸待劳、击其惰归的策略,与俄军舰队进行决战。同时,东乡平八郎还派出大批轻型巡洋舰和炮艇,在俄国舰队可能经过的所有海上通道附近严密巡逻,组成了一个纵深达 200 多公里的庞大的预警网。

东乡平八郎的判断是正确的。5 月 27 日凌晨,他接到了俄舰队出现在对马海峡的报告,即迅速率领舰队在对马海峡展开火力,并向舰队发出号令:皇国兴废在此一战,诸位尤须尽力奋战!

13 时 40 分左右,日本舰队突然出现在俄国舰队的右前方,激烈的海战打响了。起初,日军战局不佳,5 艘舰艇被俄军击中起火,东乡平八郎并没有把注意力集中到如何击沉俄军的一舰一船上,而是以其海战的经验,沉着指挥日舰队将罗日杰斯特温斯基的战斗队形打乱,夺得了战役主动权。此时,东乡平八郎又以其集中火力打击其要害的战术,指挥部队猛攻罗日杰斯特温斯基的旗舰"苏沃洛夫"号和先头主战舰艇"奥斯利亚比亚"号。半小时后,"奥斯利亚比亚"号中弹沉没,"苏沃洛夫"号也遭到重创起火。此时的罗日杰斯特温斯基已气得捶胸顿足,急得抓耳挠腮,俄舰队也出现了一片慌乱。次日上午 9 时,俄军被日军严密包围,不得不投降。

在这次为时不到两天的对马海战中,俄国一共损失战舰 28 艘,总吨位达 20 万吨,伤亡 5500 多人,被俘 6000 人,而日军只损失鱼雷艇 3 艘。

然而,此时的罗日杰斯特温斯基并没有像其他败军之将那样沮丧,反而"真诚"地对东乡平八郎说:"败在你的手下,我并不耻辱。"

福煦:三个国家授予他元帅称号

18 世纪的法兰西大地上,出现了一位名震寰宇的军事巨人拿破仑,而福煦·弗迪南这位拿破仑的旁系后裔,则是一位熟谙拿破仑用兵之道的一代名将。第一次世界大战中,福煦担当大任,屡挫强敌,被当时的舆论称为"人类纪元以来超群拔萃之人"。大战结束后,法国、英国、波兰三个国家都授予福煦元帅称号。

福煦于 1851 年出生于法国西南部的一个边远小镇,他自幼聪明绝顶,不类常童,有过目成诵之才,深受老师的赞许和同学们的羡慕。福煦 12 岁入中学,除学习

福 煦

规定的课程外，他大量阅读了法国的伟人传记和法国历史。其数学老师曾经预言，此子自负不凡，学业精深，将来必成大器。中学毕业后，福煦以优异的成绩考入被当时的年轻人仰慕至极的巴黎百科大学。由于受家庭的影响，福煦对军事颇感兴趣，普法战争爆发后，福煦毅然辍学从军，被编入步兵第4团当兵。1871年，福煦退伍后重返学校。当时，有一个德军分队驻在福煦所在的校园，他时常与雄赳赳的德军相遇，兵败国破之屈辱情景，在福煦的脑海里打下了深深的烙印。福煦以优异的成绩毕业后，自愿要求到驻地偏远的炮兵24团服役。福煦爱好骑马，骑术精湛，在该团服役两年后，考入骑兵学院。1878年，福煦以第四名的好成绩从骑兵学院毕业，被破格晋升为上尉，调配到炮兵第10团任职。1885年，福煦又考入巴黎高等军事学院深造两年。1891年，福煦晋升少校并调到总参谋部第三局任职，继而又到炮兵13团当营长，1894年复入总参谋部，次年在巴黎高等军事学院当研究生。1896年至1900年，福煦在该校任教官，他的教学方法灵活，授课深入浅出，饶有趣味，不仅深得学员欢迎，而且使学员深受其益。1903年，福煦被提升为炮兵35团的上校团长，1907年又被提拔为少将旅长，1908年至1911年被推举为高等军事学院院长。在担任高等军事学院院长期间，他大力改革教学内容及教学方法，有效地调动了学员的进取心和求知欲。他还建议政府挑选最优秀的军校毕业生重点培养，造就高级军事人才，第一期选入的15人中，后来大都成为优秀的指挥员。

福煦是拿破仑之后法国最有代表性的军事思想家之一，他长期在高等军事学院讲授战略战术，著有多种兵书，比较有名的如《作战原理》等。他的思想是拿破仑军事思想的发挥。大战爆发前，福煦为法国军事理论的建立和发展起了很大的作用。

1914年，第一次世界大战爆发后，法军因战场连连失利而节节后退，给巴黎造成严重威胁，在这紧要关头，法军帅部制订了新的作战计划，重新部署了兵力，并成立了一个新的第9集团军，由博学多才、足智多谋的福煦担任司令。9月15日至10月，德法两军在马恩河长达200多公里的战线上展开会战。会战的第一天，福煦就组织第9集团军的炮兵，给了德国近卫军的疯狂进攻以致命的打击。9月18日午夜，福煦率领的第9集团军的右翼尽管遭德军突袭，但他仍然信心百倍地指挥数量处于劣势的部队猛攻德军侧翼，致使德军第1、第2集团军处于孤立无援的境地，迫使德军溃退，取得了马恩河会战的胜利，使巴黎转危为安。

1915~1916年，在欧洲西部战场上进行了著名的凡尔登战役和索姆河战役。凡尔登战役由德军发动,以德军的失败而告终。索姆河战役,由英法联军发动,福煦任总指挥,英、法联军虽然在此战役中付出了沉重的代价,但对德军的打击也极为惨重,使德军损失达53万余人,以致再也无法恢复原有的战斗力和士气。英法联军通过这次战役,终于从德国手中夺得了战略上的主动权。

1917年5月,福煦升任法国陆军总参谋长。1918年年初,协约国最高军事委员会就俄国退出战争后德军兵力集中于西线的局势召开会议,福煦第一个阐述了自己的方案。他认为"进攻是取得胜利的唯一方法""在敌人进攻时,不但要在进攻地域将其阻住并对其实施反冲击,而且还要采取强有力的反攻",力求"使这些行动具有勇往直前,组合进攻的样式",并一再强调建立统一的作战指挥机构的必要性。福煦的计划虽然符合当时的情况,但却遭到反对,导致协约国军在5次大进攻面前屡屡失利,士气低落,战略态势恶化。

1918年7月,福煦预见到德军会乘7月14日法国国庆之机发动一场大规模的进攻,便预先做了迎战准备。7月15日零时30分,法军炮兵对占领进攻出发阵地的德军出其不意地发起了先发制人的猛烈的预防性射击,给德军以重大杀伤,从而使德军统帅部苦心经营的最后一次进攻基本破产。随即,福煦指挥协约国军队发动了最后的决战——亚眠战役和圣米耶尔战役。此时,编入联军攻击集团的有17个步兵师、3个骑兵师、2684门火炮、511辆坦克和大约1000架飞机。8月8日,联军对德军阵地指挥所、观察所、通信枢纽部进行了猛烈的炮击,还未等德军指挥部弄清情况,联军的大量坦克就已经冲到了德军阵地。交战第一天,德军就损失27000人,德军副统帅鲁登道夫说这是"德军在世界大战史上最黑暗的一天"。到8月13日,联军在75公里的正面推进了10~18公里,不仅消除了德军对亚眠铁路的威胁,而且使德军损失48000人。9月12日,联军又以潘兴将军指挥的美国第1集团军为主,成功地发动了圣米耶尔战役。接着,联军向"兴登堡防线"发动总攻,德军惨败临头,德军正副总指挥兴登堡和鲁登道夫,于9月29日发表声明,要求签订停战协定,1918年11月11日11时,各战胜国礼炮鸣响101发,宣告了第一次世界大战的结束。鉴于福煦在第一次世界大战中的功绩,法国、英国、波兰三个国家都授予福煦元帅称号。

霞飞:连创第一次世界大战两大奇迹

在世界军事家的殿堂里,霞飞占有重要的一席。这位法兰西传统进攻精神的继承者,在第一次世界大战中,连创马恩河战役和凡尔登战役两大奇迹。

1911年,法、德两国为了争夺摩洛哥而剑拔弩张,战争一触即发。新上任的法军陆军部长梅西米举荐贤才,把当时并不出众,但比较年轻,而政治上属温和派的霞飞推上高位,让他当了最高军事委员会副主席兼总参谋长。

第一次世界大战爆发时,霞飞已出任法军总司令。为了取得战争的胜利,霞飞以其新学派的眼光,制订了具有划时代军事意义的作战计划,史称"第17号"计划。这个计划把攻击变成唯一目标,主张一旦战争爆发,就集中所有兵力,攻入德国腹地。1912年,霞飞曾宣称:"我决定不踟蹰地直向敌人进攻,只有攻势才适合我们军人的思想。"霞飞的主观愿望是好的,但是大战初期的边境交战,以法军的失败而告终。战争实践证明,霞飞攻势至上的计划是战争指导上的一大失误。然而,霞飞毕竟是一个具有巨大勇气的人,边境交战的失败并没有使他灰心,他借鉴了战略战术上的经验教训,立即调整计划,部署兵力,选贤任能,重新组织抵抗。从8月1日战争爆发到9月6日,他果断地撤换了两个军团司令,10个军长和38个师长,相当于当时法军高级将领的半数。9月1日,联军6个集团军按照霞飞的命令,在马恩河附近,进入对德军形成包围的有利位置,9月4日晚,霞飞乘机下令转入进攻。进攻发起前,霞飞以命令形式发布一项简短的号召书,向部队做了宣读。命令号召:"正值国家存亡在所一战之际,必须提醒大家不得瞻前顾后。应全力以赴进攻并打退敌人;部队倘若不能再前进,那就不惜一切代价守住已经占领的区域,宁肯就地战死而决不后退。在当前的情况下,任何怯懦都是不可容忍的。"由于连续撤退而满腹屈辱的法军官兵,一听说进攻,便士气大振。9月6日凌晨,进攻开始了,法国第6集团军首先投入战斗,接着英法联军其他部队也都展开进攻。德军为了制止法军对其侧翼的突击,展开三个军来对付乌尔克河以西的法国第6集团军。霞飞闻报后立即从后方调来一个师加强该地的兵力。为此,他调用了巴黎的1200辆出租车,在一夜间将一个步兵旅运送到50公里以外。据说这是战争史上第一次将汽车运输用于调动兵力,交战过程中,霞飞始终不放松对部队的指挥,他根据对全线情况的了解和分析,每天都对第二天的交战下达作战命令。他常常亲自到前沿阵地就地解决各种作战问题,带有战略进攻性质的马恩河战役持续了8天,约200万英法联军在180公里的正面战场上向前推进了60公里,德意志帝国迅速击溃法国的战争计划彻底破产了。德军总参谋长"小毛奇"因吃了败仗而丢了乌纱帽。

根据大战初期的经验教训,以霞飞为首的法军统帅部,决定从1915年8月起,建立以要塞为基地的筑垒地域,作为野战集团军防御的不可分割的组成部

分。著名的凡尔登要塞就是在霞飞这位军事工程专家的指导下,完成了全新的防御体系。整个要塞外径 45 公里,防御正面 112 公里,分四道防御阵地,纵深 15~18 公里,由 3 个军把守。1916 年 2 月 12 日,德军在做了仔细而秘密的准备之后,决心以急速的攻击夺取战略枢纽凡尔登要塞。他们在马朗库尔至埃坦的正面战场上,部署展开了 1204 门火炮和 202 门迫击炮。由德国皇太子威廉指挥的第 5 集团军及其他加强的部队实施突破。德军在主要突击方向上形成了兵力兵器的绝对优势,师多 3 倍,火炮多 3 倍以上。德军声称,要把凡尔登要塞作为"碾碎法军的磨盘"。霞飞采取"以磨盘对磨盘"的战术,决心集中兵力死守凡尔登。从 8 时 12 分起,德军持续了约 9 个小时的炮火准备,对突破正面阵地进行了大规模、高强度的狂轰滥炸,不到 4 天就占领了法军第一、二阵地,法军阵地被切成数段。在关系到法国生死存亡的危急关头,霞飞坚毅果断,冷静沉着,他在派其代表卡斯特尔诺去凡尔登,严令"不惜任何代价将敌人拦阻在马斯河右岸"的同时,派贝当率第 5 集团军迅速增援,接着,霞飞又不断向前线增兵。他组建了一支近 9000 人的运输队,调集了 3900 辆汽车,编成 175 个汽车排,一周之内将 23000 吨弹药 2500 吨物资和 19 万部队送到凡尔登。一方强攻,一方死守,双方展开了空前残酷的绞杀战。战至 8 月份,凡尔登城下的主动权转到法军一边,10 月 24 日法军转入反攻,夺回了失去的阵地。凡尔登战役是第一次世界大战中规模最大,时间最长的战役,双方损失了 120 个师,伤亡近 100 万人,其中德军 60 万。德军 1916 年的战略计划在凡尔登城下遭到破产。当时有"绞肉机"之称的凡尔登战役成了第一次世界大战的转折点,霞飞作为这次战役的法军最高统帅,其卓越的指挥,坚定的意志和灵活的战法,为法军的胜利起了重大作用,霞飞也因此而赢得了很大的荣誉。

1916 年 12 月,64 岁的霞飞改任政府军事顾问,1917 年至 1918 年任法国驻美国军事代表团团长,后任驻日本军事代表团团长。霞飞文武双全,一生著作甚多。1918 年,法兰西学院授予他院士学衔,这是许多赳赳武夫望尘莫及的崇高荣誉。从 1922 年起,霞飞担任法国政府国防委员会主席。1931 年,霞飞带着他的不朽战绩而逝世。

潘兴:曾从上尉一下飚升为准将

被美国人称为"凶狠的杰克"和"铁锤将军"的美军五星上将潘兴,这位曾在第一次世界大战后名扬于世的美国军事人物,不仅其军事生涯是丰富多彩的,而且其仕途官运也是耐人寻味的。他曾经创造了从上尉直接升为准将的世界军衔飚升纪录。

1860 年 9 月 13 日,潘兴出生在米苏里州的一个小镇的一个普通家庭,潘兴自

潘 兴

幼体格健壮,但因顽嬉不奋而学业一般。1876 年,年仅 16 岁的潘兴,被聘为村中黑人学生的幼校任教。由于种族的差别,其他教师都难以训授学生,唯有潘兴却极受学生欢迎。两年多的任教,使他手头有了点积蓄,便在父亲的帮助下,于 1879 年进入克斯耶罗州立师范学校读书。正读第二学期时,他从报角上发现了陆军大学招生的广告,决然要去报考。当时,离考试时间只有一个星期了,他深夜苦读,弟妹们还经常在灯旁伴坐,有时帮他提问。结果,他很幸运地被录取了。

潘兴进入陆军大学,可算是他军事生涯的开始,也是他一生的转折。由于他具有较强的组织能力,教官和同学们推荐他担任了班长。遗憾的是,他的学习成绩并不太好。然而,军校的生活,锻铸了他意志坚定无情和强烈的统治欲、责任感等军人的性格和气质。正是凭借这些基础素质,潘兴所带的班成为全校遵守纪律的最佳分队。1886 年 6 月,潘兴学业届满,被授予少尉军衔,派到第 6 骑兵团服役。当年 9 月,潘兴随部队到新墨西哥南达科他州参加镇压印第安部落的活动。回国后,潘兴从 1891 年开始,在内布拉斯加大学担任了四年之久的战术教官,结合教学研究,他对传统的陆军战术做了初步的探讨。在此期间,他曾对法学产生了浓厚的兴趣,工作之余,潘兴系统地研读了有关的法学著作,并获得法学学士学位。1895 年,在美国西部地区服役两年之后,潘兴回到母校——西点军校担任战术教官。已到而立之年的潘兴,只想利用西点军校的条件,在战术教学方面有所成就。然而这时,西(西班牙)美战争爆发,潘兴却被派往驻古巴的第 5 军第 1 师团当了一位很难兴旺发达的军需官。

西美战争结束后,美国陆军组建了海岛局,主管波多黎哥和菲律宾事务,潘兴幸运地被任命为海岛局局长,不久,潘兴又被调到第 8 军任职,前往菲律宾镇压摩洛族人民的正义斗争。因潘兴既善于组织指挥部队作战,又善于安抚当地民心,而受到老罗斯福的赞许。从此,潘兴青云直上,1903 年被调到总参谋部工作,后来又被选送到陆军军事学院深造,1905 年赴日本东京担任驻日武官,日俄战争期间又担任了乃木将军的观察员,1906 年被破格从上尉晋升为准将。有人说,潘兴这“一步登天”的晋升,越过了原来比他职位高的 862 名军官。从此,美国军人敬仰地称他为“奇遇将军”。

在官运亨通的时节,35 岁的“光棍”潘兴,在赴日就任武官之前的几天,与一位参议员之女结了婚。这时的潘兴,一有合意的职位,二有美貌的妻子和和睦的家庭,三有与国会成员联姻的后台,不愁飞黄腾达。但事实并不像他想象的那么简单。他从 1906 年 9 月到 1913 年,几乎一直在菲律宾供职,回国后才改任巴尔干观察员,不久才捞到一个旧金山的第 8 旅旅长的职位。更不幸的是,1915 年 8 月 27 日,家宅失火,妻女四人当场被大火烧死。潘兴在这悲痛欲绝的时刻,表现了一个军人应有的自制力。

1914 年 8 月,卡兰萨趁机夺取了墨西哥的政权,并得到了美国威尔逊政府的承认,卡兰萨实行的政策,遭受到了农民的反对。墨西哥人民在查普塔和比利亚的领导下,组织了游击队,与英美支持的卡兰萨傀儡政府展开了坚决的斗争。卡兰萨政府请求美国支援。1916 年 3 月,潘兴被任命为远征军司令,率军进入墨西哥,以镇压"内乱"为名,对墨西哥进行武装干涉。两年之后,直到美国加入第一次世界大战前夕,潘兴才率部回国,任南部分区的司令。后来,被美国政府任命为远征军司令,率部开赴法国参加第一次世界大战。潘兴到达欧洲战场之后,根据对时局的分析,预见到一旦俄国退出战争,西线战场将更加危机;只有美国大规模参战,才能有进攻的优势和迫使德国屈服的希望。因此,他坚决反对美军零零星星地派兵加强协约国防线的作法,而要求政府一次性地派出大批部队开赴欧洲战场。他的主张得到了威尔逊总统的支持。不久,美军的大批部队被派到法国。

美军在欧洲战场,开始大部分分散在英法联军中担任后勤任务。潘兴对这种状态极为不满,始终坚持要保证美军的独立性和完整性。他认为,如果美军失去了独立性,不仅对国家(美国)威望是空前的牺牲,而且是对远征军士气的严重打击。因此,他在力主大量美军增兵欧洲战场的同时,在思想上和组织上做好了独立作战的准备。到 1917 年 10 月底,晋升为四星上将的潘兴,把美军远征军编成军和集团军,下辖 8 个师,武器装备也得到了很大改善。

1918 年下半年,战略主动权转到了协约国手中。7 月 24 日,协约国军司令官贝当、海格和潘兴在博蒙召开会议,对今后的作战做了深入的讨论和准备。为第一次世界大战的彻底胜利奠定了基础。在之后的作战中,潘兴取得了空军作战的经验,开始十分重视空军的威力。

根据战局的发展,协约国军指挥部决定于 1918 年秋转入总攻。美国第 1 集团军和法国第 4 集团军在马斯河西岸向梅济埃尔方向对阿尔贡两侧实施主要突击。第一次攻击受阻后,潘兴投入三个集团军的兵力发动了第二次攻击,在他的正确指挥下,美军进展迅速,突破了兴登堡防线,彻底粉碎了德军,占领了色当一线,迫使德军投降。1919 年 9 月,潘兴因作战有功而被晋升为五星上将。

第一次世界大战结束后,潘兴曾于 1921 年出任美国陆军参谋长,1924 年离职退役。晚年曾赴秘鲁和英国等地执行政府委托的使命,接受了牛津、剑桥大学的荣誉学位,成为巴黎道德和政治科学院的荣誉会员。1941 年 12 月,珍珠港事件后,他曾亲赴白宫,志愿要求服役。1948 年 7 月 15 日,病故于华盛顿,后葬于阿灵顿公墓,墓碑上刻着"最后的军号声响,我要和我的士兵奋起"的墓志铭。

鲁登道夫:"高级"战略家

鲁登道夫

鲁登道夫是一个典型的民族沙文主义者,第一次世界大战期间是兴登堡的副手,却扮演了"一把手"的角色。第二次世界大战前,他所创立的"总体战"理论,奠定了法西斯德国军事思想的基础,对第二次世界大战期间德国的军事战略产生了重大影响。可以说,他是德军一战中"真正"的总司令、二战中"高级"战略家。

鲁登道夫出生在一个商人家庭。其父曾在普鲁士军队中服过役,鲁登道夫的幼年时代正处于战争环境中,普鲁士在战争中的接连获胜,极大地调动了一些青少年的军国主义狂热和黩武精神,鲁登道夫从小就深受佩剑执戈精神的熏染,立志做一名叱咤风云的雄武军人。他 12 岁入军校少年班,后转入中等武备学校。1881 年毕业后被授予少尉军衔。1890 年,鲁登道夫又考入柏林军事学院深造。这两次入校,不仅使他获得了丰富的军事知识,而且也初步显露了他在军事方面的天资,学业成绩一直名列前茅。1893 年毕业后不久,因头脑清晰、学识丰富、组织能力强,具有良好的军人风度,而被选调德军总参谋部供职。1908 年,鲁登道夫被提拔为总参谋部作战处处长,掌握全军的作战、训练和军务事宜,三年的作战处长经历,为他以后指挥数百万德军积累了丰富的知识和经验。

鲁登道夫熟谙将道,意志坚强,不畏压力,有超群的指挥才能。他说:"一位将军是要能够负重的,而且需要坚强的神经。文人们常常有这样一种想法,以为战争好像算数学题一样,由已知来求未知。实际上并不如此。在这种斗争中,物质的力量和心理的力量是交织在一起的,而数量居于劣势的方面尤为困难。在这种工作中,包括着许多的人员,其个性和观点都是各有不同的。其中唯一已知的常数即为将帅的意志。"鲁登道夫按照他的"为将之道"在坦能堡战役中力挽狂澜,使德军化被动为主动,进一步赢得了德国当局的器重与信任。

当第一次世界大战爆发时,鲁登道夫在斯特拉斯堡任步兵第 85 旅旅长。根据战争的需要,鲁登道夫又被任命为第二集团军的作战部长,负责筹划和协助指挥德军的先头部队作战。1914 年 8 月 5 日,德军在进攻比利时边城列日的作战中失利。危急之时，德军最高统帅部迅速启用鲁登道夫为作战总指挥。鲁登道夫到任后，首先组织大口径榴弹炮，集中轰击比(比利时)军炮台，他身先士卒，率领一部分精锐部队首先占领了列日城，对战斗的胜利起到了至关重要的作用。鲁登道夫因此威名大震。

1914年8月，俄国乘东线德军兵力薄弱之机，发兵突入东普鲁士。在战情危急之时，虽然有人又想起启用鲁登道夫，但由于当时的德皇威廉二世对他存有疑心，怕他那刚愎自用的性格和不够深的资历不适合或不足以坐第一把交椅，尤其是他凭借自己的才能和战绩而经常与德皇闹别扭，使德皇更不敢重用他。于是在鲁登道夫的头顶上放了个资历雄厚、德高望重，而且善于调节各种关系并具有容人之量的兴登堡为之压阵，鲁登道夫作为兴登堡的参谋长。坐着第一把交椅的兴登堡心里最明白，德皇用的并不是他的才能，而是让他作为一种象征放在鲁登道夫上面。因而，待兴登堡走马上任来到前线，鲁登道夫已把一切作战计划做得天衣无缝，听了鲁登道夫的扼要汇报，兴登堡就表示完全同意。这样，兴登堡从与鲁登道夫搭配的第一天起，就当起了"甩手掌柜"和"不管司令"，部队的指挥和决策几乎全由具有真才实学且年富力强的鲁登道夫拿主意。兴登堡在自传中也公开写道："当我认识了鲁登道夫将军的高尚价值后，我看我的最大任务之一，是在可能的范围内，尽量给我的参谋长的精力、丰富的思想、几乎超人的工作力及不倦的工作意志让出自由的道路来，在必要时给他创造道路。"其实，重要的组织指挥活动都是鲁登道夫独自承担。凭借聪明过人的头脑和丰富的指挥经验，鲁登道夫指挥部队迅速扭转战局并将俄军逼于绝境，歼灭俄军12万人，俄军主将萨姆松诺夫兵败自杀。

1914年11月，鲁登道夫就任德国东线方面军参谋长，与兴登堡共同负责指挥对俄国的作战。德军统帅部根据鲁登道夫的建议，把作战重点由西线转移到了东线，从这年年底到次年年底，兴登堡和鲁登道夫在东线以德国边境内的平行铁路网为机动的基础，发动了一系列的进攻，从波罗的海到喀尔巴阡山的绵亘战线上勇猛突进，打得俄军溃不成军。而在西线，由于指挥不利和各种因素影响，德军连连失败，使整个战局失利。1916年8月，兴登堡继任总参谋长，鲁登道夫被任命为军需总监。从此，这对将才总揽了德军大权，把战争机器的马达开到了最高挡位，兴登堡仍然一如既往地给鲁登道夫创造施展才能的机会。鲁登道夫也不负重托地制订了"兴登堡计划"，在全力以赴增加军火生产的同时，在全国煽动起了民族沙文主义情绪，鼓动全民为战争效劳。

为了扭转总体作战军事形势的不利局面，鲁登道夫从破坏对方的经济实力着眼，极力主张恢复无限制的"潜艇战"。在他的组织下，德国将潜艇的年产量增加了一倍，威廉二世屈于鲁登道夫的压力，于1917年1月31日，命令潜艇战采取无限制的原则。"无限制潜艇战"大量击毁了协约国包括美国的运输船舰，一度给协约国尤其是英国造成极端困难。对此,德国举国欢呼,对鲁登道夫赞不绝口。

第一次世界大战结束后,鲁登道夫主要从事军事学术研究和政治活动,1920年他组织并参加了以推翻魏玛共和国,建立君主政体为目标的卡鲁暴动,1923年11月又与希特勒合作在慕尼黑发动政变未遂。1924年他以纳粹党的代表身份成为国会议员,1925年被提名为纳粹党总统候选人。1935年,他的军事代表作《总体战》出版,同年获得希特勒政府授予的元帅军衔。在《总体战》中,鲁登道夫大肆鼓吹民族沙文主义,极力主张恢复德国的军事实力和建立法西斯专政,不仅真实地暴露了法西斯的真实面目,而且为德国帝国主义发动第二次世界大战做了思想上理论上的准备和战略上的设计,法西斯头子希特勒正是以他的这一理论为重要依据之一而发动战争的。有人说,"看懂了鲁登道夫的《总体战》,就明白了希特勒的作战路线"。

杜黑:"制空权"理论的创立者

杜 黑

朱利奥·杜黑是意大利的军事理论家、战略家,也是注重实际、独具慧眼的军事改革家。在世界军事领域里,他的军事学术观点影响相当广泛,是被世界公认的"制空权"理论的倡导者,也有人称他是空军军事理论的先驱。

杜黑于1896年5月30日出生在意大利的卡塞塔。童年时期,受到良好的家庭教育。少年时期,他以肯钻研的精神,在学业方面取得了良好成绩。后来,他又以对军旅生活的热爱,步入都灵军事工程学校,毕业不久,他又进入陆军大学深造,学习指挥艺术和参谋业务。

1903年,飞机在美国诞生。不久,它便在战争中充当了刺探对方军事情报的"间谍"和传递统帅命令的"使者"。1909年,杜黑以他锐敏的军事眼光,认识到"飞机具备成为一种独特的军事手段的潜能,武装飞机可以在战场内外到处出现,在目标区内不易遭到对方防御手段的毁伤,并且具有攻击和摧毁地面及海上所有目标的能力"。他预言,飞机用于军事必将引起战争样式的革命,战争将从平面发展为立体,他形象地指出,战争演变曲线由这点开始中断了连续性,突然转向了一个完全不同的方向,它不再是革新,而是革命。据此,杜黑认为,战争舞台将出现新的武装力量——空军,新的战争领域——空中战场,新的战争样式——空中战争。他进而做出预测:空军的出现"将改变整个战争,也将改变陆战和海战的面貌";未来"战争将从空中开始……甚至在宣战之前,就将进行大规模的空中行动";过去"如果不首先突破敌人的防线,就不可能侵入敌人的领土",而空中力量提供了"新的可能",即"有可能不用首先突破坚固防线就能进入它的远后方",直接打击敌人的心脏,"战场已扩大到交战国的整个国境","空军正在引起战争样式的革命"。他在一篇文章中写道:"天空即将成为战场。现在所有的人都认识到了制海权的重要性,但在不久的将来,制空权的获得将是更为重要的。"并强调指出,空中战场将是未来战争中的决定性战场。在未来战争中,哪个国家控制了天空并取得空战的胜利,哪个国家就能赢得战争的胜利。"掌握制空权就是胜利,没有制空权就注定要失败。"这就是杜黑所谓"夺取制空权就是胜利"的公理。他的这些见解和公理,引起了人们的很大关注。

1912年,杜黑被任命为意大利第一个也是唯一的航空营营长,主持编写第一本航空兵作战使用教令,支持飞机设计师G.B.卡普罗尼研制重型轰炸机。他对航空的爱好许多人都认为是"太过分了",所以给他取了个"飞行狂"的绰号,飞机的运用和飞行的实践,使杜黑进一步印证了自己1909年提出的理论,同时,使他鼓足了勇气,大胆地向他的上级说明夺取制空权的理论。他认为,陆军和海军最好用于防御,而空中力量则可以全力发动进攻,摧毁敌方的物力资源和人民的意志,迫使敌人投降。因此,在未来的作战中,空中力量将是决定的因素。这一理论的提出,立刻引起了当时各国军事家的注目。但是,由于当时飞机的技术性能和使用方法还很不完善,飞机的作战威力还没有显露出来,因此,那些患有"战略近视症"的人嘲笑杜黑是乌托邦,是梦想家。意大利总参谋部也因此撤了杜黑的职。为了彻底贯彻自己认为是正确的主张,杜黑不但不顾及他人的误解,而且就是受到毁损名誉的危险,他也无所畏惧。

1915年5月意大利参加第一次世界大战后,杜黑出任米兰步兵师参谋长,他曾建议组建一支由500架轰炸机组成的航空队,轰炸奥地利军队后方,但未被采纳。1916年因批评陆军当局战略指导错误,杜黑被军事法庭判处一年监禁。1917年11月,意大利军队与奥地利军队在卡波雷特区举行了会战,结果意军大败。意大利新政府和军法会议在总结这次会战失败的教训时,忽然想起了杜黑以前的建议书,便对他提出的意见重新做了调查。结果表明,杜黑的许多观点是正确的,而且此次作战的败北,完全印证了杜黑的看法是正确的。1918年年初,杜黑被任命为陆军部航空处主任,因工作难以开展,不久辞职。1920年11月,经过陆、海军最高军事会议的再次审议,正式承认了杜黑的制空权理论。从此,杜黑便成为意大利显赫一时的人物。1921年陆军部出版他的第一部著作《制空权》,同年晋升少将。1922年法西斯党上台后,出任航空部部长。1923年辞职,专事著述。杜黑的主要著作有四部:1921年出版、1927年修订的全面阐述其理论观点的《制空权》;1928年出版的强调新兵器在未来战争中作用的《未来战争的可能面貌》;1929年出版的论战性著作

《扼要的重述》;1930年出版的预测未来欧洲大战可能面貌的《19××年的战争》。1932年,这四部著作合编成《制空权》在罗马出版,由当时意大利航空部长巴尔波作序。该书奠定了制空权理论的基础,被译成多种文字出版。解放军出版社1986年出版曹毅风、华人杰翻译的中译本。

杜黑早在1909年就提出,天空将成为重要性不次于陆地和海洋的另一个战场,制空权将变得和制海权同等重要;航空兵的重要性将日益提高,它不仅是一种辅助力量,而且是军事大家庭中的第三位兄弟。第一次世界大战结束后,杜黑全面研究此次战争的经验和军事航空技术的发展,同时研究未来欧洲战争及意大利的地理环境和国防态势,并撰写一系列著作。其军事思想由初期强调空军的重要性,发展为系统完整的空中战争论。

杜黑的军事思想观点主要包括:①飞机用于战争,彻底改变了战争面貌,是战争发展史上的转折点。从此,战争将成为全民的、总体的、不分前方和后方、不分战斗人员和非战斗人员的战争。②未来战争中,夺取制空权的斗争极端重要。只有阻碍敌人飞行,才能保证自己飞行。掌握制空权就是胜利,丧失制空权就是战败。③夺取制空权只能靠空军。因此,建立与陆军、海军并列的独立空军是绝对必要的。陆海空三军是构成国家武装力量不可分割的整体,但三军的发展应有所侧重。未来战争中,空中战场是决定性战场,空军的重要性将进一步提高,陆军、海军的重要性将相应降低。④空军是一支进攻性力量,不适用于防御。空中力量应当集中使用。未来战争中,集中空军最大力量对敌后方城市和居民中心实施战略轰炸,即可摧毁其物质和精神的抵抗,迅速赢得战争胜利。未来战争是激烈的,也是速决的。⑤建设强大的商业航空,作为空军的后备。发展民用航空,吸引民众关心航空建设。建立产品供出口的航空工业,以便使航空技术保持先进水平。

杜黑是空中战争论的主要创始人,有较强的预见性和创新精神。他的军事思想对空军理论的发展起了先驱作用,在近代军事思想史上占有重要地位。有人把《制空权》一书与美国海军理论家A.T.马汉的名著《海权对历史的影响,1660~1783》并列,称他为"空军的马汉"。巴尔波在《制空权》序言中写道:这些著作在军事研究方面是表现意大利人智慧的珍贵文献,有极大的现实意义。但也有人反对杜黑的论点,称之为"武断和空想"。尽管各国对杜黑的军事思想评价不一,但它对许多国家的国防建设尤其是空军建设都产生过不同程度的影响。

富勒:"机械化战争"论的先驱

第二次世界大战,标志着以大规模坦克机动战为主的现代机械化战争时代的开始,英国著名军事理论家富勒,是这一时代公认的先驱。直至今天,欧美军人每当提及他的名字,往往竖起大姆指,说一句:"噢,老'波尼'真了不起!"

富勒出生在英格兰一个中等阶级家庭。少年时期,他对自然科学有浓厚的兴趣,非常崇拜牛顿。中学毕业后,进入皇家军官学校。1898 年,20 岁的富勒在桑德赫斯特皇家陆军军官学校毕业后任初级军官,曾参加英布战争。1902 年战争结束后,又随军驻屯印度。在那里,开始研究军事学术,出版了几本有关步兵训练的小册子。同伴们对他涉猎广泛、孜孜以写作感到不解,他说:"军人光有发达的肌肉不行,还要有丰富的大脑。"

富 勒

1911 年,富勒利用军官休假之机,赴德国北部考察。当时,英法与德奥两大帝国主义集团之间瓜分世界的分赃矛盾日趋尖锐,一场世界大战已山雨欲来。这种形势使富勒强烈地感到研究军事艺术的重要,从此,他决心"像哥白尼研究天文、牛顿研究物理、达尔文研究自然界那样,用科学的方法研究战争"(富勒语)。当年秋天,富勒从德国返回英国,入参谋学院深造。他从研究拿破仑战争史入手,探索军事科学的奥秘。经过一年废寝忘食的博览与思考,提出了被认为有普遍意义的六项军事原则(1915 年又补充了两条),从 1920 年起,他总结的这些作战指挥原则,相继被英、美等国军队列入训练和作战的条令。

第一次世界大战爆发后,富勒主动请缨上前线,被分配到在法国作战的一支重型机枪部队当了一名指挥官。这场席卷整个欧洲的大战,本来是以机动战开始的,可是很快陷入了持久的阵地僵持战。尽管双方均力求速战速决,但因囿于传统的作战方式,仍无法扭转这种局面。根据战争需要,英国的温斯登发明了坦克,在首先投入战场之时,这种前所未有的战场怪物虽然取得了一些战绩,但也出了不少洋相,就连法军元帅福煦也不无讥讽地说:"这种发明,当当玩具还可以。"然而富勒慧眼独具,认为这种崭新的兵器虽然眼下性能尚差,但它把火力、机动力、防护力三者融为一体,无疑是军事技术领域的一个飞跃;只要积极地加以改进和完善,它的前途是无量的。他由此预见,以后的战争,应该是以坦克战为主的大规模机械化战争;为适应这种转变,军队的编制体制和整个作战理论必须来一番重大的变革。

1916 年 12 月,富勒被任命为英军坦克部队参谋长。他根据索姆河战役中英军首次使用坦克的经验,提出使用坦克的新思想。次年 11 月,英军在比利时境内首次大量使用坦克,发起康布雷战役。富勒是这场战役计划的制订人。他改变惯例,不经炮火准备,就以坦克集群为前导发起冲击。此战取得了战术上的成功,一天内突入德军防线纵深 6 公里。只是由于那时尚无利用坦克突击效果,把战术突破发展为战役突破的经验,战局恢复到原来的僵持状态。不过,富勒却通过这次被看作"平淡无奇"的战功,坚定了对坦克战的信念。

战后,他继续在坦克部队任职。1923~1925 年年初,富勒于英国坎伯利参谋学院任主任教官。当时,西方各国军队都大量装备了坦克和其他装甲战斗车辆。但如何运用这种新式兵器,还没有成形的理论做指导。连当时的英国陆军的《野战条令(二)》也没有着重论述机械化部队作战问题,所以想在下一本条令——《野战条令(三)》中反映机械化部队的特点与战术。富勒的这本《关于〈野战勤务条令(三)〉的讲义》实际上是《野战条令(三)》的蓝本。用他本人的话说,这本书是以《野战条令(二)》作为基本材料写成的,"是第一本完整地写机械化部队作战的书"。在这本书中,他系统地阐述了机械化军队及其作战在现代战争中的地位、作用和使用原则。他的理论虽然过分夸大了坦克等新式兵器的地位、作用,但他却尖锐地指出了大工业时代的战争方式不能停留于蒸汽机时代的水平,以及今后战争中应集中使用坦克实施纵深的快速突击等观点。这在军事上无疑是正确的。遗憾的是,响应的人寥寥无几,无论在英国还是在法兰西等盟国,那些执掌军界权柄的年迈将帅们,却一味迷恋于在第一次世界大战中给他们带来过胜利和荣誉的传统作战方法。他们指责富勒的这些观点是"战车狂热",是"异想天开的说梦话",并且对其本人开始压制、排斥。然而,他没有因坎坷而丧志,仍继续宣传机械化战争理论。历经千辛万苦,该书终于 1932 年在英国出版。受到西方各国军界的普遍重视,不少国家争相翻译,并作为一些军事院校的基本教材。然而此书在它的祖国军界上层却无人问津。据说,德国是最先接受这本书的西方国家,一次就出版了 3 万册,被当成坦克兵的"圣经"在军官中广为流传。

1933 年 12 月,富勒退役,1935~1939 年任伦敦《每日邮报》记者。此后,主要从事军事理论与军事历史研究。他早期研究以第一次世界大战经验为基础,致力于探索未来战争的特点和创新作战理论,后期研究向国际政治和军事历史领域拓展。主要著作有:《大战中的坦克》《战争的改革》《论未来战争》《装甲战》《一个异乎寻常的军人的回忆录》《机械战》《第二次世界大战,1939~1945》《西洋世界军事史》《战争指导》等。

富勒的军事思想主要内容有:(1)关于军事科学。富勒认为,军事科学是一门综合性科学,是社会科学的一个分支。军事科学的发展有其复杂的历史因素与社会因素,工业革命对军事科学的发展具有深远影响。研究军事理论应采取科学态度,善于运用科学的思维进行分析。指导战争不能因袭以往的战争经验,必须了解过去、现在并预见未来。未来战争与以往任何一次战争都不可能相同。(2)关于战争。富勒认为,战争是人类社会的重要活动,是有组织社会的产物。战争不单是军事问题,与政治、经济、社会、科技、文化、宗教等均有紧密联系。战争与和平没有本质区别,和平是不打仗不流血的战争,战争是又打仗又流血的和平。战争是政治的工具,军备是战争的工具。战争的政治目的应该是有限的,应该是战略上能够达到的。经济因素是战争根源之一,因而战争是经济政策另一种形式的继续。科学技术是战争的基础,工业革命以来生产工具的机械化以及其他科技成就,促进了武器装备的发展,改变了战争的性质。战争与社会革命也有着直接联系。(3)关于机械化战争。富勒认为,未来战争主要是机械化战争,是陆海空战场一体化和三军联合作战的战争。未来战争中,地面机械化与空中机械化之间的关系日益密切,陆战和海战也有着广泛的联系;武器装备的机动力得到充分发挥,战争进程进一步加快,持续时间大为缩短;进攻比防御拥有更大优势。机械化战争主要发生在人口稠密、坦克部队较多、机械化程度较高的欧洲发达地区。未来战争是不宣而战的战争,没有很长的动员时间,不可能出现第一次世界大战那样的消耗战和堑壕战,补给线也不像过去那样长,打击的主要目标是敌人的首脑机关、重兵集团、通信和后方补给基地。未来战争中,夺取战场主动权的斗争相当激烈,机动与时间因素格外重要。(4)关于战争指导。富勒认为,进行未来战争必须指导思想明确和分析问题不带偏见。战略上,必须体现国家意志,运用包括精神、人体和物资在内的各种资源,以保证战争的胜利,实现战争的政治目的。作战上,必须体现战地指挥官的意志,运用各种作战手段实现其作战决心,达成作战行动的军事目的。为便于制订战争计划,必须有几条明确的作战原则。他提出目标、进攻、集中、节约兵力、机动、突然性、安全和协同,后来又增加一条——简明,作为制订作战计划的依据。另外,他还提出瓦解士气、持续耐久和震慑敌人的战术三原则。进攻是机械化战争的主要样式。大量使用坦克实施突破、包围和追击,直捣敌集团军和军、师司令部等指挥机关,将对敌造成巨大的精神震撼。未来的防御将是攻势防御,防御将由一系列配置有反坦克火炮的据点构成防护力与机动力相结合的防御体系。(5)关于军队建设。富勒强调,英国为了保持帝国的地位,应加强防务,改组国防机构,建立国防部和联合作战机构,以实施统一领导,消除三军分立现象。军队规模和员额应适当缩小,武装力量建设的重点是依靠科学技术提高军队的机械化程度。军队编组要适应机械化作战的要求。由于军队小型化和高度机械化,更要加强对战争全过程,特别是战争初期军队行动的指导,要对官兵进行更加严格的军事训练与纪律教育,使之在战场上能够自我约束。要在战场上建立精干而又机动的参谋部,以便机智灵活地率领部队实现战争的政治目标。

富勒的军事思想体现了工业革命后资本主义社会生产力的发展水平，在欧美一些国家有较大影响。有些主张尽管当时未被英国官方采纳，却为德国等其他国家所接受，因而推动了机械化战争论的发展。

斯大林："苏联大元帅"

1945年，苏联共产党和国家最高领导人，武装力量最高统帅斯大林被授予"苏联大元帅"，以褒奖他在卫国战争以及在第二次世界大战中立下的不朽功勋和杰出的军事才能。斯大林生于格鲁吉亚哥里城一个农民出身的鞋匠家庭。1898年进正教中学读书，开始参加革命活动。1899年加入俄国社会民主党。1901年3月开始职业革命生涯，投身俄国无产阶级解放事业，先后被捕7次，流放6次。1903年被选进党的高加索联盟委员会。曾参加俄国1905年革命，捍卫并执行布

斯大林

尔什维克的战略和策略。1912年被增补为俄共（布尔什维克）中央委员会委员，并领导中央委员会俄罗斯局的工作。1917年5月当选为党中央政治局委员。10月主持党领导武装起义的革命军事总部，协助列宁组织和领导十月社会主义革命。

革命胜利后，斯大林担任民族事务人民委员、国家监察部人民委员等职。在苏俄内战和外国武装干涉时期，先后担任全俄中央执行委员会工农国防委员会委员、共和国革命军事委员会委员和南方、西方、西南等战线的革命军事委员会委员，转战各地，为保卫新生的苏维埃政权建立了卓越功勋。1922年4月，在俄共第十一次代表大会上，斯大林被选为中央委员会总书记。

1924年1月列宁逝世后，斯大林领导苏联党和人民在十分艰难的条件下进行社会主义建设，把落后的农业国变成先进的工业国，为国防建设奠定了牢固的经济和技术基础。第二次世界大战爆发后，他清醒地认识到，德国最终会进攻苏联，但在进攻的时间上，可能不会早于1942年5月。于是，他决心抓紧时机在全国加强防御准备，并以本国安全为由出兵占领邻国领土，以武力解决历史遗留的领土争端，将苏联国界西推300~400公里，建立一条从波罗的海到黑海的"东方战线"。1939年11月，斯大林担任总军事委员会委员，致力于武装力量建设，鼓励研制新式武器和发展军事学术。1941年2月，在党的第十八次代表大会上，斯大林号召全国总动员，大力研究工业转入战时轨道问题和研制新型武器及提高军事工业产量问题。同年4月，在西部边境战云密布的形势下，与日本签订中立条约，缓和远东边境紧张

局势。之后,斯大林被任命为苏联人民委员会主席,全面掌握了苏联的党政军领导大权。

1939 年,在世界战争危机日益严重的情况下,斯大林于 3 月在党的第十八次代表大会上指出"德、日、意是侵略者",批评英法放弃集体安全政策、对侵略者采取"不干涉"政策,强调党的任务是争取建立欧洲集体安全体系,加强战备和发展军事工业。同年 8 月,斯大林在判断与英法结盟无望后,转而与德国改善关系以赢得时间加强战备,并决定与德国签订互不侵犯条约(其实,此时的斯大林和希特勒心里都在打着对方的小算盘, 斯大林对希特勒的戒心一刻也没有放松)。1941年 6 月 22 日,德国对苏联发动突然进攻。由于斯大林对德国发动进攻的时间和主要方向判断失误,致使苏联没有适时完成战争准备,使苏军在战争初期遭受惨重损失,陷于十分危急的境地。6 月 30 日,斯大林出任国防委员会主席,7 月 3 日向全国发表广播讲话,阐述打败德国法西斯夺取卫国战争胜利的纲领,10 日任最高统帅部大本营主席,19 日任国防人民委员,8 月 8 日任武装力量最高统帅。以斯大林为主席的国防委员会集党政军大权于一身, 组织领导全民进行反法西斯战争,从政治、经济、军事、外交等方面动员一切力量,保障反侵略战争顺利进行。斯大林依靠最高统帅部大本营及其指挥机关总参谋部及时做出战略决策, 制订战略计划,组织战略协同,组建和使用战略预备队,总结失利教训,推广成功经验,首先取得了莫斯科会战、斯大林格勒会战、库尔斯克会战等一系列战略决战的重大胜利。同时,斯大林也积极开展外交活动,推动世界反法西斯联盟的建立与巩固:1941 年 7 月与英国签订《在对德战争中一致行动协定》,9 月宣布赞同《大西洋宪法》,1942 年 1 月签署《联合国家宣言》,1943 年 11 月出席德黑兰会议,1945 年 2 月和 7 月出席雅尔塔会议和波茨坦会议。在这些会议上,斯大林围绕联盟战略和战后世界安排等重大问题,与美英首脑进行磋商,进行必要的斗争和妥协,达成有利于世界反法西斯战争胜利后的协议,但在涉及处理其他国家事务时也表现出大国沙文主义和民族利己主义倾向。战争期间,斯大林以国防人民委员和最高统帅名义所作的报告、发布的命令和训令,对于指导战争和发展苏联军事学术起了重要作用。在以斯大林为首的联共中央领导下,苏联军队和人民最终取得了苏德战争的伟大胜利,并支援盟国打败日本法西斯,为第二次世界大战的最后胜利做出了重大贡献。

战后,斯大林领导苏联人民恢复和发展了遭到战争严重破坏的国民经济,但是由于没有能够从苏联国内外已发生重大变化的历史条件出发, 及时改革 20 世纪30 年代形成的高度集中的政治经济体制和完成从战备体制到和平体制的战略转变,从而对苏联社会主义建设事业产生消极影响。1946 年 2 月,斯大林在莫斯科选民大会上发表演说,总结卫国战争经验,阐述第二次世界大战的起源和性质以及战前苏联的积极防御准备,同月在一封公开信中指出,必须从现代军事科学的观点出发,对资产阶级军事思想家过时了的原理和见解进行批判地分析,以推动军事科学的发展。5月,斯大林以武装力量部队名义发布命令,强调苏联武装力量必须在战争经验、军事科学和军事技术发展的基础上逐步提高自己的军事艺术水平。同年9月,斯大林针对美国的核讹诈发表评论,明确指出"原子弹只能用来吓唬神经衰弱的人,不能决定战争的命运"。1951年2月,针对英美一些政治家自1946年以来发表的"冷战"言论,斯大林严厉批评了西方国家所推行的战争政策,同时指出新的世界大战是不可避免的。1952年,斯大林在其最后一部著作《苏联社会主义经济问题》中指出,资本主义国家争夺市场的斗争比东西方两大阵营之间的矛盾更加激烈,美苏必战之说缺乏根据,但只要帝国主义仍然存在,战争的不可避免性也就仍然存在。

斯大林在领导苏联军队进行革命战争和现代化建设的长期实践中,还以极大的精力系统、理性地思考战争和军队等问题。1905~1907年俄国第一次革命高潮时期,他撰写《武装起义和我们的策略》《马克思和恩格斯论起义》等著作,论述了如何组织和领导武装起义的思想。1917年协助列宁组织领导俄国十月社会主义革命期间,他撰写《论战争》《论俄国革命胜利的条件》《两条道路》等著作,阐述了帝国主义战争的本质、目的及制止的方法,俄国革命胜利的条件等问题。1918~1920年苏俄内战和外国武装干涉时期,他撰写《关于建立共和国的战斗预备队》等著作,主张建立无产阶级正规军、建设巩固的后方和发展军事工业,提出了关于社会主义国防建设的重要观点。20世纪20~30年代,他撰写了《论俄国共产党人的战略和策略问题》《论红军的三个特点》《在党的第十八次代表大会上关于联共(布)中央工作的总结报告》等著作,针对帝国主义包围和世界大战危险增长的现实,提出了积极防御、全面加强军队和国防建设的思想。

苏德战争期间,在领导苏联军民打败德国法西斯侵略的伟大战争实践中,他撰写《广播演说》《伟大的十月社会主义革命二十七周年》等著作,论述了有关战争、军队建设和作战指导等问题,从而发展了马克思列宁主义的军事理论。战后,根据新的历史条件,他提出大战不是不可避免的新论断和要经常保持警惕、加强军队和国防建设等思想。斯大林的军事理论是苏联共产党集体智慧的结晶,反映了处于资本主义包围中的社会主义苏联,根据帝国主义时代的特点,结合本国具体情况,进行军队建设、国防建设和卫国战争的基本规律,它不仅对苏联国防建设和反侵略战争等实践起到重要的指导作用,而且对世界其他一些国家的军事思想也产生了一定影响。

马歇尔：二战中"三巨头"同时相中了他

马歇尔出生于 1880 年，17 岁那年在他哥哥的影响下，步入弗吉尼亚军事学院，接受高等军事教育。马歇尔学习非常用功，所有军事课程都学得很认真，所有的军事职责也都履行得正确无误。所以，马歇尔在第二学年时，就第一个获得了学员下士，第三年又第一个晋升为上士，毕业时被提升为被全班学员最羡慕的最高军阶——第一上尉。由此可见，马歇尔从入军校开始，就追求军事上的荣誉。1901 年从军校毕业后，便以军官身份到美国驻菲律宾的军队中服役。

马歇尔

1917 年 4 月，美国对德国宣战，加入第一次世界大战，6 月，第一支远征军被派到欧洲。马歇尔十分渴望奔赴战场，甚至"做一名传令兵也心甘情愿"。6 月 26 日，他作为赛伯特将军的参谋，实现了赴欧作战的愿望。12 月，赛伯特将军因作战指挥失误而被解职，由布拉德少将接替了赛伯特的职务。主帅的变更对马歇尔相当有利。因为，布拉德是马歇尔的老上司，而且在布拉德看来，马歇尔是美国陆军中最有才华的年轻军官之一。不久，马歇尔就由一个不起眼的参谋，被提升为该师的上校作战处处长。在这个职务上，马歇尔的大胆负责精神，受到了布拉德将军和下级指挥官的赞扬。马歇尔以娴熟的参谋业务，参与制订了圣米耶尔进攻计划，默兹——阿尔贡调动部队的计划和美军在欧洲西线作战的其他计划，显示出他卓越的军事指挥才能。第一次世界大战结束不久，已提升为第 8 步兵军参谋长的马歇尔又被陆军参谋长潘兴将军选去充当了 6 年之久的副官。1924~1927 年，马歇尔在美国驻中国的第 15 步兵团干了 3 年团长之后，又到美国本宁堡步兵学校担任了五年的副校长。在战后 18 年的时间里，马歇尔不仅没有飞黄腾达，而且还失掉了几次提升的机会，直到 1936 年才晋升为准将。

在提升为准将的几天内，马歇尔接到了出任第 5 步兵旅旅长的命令。该旅驻扎在华盛顿州的温哥华，马歇尔到任之时正值部队夏季野外训练。这个旅的军纪极其涣散，于是马歇尔从抓纪律入手，很快把这个部队整治一新。马歇尔非常注重深入基层调查研究，在听取部下汇报时很快就能抓住重点，而深得部属的敬仰。1938 年 2 月 27 日，马歇尔被召回华盛顿，就任陆军部助理参谋长，这标志着他带兵职务的结束和步入美军高层领导集团的开始。这一职务他只干了 8 个月，就被提升为副总参谋长，又干了8个月，马歇尔即被罗斯福总统破格擢升为美国陆军总参谋长，军衔跃升为四星上将。这一任命，使朝野惊奇，叽叽喳喳的议论不绝于耳。罗斯福总统力排众议，并于纳粹入侵波兰之日（1939年9月1日）安排马歇尔的就职典礼，表明马歇尔是非常之时起用起来的非常人才。马歇尔学着罗斯福的方法，上任后的第一件事，就是整顿军官队伍，他接连破格提升了4000名年轻军官。后来驰名世界军事舞台的艾森豪威尔、肯尼·史巴兹、巴顿、克拉克等，都是由马歇尔一手提拔到关键岗位上来的，他们都成了率领美军在第二次世界大战中驰骋战场、独当一面的优秀指挥官。

不只是美国总统罗斯福看中了马歇尔，英国首相丘吉尔、苏联最高统帅斯大林等也都认为马歇尔是一个军事天才。在德黑兰会议上，斯大林建议任命马歇尔担任欧洲联军总司令，并两次"逼迫"罗斯福做出决定；丘吉尔在与罗斯福的一次通信中，表示同意把英军交与马歇尔指挥；艾森豪威尔在担任欧洲总司令前，也一直认为这个位置是属于马歇尔的。

在美国领导集团中，马歇尔这位年轻的参谋长，有许许多多的上司，总统是他的第一位主子，陆军部长史汀生是他指挥系统的领导，国会成员也都是控制他权力的"婆婆"，马歇尔对他们都很敬重，但在原则问题上从不让步，每每遇到棘手的问题，他都能保持原则的坚定性和处理过程中的理智性及艺术性，马歇尔冷静、坚定、理智的人格深得罗斯福总统的信任，实际上赋予了他很大的权力，使他对军事战略负有重要责任，有关军事战略方面的事情，要求直接向总统报告。即使与总统的意见相左，也要非常直率地表达自己的见解，马歇尔在担任参谋长期间，有多次与国会成员发生交锋，但他每次都不轻意让步，经过争辩，大多数是以马歇尔的"胜利"而告终。为了整治军队，马歇尔对陆军中不合格的军官进行清除，在清除不合格的将军时，他受到了各方面的阻力，但他还是坚持原则，毫不留情。正是这种力量、勇气和诚实的态度，使马歇尔的工作赢得了国会议员们的信任。第二次世界大战期间，马歇尔为美国参谋长联席会的主要成员和美国总统的主要军事顾问，是美国军事战略的主要策划者和组织实施者。在任期内，马歇尔大力扩充美国军事力量，坚决维护"先欧后亚"的战略方针，力主在法国尽早开辟第二战场。曾先后随同罗斯福总统和杜鲁门总统参加卡萨布兰卡、魁北克、德黑兰、雅尔塔和波茨坦等重要国际会议，为总统战略决策出谋划策。在二战政治外交和军事决策中影响很大，深得"三巨头"的赏识。1944年12月，马歇尔获得当时新设立的美国最高军衔——陆军五星上将。

1945年11月，杜鲁门总统批准了马歇尔辞去陆军参谋长职务的请求。同年12月，马歇尔作为总统特使赴华调解国共关系，参与国共谈判，推行美国的扶蒋灭共政策，结果以失败而告终。1947 年 1 月，马歇尔返回美国应聘担任国务卿，他积极拥护和努力推行冷战政策的"杜鲁门主义"，提出并实施复兴西欧经济的"马歇尔计划"，由于"马歇尔计划"对欧洲复兴的贡献，获诺贝尔和平奖。之后，马歇尔又参与发起成立了北大西洋公约组织（简称"北约"）。1959 年 10 月 16 日病逝。

麦克阿瑟：美军历史上的"四个最年轻"

　　道格拉斯·麦克阿瑟是美国的五星上将，他借助父辈的提携和自身的文韬武略及赫赫战绩，一路顺风地成为美军历史上最年轻的准将、最年轻的西点军校校长、最年轻的陆军少将、最年轻的陆军参谋长。

　　1880 年 1 月 26 日，麦克阿瑟降生于美国南北战争时期的著名将军（后任美国驻菲律宾军事总督）阿瑟·麦克阿瑟家中。为了给儿子铺开一条金光道，父母在麦克阿瑟身上倾注了全部心血，1886 年麦克阿瑟开始受正规教育，母亲千方百计地引导和鼓励小麦克阿瑟学习和研究历史，浏览世界名人传略，督促他努力学

麦克阿瑟

习，但由于贪玩调皮，成绩平平。19 岁时，通过"走关系"进入西点军校学习。麦克阿瑟的母亲为了防止这位漂亮的儿子受风流韵事的纠缠，也随同前往，跟踪管教。1903 年麦克阿瑟以优异的成绩毕业于西点军校，其母亲为了麦克阿瑟的升迁而四处求情，将麦克阿瑟送到曾在其父老麦克阿瑟麾下任过职的潘兴将军的部队里，以求得到特殊的关照和提携。1905 年 10 月，麦克阿瑟又作为其父的随从参谋，以其父老麦克阿瑟"驻日本观察员"的身份，进行搜集情报的工作，他们父子在香港、仰光、加尔各答、孟买、爪哇、越南和上海等地四处"巡察"，将情报收集范围扩大到了几乎整个亚洲。这一阶段，他不仅为美国做出了特殊的贡献，而且从他父亲那里又学到了很多谋仕之道，也使他的政治嗅觉更加灵敏，人格品性更加多面化。

　　第一次世界大战期间，美国对德宣战。麦克阿瑟在美国驻法国的第 42 师任参谋长。1917 年赴欧洲参战之初，麦克阿瑟虽然只是个参谋官，但他不断深入前线，身先士卒，不避艰险，率领和激励士兵勇敢作战，不仅战绩赫赫，而且深受官兵爱戴，不久便升任师长。到第一次世界大战结束时，麦克阿瑟已经成为美国历史上最年轻的准将。

1919 年回国后,麦克阿瑟得知拟派他到母校担任校长的消息,当时,麦克阿瑟心里非常明白,此时的西点军校比较混乱,课程陈旧过时,学员的知识面狭窄,作战部队对西点军校毕业学员的素质和能力深为不满,几任校长都没有"吃到好果子"。麦克阿瑟打心眼儿里不想接任这个"危险"的西点军校校长职务,在各方的劝解尤其是其母亲的劝说下,最后勉为其难,偕其老母,走马上任。就这样,不足 40 周岁的麦克阿瑟因此成了最年轻的西点军校校长。当时新任陆军参谋长佩顿·马奇对麦克阿瑟说,西点军校有悠久的历史,要使军校恢复起来,重放光彩。麦克阿瑟排除各种障碍,采取了一系列改革措施,开拓新路,开始了现代化的教育,使西点军校迅速适应了世界的变化和战争对人才的需要。麦克阿瑟曾是西点军校最杰出的学员,是从战争中涌现出来的受勋最多的美军军官之一,共获得 2 枚服务优异十字勋章、1 枚服务优异勋章、7 枚银星章、2 枚紫心勋章以及数枚法国授予的勋章。没有西点军校的培养,他可能就无缘得到这一切,有了这一切,他在西点军校学生面前就有了说服力。当然,麦克阿瑟又是西点军校最好的校长,没有他的 3 年重整旗鼓,西点军校也可能就没有今日的辉煌。麦克阿瑟应该感谢西点军校,西点军校也应该感谢麦克阿瑟。

1922 年麦克阿瑟离开西点军校,被派到菲律宾任职,同年 2 月,45 岁的麦克阿瑟被提升为少将,成为美国陆军最年轻的少将。

1930 年 8 月 5 日,麦克阿瑟收到陆军部长发来的电报,胡佛总统决定由麦克阿瑟出任陆军参谋长之职。麦克阿瑟考虑到,当时资本主义世界正处于世界经济危机之际,和平主义情绪高涨,军队预算必将缩减,此时此刻去担任参谋长之职必将面临严峻的考验,所以有推辞之意。麦克阿瑟的母亲得知这一消息后非常生气,立即拍去电报,力劝儿子接受这个职务,她说:"如果你表现出怯懦,你父亲在九泉之下也会羞耻。"麦克阿瑟再次听了母亲的劝告,于 1930 年 11 月,走马上任,50 岁的麦克阿瑟又升任为美国陆军参谋长,成为美国最年轻的陆军参谋长。1935 年夏天,麦克阿瑟在参谋长职务上任期结束,他接受菲律宾自治政府总统奎松的邀请,前往菲律宾担任军事顾问而离开美军。

1941 年 7 月,由于太平洋形势日益紧张,麦克阿瑟再度应召服役,任美菲远东军司令,10 月晋升为四星上将。1941 年 12 月 7 日,日本海军向菲律宾大举进攻。麦克阿瑟奉命阻滞日本的进攻,于 1942 年 3 月 11 日受命撤离菲律宾抵达澳大利亚,任西南太平洋盟军总司令。1942 年,日本海军在珊瑚海大战和中途岛战役中失利,盟军在太平洋地区由被动转入主动,麦克阿瑟为保证美、澳盟军补给线畅通,率美、澳盟军在巴布亚、所罗门群岛和新几内亚地区进行了一系列战斗,并取得胜利。1944 年又在莱特湾大海战中大败日本海军。麦克阿瑟因战绩卓著而被晋升为五星上将。

　　麦克阿瑟是美国的一名杰出的将领。他反对因循守旧，主张最大限度地运用新武器，使用由舰队支援的空地打击力量，出其不意地对主要目标实施大规模攻击。他成功地运用"跳蛙战术"，夺取了西南太平洋战区的众多岛屿。他擅长三军联合作战，被称为"两栖作战的大师"。

　　麦克阿瑟之所以会成为美军最年轻的准将、最年轻的西点军校校长、最年轻的陆军少将、最年轻的陆军参谋长，首先，是由于其自身具有敏捷的思维、渊博的知识、丰富的阅历、赫赫的战功及高超的指挥才能；其次，从他的发展中我们也看到，他的家庭对他的刻意培养，他父亲为他打下的基础，他母亲对他仕途的关注及关键时刻对他的点拨与推波助澜等，也是他得以更顺利发展的优越的客观条件。

沙波什尼科夫：苏联红军的"大脑"

　　沙波什尼科夫不仅是一位著名的军事理论家和司令部工作专家，而且也是一位成果卓著的教授。由于他在苏军总参谋部等重要岗位上的出色工作和在关键时期所起到的重要作用，而被称为苏联红军的"大脑"。斯大林曾经说：如果没有沙波什尼科夫在我的周围，我真不知道这仗该怎么打。

　　1882 年 10 月 2 日，沙波什尼科夫出生在兹拉托乌斯特（今属车里雅宾斯克）。不知是一种天性所使，还是他所生活的那个充满战争的时代对其影响所致，沙波什尼科夫自幼对战争表现出极大的兴趣，他几乎是痴迷地研读军事著述。凡是他所读过的兵书，都密密麻

沙波什尼科夫

麻地在上面画记着许多别人看不明白的符号，平时沉着有余的沙波什尼科夫一旦谈起战争，就滔滔不绝，眉飞色舞。平时冷静得有些过分的沙波什尼科夫一旦听说俄军在前方打了败仗，就顿时激动得不能自己。

　　1901 年，不足 20 岁的沙波什尼科夫加入了俄军，他的非凡的军事言论和在军事上所表现出的灵活机智，很快得到上司的赏识。被作为俄军中的潜力人才送到军事院校生长和深造，1903 年和 1910 年，沙波什尼科夫先后毕业于莫斯科军事学校和总参学院。在校期间，沙波什尼科夫更是如鱼得水，他把所有的精力都倾注在军事学习和研究之中，他不仅很善于思考，而且非常认真地向教官请教教学中的疑难之点，有时把教官问得不知所云。沙波什尼科夫也经常在课堂上语出惊人地发表自

己的学术观点。虽然沙波什尼科夫已经表现出超常的军事才智,但由于当时学校中的教官过于恪守虚荣和自尊,虽然他们也深知沙波什尼科夫是一位难得的将帅之才,但在毕业评语上,沙波什尼科夫并没有得到与其能力和水平相应的评价。毕业后,他曾在土耳其斯坦军区和华沙军区担任过指挥和参谋职务,他的出色工作深得上司欣赏,在第一次世界大战中,被作为重点培养对象放在重要的指挥位置上锻炼,1917年10月晋升为上校团长。

俄国十月社会主义革命后,沙波什尼科夫受革命真理的感化,看到了新兴的苏维埃政权的生机和活力,转向苏维埃政权。1917年12月,沙波什尼科夫被选为高加索掷弹兵师师长,此时,他对改进和强化部队的训练及作战提出了很多建议,并在自己所领导的师里进行大胆试验,取得很大成功,对促进苏军战斗力的提高和军事理论的发展起到了一定的作用,得到了列宁的亲自接见和表彰鼓励。苏俄内战和外国武装干涉时期,沙波什尼科夫初任最高军事委员会司令部作战部部长助理,后任共和国革命军事委员会野战司令部情报部部长、乌克兰陆海军人民委员部第一副参谋长、共和国革命军事委员会野战司令部作战部部长等职,参与制订并组织实施了1919年10月苏联红军反击邓尼金白卫军的反攻作战计划,并为1920年西南方面军、西方面军和克里木地区战局计划的制订者之一。在这些重要的智囊位置上,沙波什尼科夫的才能得到了淋漓尽致的发挥,他对战场情报掌握之全面,对战情判断之准确都使最高参谋部的同人及上司们感到惊奇不已,在这里他得到了极大的拥戴。在作战计划制订中,他胆大心细,既不迎合权威也不墨守成规,有时,为了使计划更加科学,他亲临前线实地考察和验证。对于军事上的不同观点,他从来不做简单的否定和肯定,总是细心地听取别人讲明白“为什么”,当然,当他自己确信是正确的时候,也从来不予让步。正因为如此,苏军取得了更大的作战主动权,减少了伤亡。正是由于他在制订作战计划中所表现出的聪明才智和军事天才,而被誉为苏联红军的“大脑”。也正是因为沙波什尼科夫在参与制订和实施上述计划中功绩卓著,而被苏联红军授予红旗勋章。

内战结束后,沙波什尼科夫从1921年2月起担任工农红军第一副参谋长。1925~1928年,先后任列宁格勒军区司令、莫斯科军区司令、工农红军参谋长。1930年,沙波什尼科夫加入苏联共产党(布尔什维克)。1931~1932年,任伏龙芝军事学院院长兼政委。1935年被评为教授。1935~1937年,任列宁格勒军区司令。1937年5月起,任苏军总参谋长,1940年5月晋升苏联元帅,同年8月起,任苏联副国防人民委员。苏德战争爆发后,沙波什尼科夫于1941年7月起担任西方向军参谋长,后来又复任苏军总参谋长,参与制订并组织实施1941年7~9月斯摩棱斯克战役、

1941~1942 年苏军冬季反攻和总反攻等重大战役计划。1942~1943 年，沙波什尼科夫担任副国防人民委员。1943~1945 年任总参军事学院院长。沙波什尼科夫戎马生涯 40 多年，具有丰富的司令部工作和军队指挥经验，在巩固和发展苏联武装力量、培养军事干部、进行国内战争和卫国战争等方面，都做出了自己的贡献，并为发展苏联军事科学和总结国内战争作战经验做了大量的工作。荣获列宁勋章 3 枚。沙波什尼科夫先后编著和出版了《在维斯瓦河》《军队的大脑》(1~3 册)与《回忆录和军事科学论文》等军事著作。尤其是他根据自身的作战经验与司令部工作经验写成的《军队大脑》一书，对苏联军事科学的发展颇有影响，对世界军事科学的发展做出了重大贡献。1945 年 3 月 26 日，沙波什尼科夫在莫斯科逝世，终年 63 岁，埋葬在红场克里姆林宫墙下。

山本五十六：演绎"狂胜""惨败""阵亡"三部曲

1884 年，山本五十六出生于本州北部新泻县的一个封建武士家庭，自幼勤于读书，从小受到武士道精神的熏陶，少年起接受军事训练，17 岁时考入江田岛海军军官学校，后又进入海军炮术学校、海军大学以及美国的哈佛大学深造。在此期间，山本五十六还认真研读过《孙子兵法》及西方列将的著作。他对空战倍有兴趣，后来不仅成为一名技术精湛的飞行员，而且成为优秀的空战指挥官。1935 年 12 月，山本五十六被任命为海军航空本部部长。

山本五十六

1939 年 8 月 31 日，山本五十六被任命为联合舰队司令。在他就职的第二天，欧洲战争爆发。法西斯德国迅速席卷了中欧和西欧，法国投降、英国退守英国本土，与德国进行空战，而美国则仍因被孤立主义所束缚而置身事外，身陷中国战场的军国主义日本为希特勒的暂时胜利所鼓舞，图谋在亚洲和太平洋地区扩大侵略。在战略上，他们把攻击的目标选定在了最大的潜在敌人和拦路虎美国身上。1941 年 1 月 7 日，山本五十六经过一番思考，给当时的海相及川写了一封关于战争意见的信。他提出：在开战之初，组成强大的航空突击队，对美国太平洋舰队驻地——夏威夷群岛的珍珠港基地进行突然袭击，一举摧毁美国舰队的主力，使美国海军和美国国内的士气沮丧到不可挽回的地步。山本五十六建议，为了完成这一计划，希望另派人担任联合舰队司令，他个人准备亲率空中突击队去偷袭珍珠港。在上书的同时，他将计划概要告知联合舰队第 11 航空战队参谋长大西陇次郎少将,请他对计划加以研究并负责具体细节的拟制工作。山本五十六向日皇表示,"联合舰队全体官兵誓以不惜一切牺牲达成出师目的,以不负皇旨所期"。12月7日黎明,日本飞机对珍珠港发起突然袭击。毫无准备的美国官兵慌作一团,在约两个小时里,美军的40余艘战舰和260余架战机就被炸成废铜烂铁,战力大减,元气大伤。由山本五十六亲自策划和导演的这场偷袭使世界为之震惊,令日本军国主义分子欣喜若狂,使山本五十六不仅在日本名声大噪,在参战的列强中也无不对之注目。

日本在偷袭珍珠港的同时,分兵几路向菲律宾、泰国、马来西亚、香港、关岛和威克岛进攻,连续炸沉英国远东舰队的2艘战列舰——"威尔士亲王号"和"却敌号";打败了美、英、荷、澳的联合舰队;重创英国东方舰队。日本牢牢控制了制空权和制海权,因此所向披靡。在不到5个月的时间里,日本军国主义已占领了东南亚和西南太平洋广大区域,连同原先占领的朝鲜、中国领土和印度支那在内,共控制了700万平方公里的土地面积。日本军国主义分子为其赫赫战绩所陶醉,狂欢不已,策划导演和组织这一系列活动的联合舰队司令山本五十六的声誉也达到了顶峰。

第一阶段作战即将结束时,山本五十六又着手策划和实施下一步计划。他本想通过这一计划的实施,为自己的军事生涯再增添一响胜利的礼炮。然而,这一计划,却为他敲响了走向灭亡的丧钟。

1942年6月,山本五十六率作战舰只200余艘开赴中途岛。山本五十六的如意算盘是:日本分兵两路,同时向阿留申群岛和中途岛进发,迫使美国舰队分散力量,削弱中途岛海域美国舰队实力,而日军则以主力向中途岛接近,突然占领中途岛并歼灭前来支援的美国太平洋舰队。然而,山本五十六的这些企图都被美军发现和猜透了。美国太平洋舰队司令尼米兹将美国的三艘航母隐蔽于中途岛东北200海里的海域,并选择了最佳时机对日军舰队实施了突然而集中的打击,日军惨败,损失巨大。不得不终止中途岛的作战。山本五十六无可奈何地说:"我将向陛下直接请罪。"搬起石头砸了自己脚的山本五十六自此一蹶不振,再加上瓜达尔卡纳尔岛作战的再次失利之打击,山本五十六的精神更加萎靡。他在同海军军官学校校长草鹿交谈时说,"战争结束以后,我不是被送上断头台,就是被送往圣赫勒拿岛(法国皇帝拿破仑曾被流放于该岛)"。

山本五十六毕竟是山本五十六,他不甘心失败,他要极力挽回失去的一切。随后,他又精心设计和组织了"阿号作战"行动,然而,得不偿失的结局又给了他当头一棒。

"阿号作战"结束后,山本五十六突然宣布,在返回特鲁克岛基地以前,他要到离瓜达尔卡纳尔岛前线较近的肖特兰地区各基地巡视一天，以提高守卫部队的士气。山本五十六的行程预先用电报通知了各基地，这份电报被美军破译。美国对这个偷袭珍珠港的策划者恨之已久，没有放过这个除掉他的良机。据资料介绍，当时的太平洋舰队司令尼米兹上将曾问过他夏威夷和华盛顿的高级情报官员，如果除掉山本五十六，日本是否还有像他一样或比他更能干的人来接替他。回答是没有。于是尼米兹下决心不惜一切代价除掉这一祸害。4月18日晨，山本五十六率领舰队参谋长宇垣中将等分乘两架轰炸机由腊包尔机场起飞，预定在布根维尔岛南端的一个小岛——布因岛降落。山本五十六的座机由6架战斗机护航，当座机飞抵布因岛上空降落之前，从瓜达尔卡纳尔岛起飞的16架美军飞机，乘日军护航战斗机离开的瞬间，接近目标，一举将两架座机击落，山本五十六当场死亡。

在太平洋战争中，山本五十六为什么能上演如此"狂胜""惨败""阵亡"的三部曲，除受这场战争的政治性决定外，我们还可以从他的性格特征和爱好习惯上略见一斑：山本五十六酷爱下棋，精于赌博，无论出差或出国途中，都要打上一路牌。在出访欧洲和出使美国时，他曾在摩纳哥和墨西哥赌场赢了不少钱。他对同伴说，如果让他在欧洲再逍遥几年，他就会赢得一大笔钱，至少可以买几艘战列舰。曾有评论说，山本五十六既是有名的将领，又是一个精明而大胆的赌徒，具有要么全赢，要么输个精光的精神。评论还说，山本五十六偷袭珍珠港和中途岛海战作战就体现了他这种性格，不过前者是全赢，后者是几乎输个精光。"狂胜""惨败""阵亡"，就是山本五十六在战争这一特殊的赌场上演出的连续剧。

伏龙芝：苏联最著名的军事学院以他的名字命名

米哈伊尔·瓦西里耶奇·伏龙芝是苏联卓越的军事活动家，杰出的革命家和军事统帅，著名的军事理论家和苏联武装力量的组织者、创建者之一。

1885年2月2日，伏龙芝出生在吉尔吉斯斯坦边区谢米列契省的皮什彼克城的一个医生家庭。父亲早逝，家境贫寒。伏龙芝自幼不畏艰辛，勤奋好学，尤其爱读军事历史书籍，崇拜铁木尔、苏沃洛夫、库图佐夫等著名军事家。1904年，正值俄国第一次革命高涨的前夜，伏龙芝考入彼得堡工学院。在革命浪潮的推动下，伏龙芝很快参加到革命斗争的行列，加入俄国社会民主工党，在斗争中坚持站在布尔什维克一边，最终成为

伏龙芝

一名功绩卓著的职业革命家。1905年至1907年，伏龙芝被分派到舒雅和伊万诺沃-沃兹涅先斯克工业区进行地下工作，发动组织了1905年3月的政治性总罢工，由于伏龙芝具有渊博的学识、敏捷的头脑、非凡的组织能力和坚定的革命信念，因此在工人中享有崇高的威望，成为俄国第一个工人代表苏维埃的领导者。

1907年，俄国第一次革命失败后，伏龙芝被捕入狱，度过了8年的铁窗生活。1915年夏，又被流放到西伯利亚的伊尔库茨克省，在流放生活中，伏龙芝仍然坚持革命斗争，因建立秘密组织而再次被捕入狱，不久，伏龙芝想法逃出了监狱，到外贝加尔和赤塔进行秘密工作。1916年5月，根据党的工作需要，伏龙芝被党组织派往白俄罗斯，在西线部队做士兵工作，建立地下革命组织。1917年2月革命期间，伏龙芝是明斯克、白俄罗斯和西线革命运动的主要领导人之一，曾先后担任明斯克警察局局长、白俄罗斯农民代表苏维埃执委会主席、明斯克地区革命军队参谋长等职。十月革命前夕，伏龙芝回到舒雅发动武装起义，被选为该地区苏维埃主席，组织了几千人的工农武装前往莫斯科参加十月武装起义。1918年，伏龙芝任伊万诺沃-沃兹涅先斯克省党政军主要领导，同年12月，担任红军第4军司令员，从此，开始了高级军事指挥官的生涯。

1919年春，沙俄海军上将高尔察克，在英、法等帝国主义的支持下，以20万兵力向莫斯科推进，在危急的形势下，伏龙芝被任命为东方战线南方集团军司令员，他以巧妙的战术和钢铁般的意志，截断了冲向伏尔加河的高尔察克部队，取得了乌法战役的胜利，荣获红旗勋章。随后，伏龙芝担任东方战线司令员，指挥部队成功地消灭了中亚细亚地区的国内反革命势力和外国武装干涉。1920年2月至8月，伏龙芝指挥部队消灭了巴斯马奇匪帮和反动的布哈拉艾米尔军队，继任南方战线司令员，指挥部队消灭了弗兰格尔匪军主力，解放了克里米亚半岛。同年12月，伏龙芝担任乌克兰和克里米亚武装总司令，完成了肃清该地区大批土匪的任务，再次获得红旗勋章。

伏龙芝是职业革命家，经历了严酷的革命生活道路，表现了对革命事业的极端热忱和忠诚。他头脑清醒、机敏过人，善于迅速判断复杂的情况，确定正确的作战方略。他具有坚定的信念和坚忍不拔的意志，在任何艰难困苦中都毫不动摇。他积极大胆地推进军队作战和训练的改革，善于把战役决心同周密的准备工作巧妙地融汇一体，把作战计划同前线的战斗结合起来。因此，伏龙芝屡战屡胜，被誉为苏联军队的常胜统帅。

国内战争结束后，伏龙芝致力于部队的精简改编和加强陆、海军建设，为提高国家防御能力进行了卓有成效的工作。1924年3月，伏龙芝担任苏联革命军事委员会副主席和陆、海军副人民委员，并兼任工农红军总参谋长、军事学院院长等重要职务。同年,又当选为党中央军事委员会主席和陆、海军人民委员。

伏龙芝是苏联杰出的军事理论家,撰写了许多军事理论著作。他提出的主要军事理论观点是:未来战争的性质是保卫社会主义祖国的根本利益,保卫全体人民的和平劳动,战争的实际是防御性的;未来战争是机械化战争,加强各军、兵种建设,加强技术装备是首要任务;积极主动的进攻是未来战争中军事行动的主要形式,但也不忽视防御的作用,而各种形式的防御应为进攻创造有利条件,由于条件千变万化,进攻将和防御相结合,甚至和撤退相结合;在敌人居于压倒优势时,运动战、机动战和游击战要紧密结合。他提出的这些理论,在今天仍有重要意义。

伏龙芝具有丰富的军事理论知识和在国内革命战争中获得的实践经验。伏龙芝在发展苏联军事科学和军事学术方面做出了巨大的贡献。他提出并初步解决了许多有关军事教育和军事训练的课题。他特别强调军队党政工作的重要性及其意义,科学地说明了从阶级立场和党的立场出发评价交战双方精神、政治因素的必要性。他指出:"不论过去还是将来,苏联共产党对武装力量的领导始终是苏联军事建设的基础。"他很重视全民的军事教育及在军队中进行宣传鼓动工作。他要求红军保持高度的战斗准备,并且教育军人积极而坚定地行动。伏龙芝的军事理论在苏联红军的教令和条令中都有反映,这些军事理论,在苏联军事建设中起了重要的作用,在苏联卫国战争中得到了证实和发展。

为了表彰伏龙芝对苏联革命事业和军事科学事业做出的卓越贡献,他被授予2枚红旗勋章,1件革命荣誉武器。1925年10月31日,伏龙芝病逝,时年只有40岁,安葬于莫斯科红场。许多城市的区和街道,以及一些中学、军舰,都以他的名字命名。为了纪念他对苏联军事科学和军事教育做出的不朽业绩,苏联将曾由伏龙芝任院长的全苏联最著名的军事学府命名为"伏龙芝军事学院"。

巴顿:一个奇妙的火与冰的混合体

1945年12月21日下午,美国陆军上将乔治·小史密斯·巴顿因车祸负伤医治无效,不幸逝世。第二天早晨,世界各地的报纸发表了消息和社论,向巴顿致哀。《纽约时报》的社论写道:"远在战争结束前,巴顿就是一个传奇式的人物。他引人注目,妄自尊大,枪不离身,笃信宗教而又亵渎神灵。由于他首先是一个战士,因而易因冲动而发火;由于他在急躁的外表下有一颗善良的心,因而易受感动而流泪。他是一个奇妙的火与冰的混合体。他在战斗中炽热勇猛而残酷无情,他对目标的追求坚定不移。他绝不是一个只知拼命的坦克指挥官,而是一个深谋远虑的军事家。"社论以

巴 顿

充满感情的笔调宣告："历史已经伸出双手拥抱巴顿将军。他的地位是牢固的,他在美国伟大的军事将领中将名列前茅……"

巴顿于 1885 年 11 月 11 日出生在美国加利福尼亚州的圣加夫利尔的一个军人世家,从曾祖父起几代都是军人,但都没有得到过很高的军阶和荣誉。军人的遗传和军人家庭的熏陶使他对军人有着特殊的感情,巴顿自幼立志成为一名出人头地的军官。他的祖辈也发现了他身上的军人特质和秉性,教给了他很多军队的常识,刻意培养他的武德素养。巴顿 18 岁进入弗吉尼亚军事学院,一年后入西点军校。1909 年毕业,被任命为骑兵少尉。巴顿从小喜欢骑术且有爱马的癖好。他在军队服役期间,积极参加马术比赛,并学习击剑、游泳等。1915 年,巴顿参加斯德格尔摩现代五项全能竞赛,获第五名。在回国途中,他绕道去了法国,学习剑术,次年他又专程去法国学习剑术。由于他刻苦训练,获得"剑术大师"称号。巴顿在参加多样的体育活动中练就了坚强的体魄和坚忍不拔的毅力,为以后成为优秀的军人和军事指挥家奠定了基础。巴顿的军人气质和性格深得上司赏识,潘兴将军称赞巴顿是一名"匪徒",是一个"真正的斗士",再加上巴顿作战骁勇而很快得到提拔。潘兴将军非常爱才,将巴顿放在自己的身边做副官,但巴顿不甘心在司令部担任"闲职",强烈要求到刚刚组建的坦克部队任指挥官,从此,巴顿这位优秀的骑兵又与铁骑结下了不解之缘。他自己先到英国和法国的坦克学校学习,钻研坦克技术,研究坦克战例,摸索使用坦克的规律。1919 年年初,巴顿回到美国,被派往注德堡战车训练中心,致力于坦克的研究和训练工作,成为美军第一位真正的"坦克专家"。1940 年,巴顿出任第 2 装甲旅旅长。1941 年升任该师师长,晋升为少将。1942 年年初,美国正式参战,巴顿被任命为第 1 装甲军军长,并调回到因迪奥训练中心,负责坦克部队军官的训练工作。同年 7 月,调回华盛顿负责美国西线特遣部队攻打北非的组织准备工作。同年 11 月,巴顿担任集团军司令,率部在北非的卡萨布兰卡地域登陆,占领了法属摩洛哥,后担任驻摩洛哥总督。1943 年 2 月,德军在隆美尔的指挥下,把驻在突尼斯的美军第 2 军打得惨败,艾森豪威尔紧急把巴顿调到突尼斯,接任第 2 军军长,使该军很快士气大振,不久巴顿被晋升为中将。同年 7 月,巴顿又被晋升为集团军司令,率部队参加进攻西西里岛的登陆战役。然而,就在任职不到两个月,巴顿因殴打战士引起美国舆论反对,险些被撤职。1944 年 1 月,巴顿担任第 3 集团军司令。6 月诺曼底登陆后,巴顿指挥第 3 集团军在西欧战场参加了一系列重大战役。因战功卓著,同年11月,晋升为四星上将。1945年12月9日,对德战争结束,巴顿被委任为德国巴伐利亚军事行政长官。后因欧洲战后政策与盟军司令艾森豪威尔发生分歧,而被解职,分配到一个有名无实的第15集团军任司令,以研究和撰写战史为任务。

巴顿是美国历史上有名的将领,他酷爱军人职业,把带兵打仗当作自己无上的光荣,他被誉为美国标准的职业军人。他熟读兵书,特别注重军事历史的研究,从中吸取营养;他思想敏锐,对新的技术兵器及其在战斗中的运用不断探求;他善于运用集群坦克实行高强度突击,被誉为"进攻型将军"和"美国首席战车专家";他治军严格,坚持从实战出发高强度地训练部队,作风顽强,敢打硬仗;他重视战场情报侦察,善于捕捉战机,扩大战果;他作战机动灵活,不拘泥于死板的条令原则;他善于把最高司令部的意图和计划变成战场上大胆而果敢的行动。巴顿在带兵用兵上有许多鲜明的特点:他善于以粗俗而生动的语言激发部队的高昂士气和英勇献身精神;他爱兵如子,时间稍长不与士兵戏闹就感到难受;他管兵严格,甚至殴打士兵,但他对下属却有无穷的吸引力。他的下属都因为能在巴顿手下而自豪,美国青年也都争相到巴顿的部队当兵。巴顿铁胆无畏,血气充盈,不愧为一个血胆将军。巴顿是难得的将才,但他的短处和他的长处一样都很突出,他讲究仪表,善于辞令,力求引人注目;他性情急躁、粗犷、莽撞,常因此惹是生非。巴顿是一个传奇式的人物,他精力旺盛,爱好广泛,喜欢体育竞赛,对历史研究、古物鉴赏也极有兴趣。历史学家埃米尔·路德维格曾说过:"巴顿是这样一个综合型的人:像一匹性情暴烈的奔马,一位拜伦式的诗人,一位具有十足贵族气魄的战争艺术家。"

尼米兹:力挽太平洋狂澜

尼米兹于1885年2月24日出生在美国得克萨斯州雷得克斯堡的一个衰败的贵族家庭,自幼丧父,家境贫寒。1901年,虽被西点军校拒之门外,却有幸成了安纳波里斯海军学校的一名预备学员。经过一番苦读之后,才获得正式入学的机会,1905年于该校毕业。"他是一个对昨天感受到愉快,对明天充满信心的人。"这是尼米兹即将毕业时,安纳利斯海军学校对他的评语。

毕业后,尼米兹被分到亚洲舰队旗舰"俄亥俄号"上实习,并随舰前往日本做礼貌性的访问,使年轻的尼米兹因此有机会晋谒日本海军名将东乡平八郎,并对

尼米兹

之敬佩不已。此后,尼米兹理想在工程技术有大的发展,努力对潜艇用油引擎加以研究,并取得成功。1917 年,尼米兹被选调到大西洋舰队潜艇部队担任罗比生少将的随从官,并深得罗比生赏识,罗比生极力劝说尼米兹放弃从事工程技术的理想,下决心当将军。经过一番周折,尼米兹终于当上了"南卡罗米纳号"战舰的上校执行官,开始了军事指挥的生涯。1922 年,尼米兹被推荐到新港海军军事学院学习。毕业后历任主力舰舰队和美国舰队助理参谋长,海军后备役训练团团长、潜艇部队长、后备役驱逐舰部队部队长及巡洋舰舰长。1938 年晋升为少将,担任战列舰大队大队长并兼任第 7 特混舰队司令、航海局局长等职。

1941 年 12 月太平洋战争爆发后,尼米兹临危受命,出任美国太平洋舰队司令,被派到珍珠港去收拾残局。来到珍珠港,他看到这里的一片狼藉,发现到处充满着悲观失望和消极避战的情绪。尼米兹也深感困难重重,但他想起"他是一个对昨天感受到愉快,对明天充满信心的人"的毕业评语,因而并没有责备任何人。为了提挈全军,重振士气,尼米兹既没有急于处理那些失职者,也没有过于责备那些悲观失望和持有失败主义观点的人,而是告诉他的军官和士兵眼睛要向前看,要树立团结精神,齐心协力作战。接着,尼米兹又制定了"积极防御、主动出击"的作战方针,准备用仅有的 3 艘航母作后盾,采取"打了就跑"的战术,首先制造一些小的胜利以鼓舞部队的士气,逐步扭转不利的战场态势。为此,他选拔重用了一批英勇善战的军官,并亲自筹划、指挥了一系列成功的军事行动。1942 年 1 月,尼米兹毅然决定,由两艘航空母舰组成联合编队,向日军控制的马绍尔群岛和吉尔伯特群岛发动一次闪电式的突袭。结果,突袭成功,一举炸沉日军 2 艘潜艇、1 艘运输船和 8 艘小型船只,并炸毁了岸上的部分设施。这是"美国海军在第二次世界大战中的第一次得分"。消息传开,美军士气为之一振。

尼米兹担任太平洋战区总司令之初,全面分析了战争初期严重失利的情况,谋划和指挥了一系列的进攻行动。他乘日本南进之机,以水面舰艇迟滞日军南进,以潜艇破袭日本海上交通线,以航空母舰编队袭击了日本东翼岛屿及东京,同时加强了中途岛——夏威夷防线,掩护东、南太平洋交通线,从而赢得了战备时间。1942 年 5 月,在珊瑚海海战中,尼米兹指挥舰队首次挫败日本海军。6 月,他又一次以劣势兵力击退了山本五十六的进攻,重创日本联合舰队,使双方海军力量趋于平衡,显示了尼米兹的军事天才,他自己也认为,这是他事业中的高峰。

尼米兹不喜欢纸上谈兵,而喜欢做口头上的讨论,甚至是争辩,而后做出决定,并且尽量节省精力。他同中途岛之战后出任参谋长的史普劳恩斯同样都喜欢散步,他们常常一走就是十里八里,许多决定就是在他们边走边谈时做出的。1942 年 8 月至次年 2 月,尼米兹指挥美军成功地进行了瓜达尔卡纳岛争夺战,完全掌握了东南太平洋战场的战略主动权。从 1943 年 5 月起，指挥美军在北太平洋和中太平洋展开反攻，充分发挥航空母舰编队的作战威力，先后收复了阿留申群岛、马绍尔群岛和帛琉、马里亚纳群岛的重要岛屿，并在马里亚纳海战中重创日本联合舰队。1944 年 10 月配合南太平洋美军夺取菲律宾群岛，并经莱特湾海战，使日本联合舰队陷入瘫痪。1945 年 2 月至 6 月，尼米兹率军攻取琉黄、冲绳二岛，砸碎了日本本土的最后一道屏障，并派舰艇进入日本海，切断日本的海上交通，同时对日本实施战略轰炸。9 月 2 日，尼米兹代表美国接受日本投降。

尼米兹是一位战绩卓著的军事家。他善于全局谋略，精于海上进攻。他的沉着、冷静、敏思及求实精神，在美军中深得敬佩。尼米兹在太平洋战场上临危受命，以守为攻，转败为胜，在关键时刻，总能以其超人的胆识进退自如，出奇制胜。尼米兹敢于提出和坚持自己认为是正确的意见。他不止一次地与美军高级将领们因为作战计划和战略取向问题发生争执，甚至连总统的决策他也能直言不讳地加以指正，这一切，都使他的人格和才能在美国影响很大。

此后，尼米兹出任美国海军作战部长，成为 20 世纪美国人担任此项职务的仅有的三个海军五星上将之一。两年后，尼米兹又担任了联合国的督察，解决印度和巴基斯坦的领土纠纷问题。后来，尼米兹又担任加利福尼亚大学董事达 8 年之久。

为了表彰和纪念这位战功卓著的海军名将，美国政府把 10 月 5 日定为"尼米兹日"，美国海军现在的特大型核动力航空母舰也被命名为"尼米兹号。"

阿诺德："美国空军之父"

　　1907 年，阿诺德从美国陆军军官学校（西点军校）毕业后，被派到驻菲律宾的美军中服役。三年的国外驻军生活过得平平淡淡，在西点军校所构想起来的宏图大志也几乎被这种平淡无味浸泡得暗淡无光，此时的阿诺德，压根儿就没有料想到自己将成为鼎名于世的"美国空军之父"，空军五星上将。

　　1911 年，幸运之神一夜之间降到了他的头上，连他自己都感到突然，他被挑选回国参加飞行学习训练，这意味着他要成为美国第一批"开着飞机作战的人"（当时，阿诺德几乎连什么叫飞行员

阿诺德

都不知道)。回国后,他随飞机的发明者莱特兄弟学习飞行技术,飞机虽然属于那个时代的"高科技",但性能极差,安全系数很小,对于年轻人来说,学习飞行是一项充满危险、刺激和挑战的职业。在同去的伙伴之中,有的因为惜命而退却,有的因为身体不适被淘汰,有的因为技术不佳而被取消资格。凭着无畏的精神,坚强的意志,聪明的头脑,胆大心细的训练作风和对飞行事业的热爱,阿诺德以优异的学习成绩和驾驶技术取得飞行员证书,成为美军最早的几名飞行员之一,真正成了美军的"宝贝"。

美军虽然对飞机的作战前景抱有很大希望,但由于飞机的数量和作战性能不足,以及最高统帅部中部分保守者对飞机作战的成见和不信任,使空中作战力量发展受到了阻力,空中作战力量一直被视为一种陆战的辅助手段而没有被放在应有的位置。阿诺德的飞行事业也像飞机的命运一样,有发展而没有辉煌。

30 年代,阿诺德先后任陆军航空队联队长、陆军航空兵团副司令、司令,随着事业的发展和自身地位的提高,阿诺德已不是以往的人微言轻之辈,他不断地寻找和把握机会,向美军的高层决策机关和指挥官们宣传航空兵力的前景和作用,大讲特讲建立独立的航空兵种的重要性和必要性,阿诺德的高明见解说服和打动了一批人,高层决策机关和决策者们也因此认识到航空队的作战潜力和建立独立航空兵种的价值。但是,美军还是没有完全同意阿诺德建立独立航空兵种的建议,只是对他全力发展航空队的愿望给予大力支持。因此,阿诺德和他的航空队仍然在隶属于陆军的"辅助作战手段"上追求发展。为了发展航空兵事业,阿诺德和他的伙伴们也赌气似的极力做出成绩,让事实替他们的事业说话。在这一阶段,美军航空事业得到了踏实的发展。为日后航空兵作为一支独立的兵种打下了基础。为了使空中作战兵力合成更加合理,作战力量更加强大,阿诺德从实战需要出发,向决策机关提出了发展四引擎重型轰炸机的建设,得到了决策者们的大力支持,从此,美军航空队已发展成为装备编成比较合理,战略和战术运用比较灵活,作战能力大大提高的强大作战力量。

鉴于航空队的发展壮大和阿诺德在航空发展壮大中所做出的突出贡献,1938 年,阿诺德被晋升为少将。1940 年第二次世界大战初期,阿诺德担任了专门负责航空兵事务的陆军副参谋长。1941 年 12 月晋升为中将,次年 3 月出任陆军航空兵司令,1943 年 3 月晋升为上将,次年 12 月再度擢升为五星上将。在短短的两年多时间之内从少将擢升为五星上将,这种破纪录的速度不仅是阿诺德的荣耀,也是航空队的荣耀,虽然有人对阿诺德的好运产生嫉妒之心,但是最值得嫉妒的是航空兵力的增强和地位的提高。因为这是科技的推动,是战争的需要,是军队建设的选择。制空权将决定战争的胜负已是为战争所证实了的不争事实,航空将成为一个独立的兵种是不可抗拒的时代潮流。既然以阿诺德为首的第一代飞行员们顺理成章地创建了属于他们的独立兵种，阿诺德也理所当然地成了新的兵种的领导人。

第二次世界大战期间，阿诺德根据战争的发展态势以及对航空兵的需求，一切从实战出发，致力于提高军用飞机的生产能力和飞行员的训练水平，此时，他主要负责陆军航空兵的编组、训练和指挥，在他的组织指挥下，美军航空兵在战争中大显神威，真正成了美军的先头兵和顶梁柱。建立航空兵独立军种的呼声越来越高。然而，阿诺德此时倒相当冷静起来，他作为美国参谋长联席会议和英美参谋长联合委员会成员，正参与研究美、英航空兵的作战使用（包括原子弹）等重大战略问题，努力使航空兵在轴心国的战略轰炸方面起重要作用，航空兵在他的策划和指挥下，在战争中出尽了风头，立下赫赫战功。

在阿诺德的推动下，1947 年美国空军终于成为独立军种。阿诺德实际上创建了世界上首屈一指的强大空军，在美军中具有很高的威望，被誉为"美国现代空军之父"，1949 年成为美国第一位空军五星上将。阿诺德不仅是一位优秀的空军指挥官，而且也是一位优秀的战略家和空军学术权威，他认为，空军是未来战争的决定性因素，空中优势是陆战或海战取胜的先决条件，并强调战略轰炸机的作用，主张空军建设应以战略空军为重点，重视科学技术优势，提出卓越的研究工作是空军的第一要素，阿诺德还著有《全球使命》等军事理论著作，为美国空军的飞速发展奠定了战略理论基础。

曼施泰因：德军"闪击战"的设计师

曼施泰因于 1887 年出生在东普鲁士的一个显贵的炮兵军官家庭，自幼饱读兵书战策，加之他过人的智力和丰富的战斗经验，使他最终成为希特勒麾下的一位著名的陆军元帅。

第二次世界大战爆发前夕，已升任中将的曼施泰因出任龙德斯特"南方"集团军群的参谋长。大战爆发后，他与龙德斯特默契配合，创造性地执行了"闪击"波兰的"白色作战"计划。进攻波兰的头几天，"南方"集团军群重创波兰两个集团军，突破了波兰西部整个防御的纵深，其快速兵团也出发到维斯拉河和华沙附近。此时，机警的曼施泰因觉察到波兰军队在波兹南省区还集结着大量兵力。于是，他命令所属第 8 军团

曼施泰因

77

军注意对北面的搜索。果然不出所料,第8集团军遭到了奇袭,被迫转入防御。龙德斯特和曼施泰因没有依照常规去迅速增援第8军团,而是将计就计,让第8集团军顶住北面的波军,让第10军团从南面和东南进攻,同时要求陆军总部命令"北方"集团军攻击波军后方,造成合围之势。经过激战,波军于9月18日全面崩溃,德军把华沙团团围住,9月28日,波兰守军与德国第8集团军司令签订了降约。

德国侵占波兰后,又相继占领了丹麦、挪威,并准备实施蓄谋已久的入侵法国的"黄色作战计划"。原先的战略意图是,以"B"集团军为主力,经荷兰南部向比利时北部进攻,击败预计在那里可能遭遇的英法联军和荷、比两国的部队,占领海峡南岸,而在"B"集团军左面的"A"集团军,则通过比利时南部和卢森堡,沿马其诺防线在萨尔河与色当以东的缪斯河之间一线,向西北建立防御阵地,掩护"B"集团军。曼施泰因对这一计划提出了反对意见,他认为陆军总部的"黄色作战计划",只不过是第一次世界大战时施利芬计划的翻版,虽然那一计划曾获得巨大成功。但1939年的情况与1914年相比有了若干的不同,再重复老一套便难以达到出奇制胜的目的。他根据1939年的欧洲军事形势,尤其是对波兰的军事形势进行了认真分析,曼施泰因认为,波兰的不利条件有两个:一是兵力处于劣势,总计兵力只能出动39个步兵师,11个骑兵旅,3个山地步兵旅,2个装甲摩托化旅,和近10个民兵营。兵器大部分是第一次世界大战中的旧货。空军虽有近千架的飞机,但也不够先进。二是波兰的西半部是一个很大的突角,正对着柏林,北部与东普鲁士和波美尼亚接壤,南与西里西亚、斯洛伐克毗连。在维斯托拉河以西没有天然屏障,想守是守不住的。因此,波兰方面的关键是"争取时间",最重要的是避免受到东普鲁士与西斯洛伐克两路德军的包围,北面利用波尔—拉柳河一线直到维斯托拉河,构成一个天然屏障,南面扼守卡尔配提亚山脉中的隘道,阻止德军深入后方的迂回运动,南北两面做了必要的保障之后,就可以在西部进行迟滞性战斗,以集中最大兵力,对抗西里西亚方向的德军主力,赢得时间,等候同盟国在西线发动攻势,迫使德军撤军。在对对方的形势进行了认真分析之后,曼施泰因提出了一个大胆的具有独到见解的作战计划。这个计划以装甲部队为先锋,以"A"集团军为主力,通过卢森堡和比利时的阿登地区,直插西北方向的海峡沿岸,切断盟军各部队之间的联系,而后同"B"集团军一起各个加以歼灭。而在马其诺防线只限于进行佯攻,以便钳制在该地域行动的英法基本兵力。

曼施泰因的创见终于被希特勒采纳,因为希特勒在战略战术上也是一个极不喜欢墨守成规的人。1940年2月20日,法西斯德国以希特勒的名义颁发了新的"黄色作战计划"。1940年5月,德军根据曼施泰因的作战方案,在森林密布的阿登地区实施主要突击,完全出乎盟军意料。尽管盟军为对付德国展开了150个师(与德军师的数量大致相等),但盟军的作战计划却被全部打乱,并在德国进攻的最初几天就陷入了极端困难的境地。可以说,"曼施泰因计划"为德军击溃英法联军和占领西欧诸国起了决定性的作用。7月25日,曼施泰因升任第38军军长并获骑士十字勋章。

1941年2月,曼施泰因调任第56装甲军军长,不久参加了入侵苏联的战争。据说,他指挥部队利用俘获的苏军车辆,乔装苏军的伤兵队伍,巧妙地攻占了杜维纳河上的桥梁,希特勒对此大为欣赏。9月份,曼施泰因被任命为第11军团司令,上任不久,就组织指挥了克里木战役。在这次战役中,他指挥七个步兵师和一个罗马尼亚山地军,在第1装甲兵团和航空兵的支援下,俘获了20万左右的苏军,重创苏独立第51集团军。从1942年年初开始,曼施泰因以其大胆果断的作风和充沛的精力,又采取了一系列的攻势行动,取得了显著成果。2月1日,他被晋升为上将。4月中旬,曼施泰因又向希特勒提出了其进攻克尔齐的作战计划,得到了希特勒的支持,于是,曼施泰因于5月8日发动攻势行动,7天之内就攻克克尔齐城,俘获苏军17万人,缴获火炮千余门。6月7日,乘胜进攻塞瓦斯托波尔,经过近一个月的激战,又俘获苏军9万人。曼施泰因战功卓著,赢得了希特勒的高度信任,7月1日,他受到希特勒的电报嘉奖并晋升为元帅。从此,曼施泰因指挥的集团军被希特勒当作"消防队"使用,哪里军情吃紧,就被派往哪里。但是,由于希特勒政治上和战略上的错误,狂妄得几乎与整个世界为敌,军事形势每况愈下,曼施泰因从1942年下半年以后,尽管为挽救法西斯德国的危局进行了15个月的艰苦防御战,而且也有过一些出色的战术行动,但没有也不可能再有大的作为。1944年夏,曼施泰因建议希特勒指派一位职业军人作国防部长兼陆军总司令,触怒了希特勒从而失宠。1944年3月30日,曼施泰因被召到萨尔茨堡,希特勒在给他佩上双剑栎树叶勋章的同时,解除了他集团军群司令的职务。1945年,曼施泰因被英国人俘虏,被判处18年徒刑。1953年获赦释放。

隆美尔:"沙漠之狐"

在德国以至西方军界,隆美尔是一位家喻户晓的传奇式人物。两次世界大战的战争实践,使他赢得了极大的荣誉。人们送给他的绰号之多,恐怕很难有哪一个职业军人能与之相比。有人称他是"战争动物",他所指挥的装甲师有"魔鬼师"之称,甚至有人把他捧为"20世纪的汉尼拔"。尤其是根据他在北非战场上的表现,其对手送给了他一个"沙漠之狐"的绰号,以表示他超人的军事天才和难于对

隆美尔

付的狡猾。

1940 年 6 月 10 日,在法国投降的前十天,意大利宣布站在德国一边向英法宣战,出兵北非,进攻英属埃及和索马里。结果,参战不到半年就败绩累累,意军 10 个师被歼。于是希特勒便任命已晋升为中将的隆美尔为德国的非洲军军长,派往北非挽救败局,从而使这位骁将大出风头。2 月 11 日,隆美尔一到北非,先对前线战区做了飞行侦察,得出"最好的防御就是进攻"的结论。2 月 16 日,他正式接管了前线的总指挥权。2 月末,德军攻占了恩努菲利亚。3 月,又利用英军调防、轻敌的有利时机,采取大胆行动,把数量不多的德军和意军组成混合纵队,从塞尔担向穆尔祖赫发起进攻,向前挺进了 450 英里,给了英军以意想不到的打击。9 天之后,隆美尔又指挥部队攻占了艾阿格海拉地区的要塞、水源和飞机场,占领了马萨布莱加,把英军逼到阿吉达比亚地区。隆美尔不给英军以喘息的机会,乘英军立足未稳,又于 4 月 2 日攻占了阿吉达比亚。他不顾意大利最高统帅部的阻止而继续前进,经过艰苦战斗攻陷了梅希里。隆美尔巧妙的几个回合,就使整个巴尔赛高原落入轴心国军队之手。英军只剩下一支被围困在托布鲁克的部队。不仅英军将领们被隆美尔的战术弄得不知所措,就连英军士兵也被隆美尔的用兵弄得望而却步。为了扭转战局,英军决意向北非大举增兵。1941 年 11 月,拥有 10 万人之众和 800 辆坦克的英国尼罗河军团,在英军名将奥钦烈克的指挥下,发起了代号为"十字军"的攻势,隆美尔以 4 万人和 240 辆坦克与英军对阵。由于优劣悬殊,德军退出昔兰尼加。1942 年 1 月 20 日,为表彰隆美尔在北非的战功,同时也是为了给隆美尔鼓劲,希特勒授予他栎树叶双剑勋章,并任命隆美尔为非洲装甲军团司令。接着,隆美尔主动夺回了昔兰尼加,又因此而被希特勒提为上将。5 月下旬,隆美尔又一次向英军发起攻击,经过一场血战,击溃了英军第 8 集团军,向埃及挺进。6 月 19 日,他出乎意料地掉转矛头,以相对劣势兵力向托布鲁克要塞进攻,十几个小时后将其攻克,俘获英军 3 万多人。英军被隆美尔的狡猾弄得摸不着头脑,骂他是狐狸,给他起了"沙漠之狐"这样一个绰号。2 天后,49 岁的"沙漠之狐"隆美尔佩戴上了元帅军衔。到 1942 年下半年,由于多方面的原因,北非战局向不利于法西斯德国的方面转化。10 月 23 日,英国名将蒙格马利率英军第 8 集团军向德军发起攻势,希特勒立即将休养的隆美尔生重新派往非洲,然而任凭隆美尔再狡猾,也已无力挽回战局。

其实，在没有得到这一绰号之前，隆美尔就已经是一位狡猾至极的德军将军。第一次世界大战之初，隆美尔是一名步兵排长，随部队转战于西战场、罗马巴亚和阿尔卑斯山地。他意志坚强，勇猛过人，刻苦耐劳，善用计谋。四次赢得军功勋章，他对战争的高度热情和出色的战斗素质从那时已经显露出来。1918年，德国11月资产阶级革命时期，隆美尔任警卫连长，从1919年起，隆美尔历任步兵连长、德累斯顿步兵学校战术教员、戈斯拉尔市猎骑兵营营长、波茨坦军事学校教员、维也纳新城军事学校校长、希特勒大本营卫队队长等职。但是，总的来说，第一次世界大战之后的相当长的一段时间里，隆美尔虽然努力争取，但时运不佳，仅上尉就干了12年，直到希特勒执政以后，他才获得了飞黄腾达的机会。隆美尔在当战术教官时所写的一本名叫《攻击中的步兵》的书，被希特勒看中，希特勒决定让该书的作者任警卫营营长。第二次世界大战开始时，隆美尔在最高统帅部任职，在希特勒法西斯军事集团里，隆美尔以其智慧和胆略，为希特勒闪击荷兰、比利时、卢森堡和侵入法国冲锋陷阵，屡立战功，获得武士级十字勋章，成为德军中"战神"一般的英雄。

1943年3月31日，希特勒把隆美尔召回最高统帅部，授予他栎树叶钻石勋章，命他免职休养。此时的隆美尔已从中觉察到了一种不祥。1943年8月，在战局紧迫之时，希特勒又起用隆美尔，任命隆美尔为驻意大利北部集团军总司令。1943年12月，隆美尔又被任命为驻法国"B"集团军群司令，负责沿海要塞工事的构筑。但此时的隆美尔已丧失了单独决定重大行动的权力，一切都要听从希特勒的指挥。1944年7月17日，隆美尔乘车视察前线返回途中，遭美国飞机袭击受伤。7月20日，反对希特勒的集团暴露后，隆美尔被指控为谋杀希特勒的同犯。10月7日，隆美尔奉召去最高统帅部开会。他已预料到希特勒不怀好意，于是拒绝到会。10月14日，希特勒派人拿毒药送给隆美尔，并传达了希特勒的允诺：如果遵命自尽，将对他的叛逆罪严加保密，并为他举行国葬，竖碑纪念，其亲属将领取陆军元帅的全部抚恤金。否则，他就将接受法庭审判。隆美尔这只"狡狸"最终还是没有斗过希特勒。

蒙哥马利：阿拉曼的英雄

伯纳德·劳·蒙哥马利是西方数十年来最受争议的人物之一，但毁、誉双方最后都承认，他是20世纪战争舞台上的一位卓越将领，是第二次世界大战中建有功勋的英国名将。

蒙哥马利于1887年11月17日出生在英国伦敦圣马克教区一个牧师家庭，父

蒙哥马利

亲是主教,蒙哥马利自幼性格倔强,童年时经常受到母亲的惩戒。1902 年,蒙哥马利入伦敦圣保罗学校读书,1907 年考入桑赫斯特英国皇家军事学院。由于其战绩卓著,得到比较顺利的提拔和重用。1942 年 8 月任英国第 8 集团军军长,在阿拉曼战役中,击败德军著名元帅隆美尔,扭转了北非战局,把德军赶出埃及,从此名声大振。

1942 年 10 月,蒙哥马利将军率领的第 8 集团军和素有"沙漠之狐"之称的德国元帅隆美尔指挥的德意联军"非洲"坦克集团军,在北非的阿拉曼附近对峙着。

这两位对峙的将军,除了各自对祖国的忠诚,几乎没有共同之处。但这两位身经百战的"老油条"都在注视着对方。蒙哥马利决心打掉隆美尔,隆美尔决意吃掉蒙哥马利。此时的蒙哥马利很清楚,自己的对手是德军将领中出类拔萃的人物,他已经狡猾得比狐狸有过之而无不及。1940 年,隆美尔曾以其独有的狡黠指挥德军第 7 装甲师在 1 个多月的时间内战胜了超过他 20 多倍的敌人,一举攻克法国,被称为战争"魔鬼 3 师"。1941 年,隆美尔又凭借超人的智慧和卓越的指挥能力在北非迅速挽救了意大利的危局,使整个战局从被动转为主动,获得了"沙漠之狐"的绰号。很多将帅都拿隆美尔没有半点办法。现在,隆美尔的部队在阿拉曼以西占领了正面宽为 60 公里的防御阵地,总兵力达 8 万多人,其防御工事的坚固在沙漠战场上是前所未闻的。不仅有宽广的布雷场,而且设有公开暴露的侧翼。隆美尔的部队有丰富的沙漠作战经验,久经战场磨炼。要战胜这只"老狐狸",对于蒙哥马利来说是一个十分艰巨的任务。

为了彻底打败隆美尔,蒙哥马利精心策划了奇袭的战术计划。这个计划是:在阿拉曼南面佯攻,在北面实施真正的进攻。向西迪—哈米德方向实施主要突击,将德、意联军沿海集团压缩至沿海一带,而后予以歼灭。蒙哥马利认为实现这一企图的关键,在于成功地进行战役伪装,达成发起进攻的突然性。

为此,蒙哥马利实施了一系列迷惑敌人的计划:首先,在南面佯攻地域大量制造各种欺骗器材,建立了大型伪装仓库和长达 20 英里的假输油管道和假输油泵房,同时,集结了大量的坦克、大炮和卡车。故意让隆美尔的空中侦察机相信英军将在南部发动进攻。其次,在进攻时间上,蒙哥马利选在 10 月 23 日月盈之夜,因为敌人的雷区不允许在一团漆黑中瞎摸乱撞。为了使敌人在进攻时间上产生错觉,蒙哥马利有意让敌人看到铺设油管的工程将在 11 月完工,以麻痹敌人。最后,在发起进攻的前夕,所有战车都从佯攻地域转移了出去,换上了逼真的假战车。由于组织严密,使隆美尔没能察觉出任何踪迹，侦察机告诉隆美尔的，也就是蒙哥马利想要他相信的东西。隆美尔既没有把蒙哥马利组织的这些行动放在眼里，也没有想到战役来得这么快，而相当自信地回到德国本土处理其他事情去了。

10月23日夜晚，当皓月当空之时，蒙哥马利指挥的阿拉曼进攻战役打响了。由于进攻出其不意，德军部队代理司令差一点被英军的侦察兵俘虏，逃跑途中因心脏病发作而身亡。隆美尔在希特勒的督促下火速从德国返回阿曼指挥所，虽拼命组织抵抗，却无法改变退败的形势。

经过半个月的激战，从未吃过败仗的隆美尔，这一次终于败在蒙哥马利手中。德意联军被俘和死亡的人数达到5万人，最后隆美尔不得不带着他的残兵败将们撤出埃及。

阿拉曼大捷是英军在北非的最显赫的胜利，是北非战局有利于盟军的转折点。英国首相丘吉尔听到这一消息后，破例下令要伦敦的教堂敲响报警的钟声，欢庆大捷，阿拉曼战役使蒙哥马利成了捕猎"沙漠之狐"的英雄，并被封为阿拉曼子爵。蒙哥马利也因此被提升为中将。

蒙哥马利的名声是打出来的，蒙哥马利的职务和荣誉是用战绩垒成的。他先后参与组织指挥了西西里、意大利、诺曼底登陆等著名战役。连连取胜之后又转入西北欧，直抵德境，指挥部队强渡莱茵河，深入德国本土作战，为打败德国法西斯做出了突出贡献。不仅被晋升为英国陆军元帅，还分别获得了戴高乐、斯大林、艾森豪威尔授予的法国、苏联和美国的最高荣誉勋章。

蒙哥马利身材不高，体质文弱，精神矍铄，言谈简赅，举止轻快。由于自小受家庭影响，他严于律己，洁身自好，作风俭朴，刻苦认真。然而，蒙哥马利并非一个索然寡味的人。他很富于英国式的幽默感。蒙哥马利性格倔强，当他自己认为意见正确时，他会不顾一切地坚持。蒙哥马利在长期的军事生涯中，形成了他独特的军事思想和作风。他认为，一个卓越的高级指挥官必须具备忍受痛苦和审慎准备的无穷能力。同时要有一种超越理性的内在信念。他强调"统御风格"，认为一个指挥员既要赢得部队的爱戴，又要给部队以活力，他的言行要能抓住人心，要有吸引力；只有对部下讲真话才能取得下级的信任；要有坚定的决心，不优柔寡断，不推诿拖拉；必须使部下了解要求并全力去完成。他认为，"人"是战争中一切成败得失的关键因素，士气是战争中最重要的东西，而维持士气最好的办法就是打胜仗。蒙哥马利治军严格，要求部队的训练计划要从实战出发，经常组织部队在恶劣的天气里进行各种高强度训练，以培养艰苦卓绝的作风和旺盛的攻击精神，对新接手的部队，往往进行大刀阔斧的整顿，坚决撤换不称职的军官，强化各种机关。蒙哥马利的军事思想在世界军事领域中占有比较重要的地位。

艾森豪威尔：二战中最好的"盟军司令"

艾森豪威尔

艾森豪威尔于 1890 年出生在美国得克萨斯州的一个贫寒之家，他在青年时期就有志从军，1911 年考入西点军校。在西点军校，他学习成绩中等，但善于交际，富于幽默感。1915 年毕业后，艾森豪威尔获步兵少尉军衔，派驻到得克萨斯州的山姆休斯敦港口。第一次世界大战期间，艾森豪威尔十分渴望到法国前线作战，但未能如愿。1922 年，艾森豪威尔跟随康纳将军到巴拿马服务 3 年，得到赏识。1925 年他到利文沃思指挥参谋学院受训一年，以优异成绩毕业后继续入华盛顿陆军学院学习深造。此后，艾森豪威尔一直在潘兴将军、摩斯勒将军、麦克阿瑟将军身边任高级参谋。

1942 年 6 月，艾森豪威尔任美军欧洲战场司令官，他到达英国不久，又被任命为进攻北非的盟军司令，1942 年 11 月，艾森豪威尔成功地指挥盟军进占了法属北非。1943 年 7 月指挥盟军进攻西西里岛和意大利。1943 年 12 月，艾森豪威尔升任盟军欧洲战场最高统帅。他凭着坚强的意志和外交策略的巧妙结合，实现了盟军各国部队的团结协作，出色地指挥盟军，于 1944 年 6 月 6 日以 4000 只舰艇和 100 万大军从法国诺曼底登陆。诺曼底登陆战役，对美英盟军在西欧展开大规模进攻，加速德国法西斯的崩溃以及决定欧洲战后形势起到了重大作用；为组织和实施大规模登陆作战提供了有益的经验。斯大林于 6 月 13 日答《真理报》记者部时指出："这次行动按其计划的周密、规模的宏大和行动的巧妙来说，在战史上还从未有过类似的先例。""这件事将作为头等业绩载入史册。"1944 年 12 月，艾森豪威尔因指挥诺曼底登陆作战有功，获美国国会新设的陆军五星上将军衔。

艾森豪威尔作为第二次世界大战欧洲盟军的最高统帅，管理着 12 个国家组成的几百万军队，任务之艰巨、情况之复杂，前所未有。在这个职位上，艾森豪威尔也确实显示了非凡的机智和巨大的统驭能力。

1943 年 1 月 14 日，英美政府首脑在摩洛哥的最大城市卡萨布兰卡举行会议，决定成立地中海盟军总司令部，任命艾森豪威尔为盟军部队司令，授予上将军衔。英国的亚历山大将军任副总司令，坎宁安海军上将担任海军总司令，阿瑟·泰德空军上将任空军总司令。如此安排，陆海空三军都由英国将领担任，英国陆军总参谋长布鲁克在日记中高兴地写道："让艾森豪威尔以最高统帅的身份去把全部时间花在政治和同盟间的问题上,而我们则乘机把我们的人插在他的下面,以便去实际性地应付军事情况并恢复所有如此严重缺乏的必要冲力和协调。"从这里可以看出,艾森豪威尔的副将及各军种司令们是根本没有把他当回事的,甚至可以说,他坐的是一个没有实权的第一把交椅。话说回来,指挥盟国联军的确也不是件容易的事,这涉及处理国与国之间的关系问题,但艾森豪威尔却善于把多国的庞大武装力量合为一体,协同行动。他曾不得不与罗斯福、丘吉尔和戴高乐这些具有坚强意志的政治家打交道。他也曾不得不与蒙哥马利和巴顿这样个性极强的名将共事。但正由于他具有高度的克制精神和灵活性,坚定但又朴实的指挥作风、宽宏大度但又无损其统帅权威的性格与处事艺术,在其历任北非、地中海、欧洲盟军总司令期间,他与副手大体都能合作无间。艾森豪威尔在回忆录中这样写道:"高级司令官必须冷静沉着,头脑清楚,刚毅坚定。在他所指挥的一切方面,尤其是在指挥盟国部队方面,他的成败更多地是取决于他的领导能力和说服能力,而不是取决于他能墨守指挥常规。……可是每当听到任何事件或问题需要司令官运用并维持其权威时,就必须坚持要求迅速及时和不折不扣地服从。"他在回忆筹划组织北非盟军司令部时写道:"我们是从似乎参谋部全体人员都属于同一个国家这样的观点出发的。尽管如此,我们还是尽量使每一个部门都既有美国籍的人,又有英国籍的人。由于两个国家的人事手续不尽相同,也不得不对正常的美国编制做某种修改。在早期,两种国籍的军官们在办理公务时,往往容易显出一种牛头犬碰上了公猫的态度,可是随着时间的推移,他们自己发现,相互尊重和友好关系已逐步造成了一支协作队伍——其目标一致、忠于职守以及没有摩擦的程度,即使其中全部成员都来自同一个国家、同一军种,也是无法超越的。"没有艾森豪威尔的超凡领导和协调艺术,这样的局面是很难出现的。艾森豪威尔头脑冷静、个性温和,善于控制自己的感情,善于把不同国家的武装力量合为一体,有效地打击敌人。他重视发挥诸兵种整体作战的威力,善于组织和协调陆、海、空军联合作战。他目光远大,军事战略思想明确而坚定,善于果断决策,并能在困难的条件下排除各种干扰,毫不动摇地坚持自己已经确定的战略计划。他开朗乐观,富有幽默感,具有吸引人的个性。这些,使他在盟军中享有很高的威望。连高傲自信的英国元帅蒙哥马利都说:"没有其他的人能够执行艾森豪威尔所执行的任务。""他是最合适的,也是最好的盟军司令"。

邓尼茨:"水下杀手"

从第二次世界大战爆发到 1942 年前后的一段时间内,德国海军在广阔的太平洋上进行的"群狼式"的潜艇战,接连给盟军的运输船队和舰队以重创,曾使盟军统

邓尼茨

帅部大伤脑筋。指挥潜艇破击战的头面人物,便是被称为"水下杀手"的德国潜艇专家、海军元帅邓尼茨。

1891年4月,卡尔·邓尼茨出生于柏林附格吕瑙的一个普鲁士家庭。他的父亲是一位工程师。1910年,邓尼茨高中毕业后加入了德意志帝国海军。他作为一名候补军官,在"赫尔塔号"上完成了舰上训练,后来又毕业于旦弗伦斯堡-米尔维克海军学校的特别班。第一次世界大战爆发时,他作为"布勒斯劳"巡洋舰上的一名少尉军官,随舰在土耳其海峡打了两年的海上游击战,获得了一些特殊的海上作战经验。

1916年9月,邓尼茨被调回德国并被派往潜艇部队服役。经过短期训练之后,他在U39号潜艇上任中尉守望官,1918年又升任UB68号潜艇艇长。这期间,他与被德国称为最具有冒险精神的潜艇指挥官斯坦巴尔相识,两人在利用夜暗突袭对方舰船的大胆设想上不谋而合地进行了一些研讨,在之后的实战中进行了大胆的尝试,也取得了一些战绩。

1933年,当希特勒夺得政权之后,德国海军的发展已成为必然趋势。1935年,在英德海军协定签字之前,希特勒就命令邓尼茨秘密创建一支新的潜艇部队。协定的墨迹未干,邓尼茨就当上了潜艇部队的上校指挥官。不久,邓尼茨又被任命为海军总部的"首席潜艇"官,负责一切有关潜艇发展、政策、训练等项事宜。这样,邓尼茨便有了在潜艇专业上大显身手的用武之地。

邓尼茨专心致力于潜艇攻击战术的研究。他坚定不移地把英国作为假想敌,认为要击败英国,关键是切断其海上运输线,而完成这一任务最理想的武器莫过于潜艇。他运用潜艇有两项重要原则:一是打击敌性国家的运输船为主,而把打击对方的军舰放在从属位置;二是注重潜艇作战能力的提高,尤其是夜战、近战能力的增强。根据这两项原则,他经常到大西洋海域组织近似实战的作战演习。同时,邓尼茨发明了一种"狼群"式攻击战术,即在认为敌方运输船队可能经过的航道上,一线展开若干潜艇作拦阻式搜索,只要其中任何一艘潜艇发现敌踪,就尾随不放,并立即通知其他潜艇迅速靠拢,等到夜幕降临时即发起全面攻击,力求给运输船队以毁灭性打击。除了对潜艇战术方面的研究,邓尼茨还组织力量努力减小潜艇的体积和增大续航力。为了适应远洋作战的需要,他又设计了绰号为"乳牛"的一种大型水底油轮。使德军潜艇部队的战斗力大大提高。邓尼茨对第三帝国重建的潜艇部队的发展可以说是费尽了心机,他亲自挑选和训练人员,并把自己的战略战术思想灌输给部属,激发部属对潜艇事业的热爱、信心和自豪感。他深入下层,与官兵保持较为密切的接触。每当一艘潜艇演习或执行任务归来,他几乎总要到码头上去迎接,所以,官兵们把他当作尊敬的老师和长者。

1939年9月,英德两国进入战争状态之后,邓尼茨苦心经营的潜艇部队大显身手的契机到了。按照邓尼茨的见解,要切断英国的运输线,必须有300艘潜艇。可是当时邓尼茨手中只有46艘做好战斗准备的潜艇,而在广阔的大西洋海域保持战斗状态的还不足10艘。这区区兵力要与大不列颠帝国的优势海军兵力较量显然是一种妄想,更不可能成功地运用"狼群战术"。然而,德国潜艇部队在邓尼茨的巧妙组织指挥下,仍取得了赫赫战果。据英国公布的数字,从开战到1939年年底短短的三个多月时间里,英国被击沉的舰船竟达224艘,近76万吨,其中三分之二以上为德国潜艇所为。潜艇这种水下杀手的威力突出地表现出来。因指挥潜艇作战有功,邓尼茨被提升为海军少将。

随着战争的进展,德国的潜艇数量也与日俱增。1941年年初达到170艘,年底又增加到260艘,这样,邓尼茨就有了足够的潜艇使其"狼群战术"发挥效应,在一个月内,德潜艇就击沉了63艘商船,总吨位达35万吨,打得盟军防不胜防,吓得盟军提心吊胆。

在浩瀚的海洋中组织"狼群"攻击是一件相当复杂的事情,如需要了解对方护航舰队的行踪、兵力,需要秘密地布置"狼群"于对方舰船必经的航道上,需要与各潜艇随时保持畅通的联络,等等。邓尼茨靠高超的组织指挥能力和有效的情报系统,严密而有效地控制着他的潜艇部队。他通过司令部发出的一连串无线电报,时刻指挥着每一艘潜艇的行动,即使在夜间,何时攻击、何时撤离都要由他的司令部决定。每艘潜艇奉有严命,他们必须等待全部"狼群"到齐才开始攻击。直到射程在600米时才准发射鱼雷。从1940年到1942年,邓尼茨指挥德国潜艇部队创造了辉煌战绩。他所撒出去的"灰狼"使对手闻风丧胆。德国每艘潜艇每日所击沉的对方舰船,常常在100~200吨之间,有时竟高达1000吨。有关资料说,从开战到1941年,被德国击沉的舰船达2400余艘,近900万吨,而德军的潜艇只付出了微小的代价。除了指挥德国潜艇攻击盟国海上运输线,邓尼茨还常常采取出其不意的奇招,对敌方的舰队进行猛烈的突袭。邓尼茨因此而被称为"水下杀手""水下恶魔"。

邓尼茨是希特勒法西斯计划的狂热追随者和推行者。当盟军逼近柏林,希特勒众叛亲离之时,他仍然效忠于希特勒。1945年4月,在纳粹德国瓦解前夕,他被委任为德国北部军政最高司令官。5月1日,按希特勒遗嘱继任德国元首。在这个职位上,邓尼茨在风雨飘摇中只干了三个星期,5月23日被英国当局逮捕,1946年10月在纽伦堡国际军事法庭受审,被判10年徒刑,1956年刑满出狱,1980年病死。

利德尔·哈特：上尉的名声远超欧美名将

利德尔·哈特

利德尔·哈特是位英国爵士，此人虽非标准的职业军人，获得的最高军衔也只不过是个上尉。但是，第二次世界大战时期许多声名显赫的欧美名将，却公开宣布自己是利德尔·哈特的信徒，并引以为荣。英国军队在北非战场上击败了由"沙漠之狐"隆美尔指挥的德国—意大利轴心国联军之后，前线将领甚至特意向利德尔·哈特写信致谢，把北非战局的胜利归功于他的理论指导。利德尔·哈特之所以有如此高的声望，是因为他和英国将军富勒共同创立的现代机械化战争理论尤其是他提出的军事上的间接路线战略，对于第二次世界大战前后整个西方世界的军事思想和战争实践产生了重大的影响。

利德尔·哈特祖籍英格兰，出生在法国巴黎。父亲是一位历史知识渊博、文化素养很高的新教牧师，当时在巴黎的一所教会任教长。8 岁的时候，利德尔·哈特随父母回英国定居，1913 年读完预科后，利德尔·哈特进入英国历史悠久的剑桥大学圣体学院专攻历史。在学习中，利德尔·哈特对军事历史，特别是对战术史产生了浓厚的兴趣。中国古代的精妙战争艺术，尤其是在东方国家享有"兵家万世师表"之誉的《孙子兵法》，使他格外仰慕。从那时起，他就立志"致力于战争研究"。

1914 年，第一次世界大战爆发。利德尔·哈特毅然入伍，随部队赴欧洲西线参加对德作战，表现勇敢并两次负伤。但是，利德尔·哈特并不是那种只晓得匹夫之勇的人，他有一副善于独立思考的大脑，虽坚决服从上级的作战命令，但对当时盛行的那种一味地从正面实施蛮力厮杀的刻板战法感到厌恶。在他看来，"堑壕对堑壕"的厮杀，是"毫无军事艺术可言"地"浪费士兵的鲜血"，应该探求一种费力少而成功多的新战法。

在 1917 年夏季的松姆河战役中，利德尔·哈特所在的那支部队通过巧妙的机动，把当面的一股敌人打了一个措手不及。这次战斗实践使利德尔·哈特开始感到：用"间接路线"的办法实施作战要比机械地正面撞击合理得多。此外，他还从英军在这场战役中首次使用坦克一事中，敏锐地意识到：这种新的武器大量使用，必将引起军事上的一场变革。也就是在此时，利德尔·哈特在战斗中中了敌人的毒气，加之前两次的受伤，使他不得不离开前线部队。之后，利德尔·哈特被调往后方，专心用其学者式的大脑研究军事学术。利德尔·哈特的才识很快得到了上峰的注意,陆军部指定他主笔编写《步兵训练手册》最重要的战术部分,利德尔·哈特一反传统的阵地战思想,大胆地阐述了机动作战的主张。

1920年6月,利德尔·哈特在国内首次见到了松姆河战役坦克战的计划制订人富勒上校,由于他们都是“机械化战争”迷,而且都正在受着军事保守派的孤立和排斥,所以他们相识恨晚地成了知心朋友。他们对机械化战争的前景和军队改革的很多问题交换了看法,并进行了更加深入的研讨。接着,利德尔·哈特进一步提出了“闪击战”的理论设想。从军事上讲,这在当时确实是一种卓有远见的理论主张。但是利德尔·哈特的创见却被英国军界的当权人士视为“天方夜谭”式的“怪诞念头”。而英国的对手德国军队却意识到了这种崭新作战理论的潜在价值,把它接纳了过去,并且在十几年后发动第二次世界大战时,运用“闪击战”进攻英国的军队及其盟友,获得了举世震惊的巨大成功。当然,这并不是利德尔·哈特的过错,而是英国保守势力的过错,既是军事改革家的不幸,也是军队官兵的不幸。1927年,利德尔·哈特不满于军界保守势力的压抑,毅然以上尉军衔退出现役。后来的十几年间,利德尔·哈特历任《英国百科全书》军事编辑、《泰晤士报》的特约军事记者和国防问题顾问、《每日晨报》的军事记者等职,这些岗位不仅使他得到了从广泛角度研究战争艺术的机会,而且也使他得到了宣传其军事理论的便利条件。1929年,利德尔·哈特在多年研究成果的基础上,写成并出版了《历史上的决定性战争》一书,在这部著作中,利德尔·哈特深刻分析了西方世界2500年以来的大量战例,初步阐发了“间接路线”战略战术思想。

1939年,第二次世界大战爆发。战争初期,纳粹德国凭借大规模机械化部队的闪击战取得了惊人的战绩,这些战绩的取得,彻底证实了利德尔·哈特这位军事改革家自上次世界大战结束以来坚持的那套作战理论是多么富有远见。这时,利德尔·哈特的年龄和健康状况已经不允许他再次效命沙场了,他在伦敦继续进行战争理论的研究。1941年,利德尔·哈特增修再版了《历史上的决定性战争》一书,改名为《间接路线战略》,系统地阐述了军事上的“间接路线”原则。这种军事学说,在大战期间为许多将领所运用。

第二次世界大战后,利德尔·哈特在美国军事理论界声望日隆。1946年,《间接路线战略》改名《战略论》再版,在世界各国广为翻译出版。不少国家的军事院校把它当作基准教材,西方许多著名将帅奉之为经典。利德尔·哈特本人则继续以研究和写作为业。1954年《战略论》再次修改出版时,利德尔·哈特针对西方盛行的对核武器作用的迷信,在再版前言中进行了尖锐的批判,又一次表现了利德尔·哈特不随波逐流的勇气。

利德尔·哈特是一位军事理论家,他的理论研究成果对世界军事学术界产生了极大的影响。在当时的年代里,他的远见卓识受到了许多将帅们的崇敬,在现代的西方军队中,很多将帅都是读他的书成长起来的,利德尔·哈特仍然受到将帅们崇拜。

朱可夫:"情况"出现时斯大林总想到他

朱可夫

在苏联卫国战争中,当战役出现危机或失利等情况时,斯大林总是想到他。说来也怪,只要朱可夫一到,就会出现转机,就能反败为胜。因此,朱可夫被称为战场上的"消防队长"和"救火英雄",也有人称他为"战场救星"。

朱可夫于 1896 年 12 月 2 日出生于莫斯科西南卡卢加省的斯特列尔科夫卡村,父亲是个穷苦的鞋匠,母亲在一家农场干活,朱可夫 12 岁就被送到莫斯科,在舅舅的毛皮作坊里当学徒。尽管工作非常劳累,但朱可夫仍坚持自学,夜间凑近厕所里暗淡的电灯去做功课,刻苦地学完了中学的全部课程。

1915 年朱可夫应征入伍,在沙俄的一个骑兵团里当兵,因作战勇敢并俘获一个德军军官而两次获得圣乔治十字勋章,1917 年二月革命时,朱可夫所在的骑兵团举行起义,朱可夫以良好的人格、突出的战绩以及在起义中的突出表现而被推选为连士兵委员会主席。1917 年俄国十月社会主义革命胜利后,朱可夫回到了莫斯科,并于次年参加了红军,被编入铁木辛哥的骑兵旅,第二年便加入了布尔什维克党。1923 年朱可夫被晋升为骑兵第 39 团团长。这位年仅 26 岁的团长,深感自己在军事理论上的不足,迫切要求进军校深造。1924 年,朱可夫以优异成绩考入了列宁格勒高等骑兵学校。他非常珍惜这一机会,以"狂热的顽强性"投入学习,因学习成绩优秀及在各个岗位上都做出了突出业绩,朱可夫很快得到连续提升,到 1937 年秋,朱可夫已经担任骑兵第三军军长,1938 年又被提升为白俄罗斯特别军区副司令员,1940 年 6 月任基辅特别军区司令,1941 年升任苏联副国防人民委员兼总参谋长。1943 年 1 月,朱可夫因战功卓著被晋升为苏联元帅。

作为一个高级指挥官,朱可夫不仅有其军事战略上的英才,而且具有敢于坚持真理的虎胆。1941 年,德国法西斯对苏联发起突然袭击,苏德战争爆发。由于斯大林判断失误,对德国入侵的准备不充分,致使苏联红军在战争一开始就陷入被动,被德军打得措手不及。新任总参谋长的朱可夫在冷静地分析了德军的进攻态势和苏军的情况后,决意进谏斯大林。然而,斯大林一意孤行,不仅不采纳朱可夫"放弃基辅,以退为进,争取战争主动权"的意见,反而免去了朱可夫的总参谋长职务。为了国家的得益,朱可夫以高度负责的精神一而再再而三地力谏斯大林,但斯大林就是不听,最后竟把朱可夫轰出指挥部。战争的实际进程证明,朱可夫的意见是正确的,基辅战役结束后,基辅失守,红军损失惨重。斯大林不得不从内心里佩服朱可夫高瞻远瞩、洞察全局的军事战略才能以及敢于坚持正确主张的胆略和魄力。

斯大林佩服朱可夫,在危难时刻他总是想起朱可夫。1941年9月上旬,列宁格勒的战情十分危急,铁路交叉点穆加被德军占领,使列宁格勒同其他地区的最后一条铁路线被切断,列宁格勒的要塞施吕塞尔堡也在德军的强大攻势下失守,德军从而完成了对列宁格勒的陆上封锁,并开始收紧列宁格勒的钳形包围。在这生死攸关的时刻,朱可夫奉斯大林之命,接任列宁格勒方面军司令员之职。朱可夫的到任对部队官兵来说,就像兴奋剂一样,使陷于困境的苏联红军重新恢复了信心。朱可夫巧妙地使用欺诈术,一夜之间令人制造了100辆假坦克并布于阵地,使德军闻风丧胆,不敢冒进,朱可夫抓住时机调整部队,取得主动,拯救了列宁格勒。

朱可夫,从士兵到元帅,在漫长的军旅生涯中立下了赫赫战功,荣获列宁勋章6枚、十月革命勋章1枚、红旗勋章3枚、一级苏沃洛夫勋章2枚、胜利最高功勋章2枚,其他勋章数枚。在这些闪闪发光的勋章和奖章上,凝结着以斯大林为领袖的苏联共产党、苏联人民对他的培养、教育和关怀,凝聚着成千上万为国捐躯的战友们的热血,同时也凝结着他本人的智慧、胆略和才干。无论是在列宁格勒被围困的艰苦岁月里、在保卫莫斯科的战斗中、在斯大林格勒的指挥所里,还是在开往柏林的道路上,朱可夫总是精力旺盛,智慧超人,多谋善断,指挥若定。他不仅在大本营里参与制订各次重大战役的计划,而且还亲临前线将其计划付诸实现。他思想敏锐,善于分析判断敌情;他沉着果断,敢于在主要方向上集中兵力,高速度地向敌纵深发展进攻,围歼敌军的重兵集团;他勇于创新,大胆地破除死板的传统作战方法;他着眼全局,照顾局部,巧妙地协调各个方面军和各军、兵种的协同动作,卓有成效地组织了后勤保障。朱可夫在军事上的建树,人们在他所著的《回忆与思考》一书,以及《在保卫首都的战斗中》《库尔斯克突出部》《在顿河、伏尔加河及斯大林格勒地区歼灭德军》《在柏林方向上》等著作中都不难找到。

武元甲:"奠边府之虎"

武元甲是越南人民军创建人之一,组织领导越南人民军和越南人民为争取反殖民主义、反霸权主义斗争立下了汗马功劳,在越南军民中享有崇高声誉,在当代世界军事将领中也具有较大的影响力,被授予越南人民军大将军衔。

武元甲出生在越南广平省一个破落地主家庭。为了重振家业,父亲把全部的心血倾注在这个自幼聪明伶俐、意志坚强、勤奋好学的后生身上,不惜一切代价,供养武元甲上学,并教他经营之道和治业之理,期望他能成就事业,光宗耀祖。

武元甲自幼生活在法国殖民主义统治的环境中,他目睹和亲身感受到了作为一个受奴役民族的辛酸和痛楚。随着年龄的增长,他的国家荣誉感和民族事业心更加得到加强,立志成为一个救国求荣的英雄。因此他背着家人,阅读了大量的进步书籍并从中明白了很多革命道理。武元甲还积极参加学生中的地下革命串联活动,中学时代就参加了反对法国殖民当局的学生运动,并在运动中表现出大无畏的英雄气概和超凡的组织才能,在学生中备受拥戴。武元甲的战斗精神和影响力,也受到殖民统治者和傀儡政权的高度注意,有好几次险些落入敌人之手。革命斗争的实践和锻炼,使武元甲在政治上更加成熟,在斗争艺术上更加高明。

之后,武元甲以优异的成绩考入河内大学,在大学学习期间,武元甲仍坚持追求救国真理,进行革命活动,组织领导进步学生进行反殖民主义的地下活动,被当局视为不安分子。但由于校内具有强烈民族责任感的师生的保护,武元甲得以顺利地完成大学学业。大学毕业后,武元甲主动要求从事教育工作,当过升龙中学的历史教员。在教学中,他努力将民族主义精神和爱国主义道理传输给学生,用革命真理启迪学生,并在学生中培养和发展反殖民主义积极分子,组织领导进步学生进行革命活动,筹划反殖民主义运动。

1938年,武元甲加入印度支那共产党,真正成为信仰马克思主义,反对殖民主义的革命者。第二次世界大战爆发后,武元甲多次组织领导革命运动,但由于缺乏武装力量而屡屡受挫,为了躲避敌人的镇压和搜捕而四处奔波。武元甲一度流亡到中国,在中国,他接触了很多革命志士,从中国共产党的革命斗争中认识到"枪杆子里面出政权"的革命道理的价值所在。为了组织越南人民的革命斗争,武元甲义无反顾地回到自己的祖国,联络越南各地的游击组织,着手筹建抗日武装,开展抗击日本军国主义的游击活动。随着游击武装的扩大,武元甲适时抓住机会,向组织提出了将革命武装从游击状态发展到正规武装的建议,受到拥护,并受组织指派,于1944年12月,到群众基础较好的越南北部边境负责组建"越南解放军宣传队"(越南人民军前身),武元甲作为新生的"越南解放军宣传队"的组建者和领导人,在组织领导武装斗争的同时,他大力向群众宣传革命道理,不仅取得了军事上的一个个胜利,而且使自己的部队在斗争中不断扩大,使官兵的觉悟不断提高,使部队的战斗力不断增强,很快成长为一支生机勃勃的革命武装力量。由于武元甲在革命斗争中的突出贡献和在党内的良好声誉,1945年当选为党的候补中央委员,成为越共中央的领导集体中的重要成员。根据斗争的需要,越共中央决定举行八月革命,武元甲参与领导了八月革命,并担任起义委员会主席。在组织领导起义斗争中,武元甲以其卓越的组织指挥才能和高超的斗争艺术,深受下属敬佩,他的勇敢无畏精神也极大地鼓舞了起义军民,经过艰苦的斗争,八月革命起义取得胜利,不仅给敌人以沉重的打击,也为新的越南民主共和国的建立提供了政治和军事保障,为团结和组织越南人民革命斗争奠定了基础。武元甲在组织领导起义中的卓越成就也使他的名声大震,成为越南人民家喻户晓的民族革命英雄,因此,武元甲顺理成章地成为新成立的越南民主共和国的主要领导人之一,担任内务部长和党中央军事委员会主席等重要职务。第二次世界大战结束之后,越南人民在赶走了日本军国主义的同时,迅速转入抗击法国殖民主义的反法救国运动,在1945~1954年的越南抗法救国时期,武元甲任国防部长兼人民军总司令,并当选为越共中央委员和政治局委员。他指挥越南军队进行了一系列抗法战役,特别是在具有决定意义的奠边府战役中,他组织指挥越南人民军和越南人民游击部队,与法国殖民主义者进行了殊死的决斗,狠狠打击了殖民主义统治者,彻底粉碎了法军重占越北的战略企图,迫使法国与越南签订了《日内瓦停战协议》,使北方完全获得了解放。武元甲不仅因此得到越南人民的高度爱戴,也在西方引起强烈震动,西方舆论界大量报道和渲染了他的军事指挥艺术和勇猛无畏精神,称武元甲是"奠边府之虎"。

越南北方人民反法救国斗争胜利后,武元甲于1955年9月~1980年2月,担任政府副总理兼国防部部长。在抗美救国斗争中,武元甲作为越南抗美救国战争的主要领导人之一,领导越南军民,与美帝国主义侵略者进行了坚决的斗争和残酷的战争。武元甲亲自组织指挥过多次战役,为抗美救国战争的胜利做出了重大贡献。武元甲不仅是一个卓越的军事指挥家,而且是一个优秀的军事学术研究者,他总结了越南人民的革命斗争经验,对革命斗争进行了深入的研究,发表了很多优秀的军事著作,最具代表性的有《奠边府》《人民战争与人民军队》《越南民族解放战争》等书。这些著作所提出的军事斗争思想和艺术,对指导越南人民军队的建设发挥了巨大的作用。

戈尔什科夫:最成功的苏联海军司令

戈尔什科夫是苏联著名的军事家,海军元帅。他不仅因为在组织指挥海上作战中战功卓著而深受苏联人民的敬重,而且以战略家的眼光和学者的严密逻辑,继承和发展了马汉的海权理论和海防战略理论,为苏联的海上战略思想形成和海防战略的制定发挥了重大作用,被称为"20世纪的马汉"。

戈尔什科夫于1910年2月26日出生于乌克兰,自幼勤奋好学,尤其是对军事兴趣极浓,他阅读了大量有关军事论著和军事历史及军事名人传记方面的书籍。戈尔什科夫的青少年时代,正值国际国内军事斗争

戈尔什科夫

十分激烈,战争不断之际,戈尔什科夫在英雄主义和爱国主义精神的驱使下,立志要成为一名造福于人民,建功于国家的优秀的军官和军事家。1927年,戈尔什科夫终于如愿以偿地参加了苏联海军,凭借他积极的追求和刻苦的努力,考入伏龙芝海军学校。在伏龙芝海军学校,他如饥似渴地吸取军事理论营养,刻苦磨炼自己的军人品质,同时,阅读和剖析了大量的海军作战战例,对传统的海军军事理论和战略战术做了深入的研究和思考,不断提出自己的新的见解和设想。戈尔什科夫的勤奋和才智,受到了同学们的敬佩和上司的偏爱。毕业后,戈尔什科夫一边尽职尽责地工作,在所历岗位上做出了突出成绩;一边利用一切可以利用的时机,从理论和实践的结合上研究海军军事学术和理论。戈尔什科夫在军事指挥上表现出来的超常才能,受到了上级的重视,被作为重点培养的将帅之才苗子,保送到驱逐舰舰长训练班和海军学院高级指挥员进修班深造。经过这两次入校深造,戈尔什科夫的视野得到了进一步的开阔,指挥才干在学习和实践中得到进一步的增长,军事理论基础得到了进一步加强,他的研究领域不断地拓宽,学术观点也日臻成熟。1931~1932年,在黑海舰队任驱逐舰航海长;1932年~1939年,戈尔什科夫在太平洋舰队历任护卫舰舰长、驱逐舰舰长、驱逐舰支队支队长。这一时期,他坚持理论联系实际,军事指挥才能和他的职务得到了同步提高。1940年6月,戈尔什科夫被调任黑海舰队巡洋舰支队支队长。

1941年6月苏德战争爆发后，戈尔什科夫在黑海舰队参加对敌作战。同年9月，在敖德萨保卫战中，戈尔什科夫指挥黑海的首批登陆部队在格里戈耶夫卡地域登陆，支援敖德萨防区的部队成功地进行了反突击。由于在此次作战中戈尔什科夫指挥正确果断，给了德军以沉重打击，虽然没有能完全击败德军的嚣张气焰，但也大大减缓了苏军的紧张局面，鼓舞了苏军的士气。戈尔什科夫也因作战有功而于10月被提升为亚速海区舰队司令。在同年12月举行的刻赤-费奥多西亚登陆战和1942年夏高加索保卫战中，戈尔什科夫有力地支援了陆军部队的作战。1942年8月，戈尔什科夫出任新罗西斯克防御地域副司令，参加该城保卫战的领导工作。11月，戈尔什科夫又代理第47集团军司令，参加了保卫高加索作战。自1943年2月起，戈尔什科夫复任亚速海区舰队司令，参加了克里木等战役。从1944年4月起，戈尔什科夫担任多瑙河河区舰队司令，参加了雅西-基什尼奥夫战役，并率领多瑙河舰队支援过东欧一些国家反击德国侵略者的解放斗争。1945年1月起，戈尔什科夫任黑海舰队所属分舰队司令。

第二次世界大争结束以后，戈尔什科夫于1948~1951年出任黑海舰队参谋长，1951年5月任黑海舰队司令，1955年7月升任海军第一副总司令。自1956年1月起，戈尔什科夫担任苏联国防部副部长兼海军总司令。戈尔什科夫在任职期间，科学地观察并分析研究了当时的世界形势，对苏联的国防事业进行了深入思考，针对美军的霸权行为，根据冷战的需要，提出了"核国防理论"和发展核军事的大胆设想，组织指挥苏联的军事科技工业建设，大量研制战略性的远程打击兵器和核威慑兵器，在成功地发展了导弹核潜艇和远程航空兵之后，根据全面强化全球性军事威慑合成兵力的要求，均衡发展其他海军兵种，把苏联海军从一支近海防御力量发展成为能执行各种作战任务的"远洋导弹核海军"，对苏联海军建设和迅速发展起了很重要的作用，大大提高了苏联的国际地位，为"冷战"时期的军事对峙起到了基础性的作用。70年代，根据冷战的需要和称霸世界的要求，戈尔什科夫曾两次指挥苏联海军在世界各大洋举行大规模演习，大振苏联海军军威，在组织舰艇远航和海军兵力到辽阔的世界海洋上积极活动，组织海军与其他军兵种协同和苏联海军与华沙条约缔约国海军的协同等方面，均做出了突出贡献。1985年12月，戈尔什科夫出任苏联国防部总监察员，其后曾两次荣获苏联英雄称号。

与此同时，戈尔什科夫还根据自己的作战经验以及对世界政治军事斗争的研究，进行了大量的军事理论研究工作，发表了许多颇具价值的军事学术著作，其中最具代表性的著述有《国家的海上威力》《战争年代与和平时期的海军》等，在这些论著中，戈尔什科夫站在世界政治、经济和军事斗争的前沿，对冷战时期的海上军事斗争形势进行了认真的观察和思考，对国家发展与海上军事实力的关系进行了剖析,对世界海上军事力量的持恒关系进行了深入研究,继承和发展了马汉的海权思想和国家海上战略理论, 对苏联海上军事力量的发展和争霸海洋战略进行了大胆的设计, 对指导苏联的海上军事力量建设以及海洋战略的完善,起到了巨大的推动作用。鉴于戈尔什科夫对苏联海军建设的贡献和对世界海军军事理论的发展,戈尔什科夫被称为"20世纪的马汉"。1988年5月13日戈尔什科夫去世,终年78岁。

下篇　中国著名将帅

孙武:"一个神秘的中国人"

在纵横几万里、上下数千年的军事舞台上,中国历代的将帅灿若河汉,不可胜数。其中,2500多年前的孙武,可称得上是"一个神秘的中国人"。美国著名的现代战略家柯林斯就曾对孙武及其"战略智慧"感到十分惊讶,他在《大战略》一书中写道:"孙武是古代第一个形成战略思想的伟大人物。……今天没有一个人对战略的相互关系、应考虑的问题和所受的限制比他有更深刻的认识。他的大部分观点在我们当前环境中仍具有当时同样重大的意义。"1991年1月,幽默的美国记者又从战云密布的海湾战场发回这样一条消息:尽管中国在这里没有派驻一兵一卒,但有一个神秘的中国人却亲临前线,操纵着作战行动,他就是2500多年前的孙武。

孙武,何许人也?为什么说孙武是"一个最神秘的中国人"?

孙武,字长卿,春秋末期齐国乐安(今山东惠民)人。据唐以后典籍记载,孙武为齐国田氏(即陈氏)后裔,祖父田书伐莒(今莒县)有功,被齐景公赐姓孙氏,其子孙因从此姓。周景王十三年(公元前532年),齐国内乱,田、鲍两族与栾、高两族相攻,孙武避乱出奔吴国。身处诸侯争霸、列国兼并、大夫争权、社会变革的动乱之世,为寻求以战止战、保国安民的途径和方法,孙武入吴后长期避隐深居,潜心研究兵学,总结春秋时期及其以前的战争经验,著书立论,成兵法十三篇。吴王阖闾即位后,在行人伍子胥辅佐下,整军经武,增强国力,欲破楚以图霸。经伍子胥多次举荐,以所

孙　武

97

著兵法十三篇献吴王阖闾，深得阖闾赞赏。传说，为检验孙武的军事指挥才能，吴王阖闾派出 180 名宫女，交给孙武操练。在操练中，因宫女不听号令，孙武不顾吴王阻拦断然杀掉吴王的两个爱姬，吴王虽然痛失爱姬心中不悦，但通过观看孙武信赏明罚、以法治军的操练，他认为孙武是一位真正足以"折冲销敌"的将才，于是当即任命孙武为将军。

周敬王八年（公元前 512 年），阖闾兴兵攻楚拔舒邑，乘胜直捣楚都。孙武着眼全局，认为楚国甚强，吴国"民劳"，大举攻楚的时机尚不成熟，主张积蓄力量，等待时机。

此后数年间，按照伍子胥提出的分吴军为三部轮番击楚之策，吴国多次出兵袭扰楚军于江、淮之间，迫使楚军疲于奔命，削弱其战斗力。

周敬王十四年，孙武与伍子胥共谋利用唐（今湖北随州西北）、蔡（今河南新蔡）两国与楚的矛盾，将其争取为吴的盟国，既使楚陷于孤立，又扼楚之项背。随即企图与伍子胥、太宰伯嚭等佐阖闾统领大军攻楚，避开楚军防守正面，沿淮水迂回进军，由楚守备薄弱的东北部直驱楚腹心的江汉地区，打破楚军战略部署，进而调动楚军脱离有利阵地，大败楚军于柏举（今湖北麻城东北，一说今汉川北），又乘势追击，连战连胜，攻占楚都郢城（今荆沙市江陵西北），创造春秋时期具有明显战役特征的著名战例（柏举之战），表现出孙武指导战争重谋略、重虚实、重人为的鲜明风格。

10 年后，吴王阖闾在同越国的战争中受伤而死，其子夫差继位。孙武又辅佐吴王夫差，并于公元前 484 年发起艾陵（今山东莱芜东北）之战打败齐国军队。公元前 482 年黄池会盟之后，吴王终于取代晋国成为春秋时期的霸主。

孙武在吴国度过了 30 年的戎马生涯，为吴国的兼并争霸战争立下了卓越的功绩。大史学家司马迁在《史记·孙子吴起列传》中对孙武的军功战绩做了这样的评价："西破强楚，入郢，北威齐晋，显名诸侯，孙子与有力焉。"

然而，孙武的"神秘"之处，并不在于他"西破强楚"的军功，也不在于他"北威齐晋"的战绩，而主要是因为他的兵书《孙子》对整个世界的影响，实在是极深矣，极广矣，极久矣。

《孙子》又称《孙子兵法》，全书共 13 篇，5900 余字。虽然篇幅不长，字数不多，但它词约意丰，内容博大精深，在世界军事史上第一次系统地阐述了战争和军事问题，并提出了许多至今仍富有强大生命力的军事思想和军事原则（见《兵书集萃》），在全世界产生了极为深刻、广泛、久远的影响。

在中国，《孙子》一直被誉为"兵学圣典"，被列为历代兵家的第一本必读之书。中国历代将帅，莫不深受《孙子》的熏陶；中国历代兵书，无不得益于《孙子》；中国历代注释批校《孙子》者有 210 多家，各种版本近 400 种。明末兵学家茅元仪说："前孙子者,孙子不能遗;后孙子者,不能遗孙子。"这句话,准确概括和集中反映了《孙子》在中国兵学史上空前的地位、作用和影响。

在国外,《孙子》被称为"奇书""伟书""世界第一兵书"。世界绝大多数国家,都有《孙子》的译本。仅在日本,就有研究《孙子》的专著 200 多种。外国许多著名的将帅也都读过《孙子》,并把它的思想运用于实践。例如,日俄战争期间,日本联合舰队司令东乡平八郎在出征时据说随身只带了一本《孙子》,战后他又用《孙子》中"以逸待劳"这四个字来作为战争经验的总结。发动第一次世界大战的德国皇帝威廉二世,在战败之后看到了《孙子》,不禁兴叹:"早 20 年读这本书,就决不会遭受亡国之痛苦了!"在现代和当代,《孙子》在国外更加受到瞩目,整个世界已经出现了一股"《孙子》热"。20 世纪 50 年代,英国著名战略家利德尔·哈特在《战略论》(修订本)一书的扉页上引用了军事名家语录 21 条,其中《孙子》语录就占了 15 条。60 年代,英国著名元帅蒙哥马利访问中国时多次强调,世界上所有的军队院校都应把《孙子》作为必修课程,这一提议早就成为现实。80 年代,"美国第一流战略家"福斯特和日本教授三好修,就根据《孙子》中"不战而屈人之兵"等谋略思想,为美国制定了新的核战略,这一战略被命名为"孙子核战略"。进入 90 年代后,孙武的"不战"战略已成为世界各国,特别是各大国和各战略集团的竞争战略和发展战略;各国的军队也更加努力地研究《孙子》,试图从中探索指导未来战争的真谛。

更为神奇的是,当前,《孙子》已经走出兵界,进入企业管理、商业竞争、工程建设、医药卫生、外交谈判、体育比赛等各个领域。日本松下电器公司的创始人松下幸之助这个被誉为"经营之神"的企业巨子说:"中国古代先哲孙子,是天下第一神灵,我公司职员必须顶礼膜拜,对其兵法认真背诵,灵活运用,公司才能兴旺发达。"日本一位著名建筑公司董事长服部千春自称:"我就是靠《孙子》发财的!"日本还有一位著名人士北村加义在《兵法孙子》一书中甚至说:"除了军事之外,企业经营、围棋对垒、体育比赛、外交谈判、投机交易、选举竞争,甚至夫妻吵架,若能把握《孙子》的精髓,我可断言他必胜。"

专家、学者们预测,《孙子》博大精神的思想必将会在服务于全人类的和平、发展与进步事业,放射出更加夺目的光芒!

吴起:中国"第一流名将"

说到吴起,人们往往把他说成是"变法"的改革家。其实,吴起不仅是战国时期著名的大改革家,而且是一个名副其实的大军事家,是中国的"第一流名将"。曹操曾赞扬吴起:"在魏,秦不敢东向;在楚,则晋不敢南谋。"近代著名人士梁启超称:

"吴起为我国第一流名将。"

吴起,究竟何许人也?为什么说吴起是中国"第一流名将"?

吴起,战国时卫国(今山东曹县北)人,约生于公元前440年,死于公元前381年。年轻时,他曾拜曾申为师学文。后来,他又弃文习武,改学军事。

吴起,之所以从最初的一个儒生,而最终成为使"秦不敢东向""晋不敢南谋"的中国"第一流名将",主要有以下几个方面的原因:

第一,吴起英勇善战指挥出色,取得了"与诸侯大战七十六,全胜六十四",其余不分胜负的辉煌战绩。公元前412年,鲁国遭到齐国进攻,鲁穆公任命吴起为将军抵御齐军。面对强敌,吴起运用避实击虚的战法,以一部兵力牵制敌军主力,而以精锐部队打敌虚弱,从而大败齐军,创造了以弱胜强,以少胜多的战绩。后来,吴起离开鲁国,到魏国担任将军。公元前409、408年,吴起两度率师讨秦,一连攻下五座城池,夺回西河地区。接着,又乘胜进军,扫灭中山国。因战功卓著,他被魏文侯任命为西河守。在担任西河守期间,吴起又率兵与诸侯大战数十仗,"辟土四面,拓地千里",使秦国不能东进一步。后来,吴起到楚国担任令尹,又取得了"南平百越,北并陈、蔡,却三晋,西伐秦"的辉煌战绩,使楚国成为七雄之一。

第二,吴起带兵选将治军有方,创建了颇具特色的新兴武装——魏"武卒"。吴起能在西河坚守二十多年,使秦国不能东进一步,其中一个重要原因是他创建了一支颇具特色、战斗力很强的新兴武装——魏"武卒"。他正是凭借这支军队,大战诸侯,辟土四面,拓地千里。据《战国策·魏策》记载,公元前362年,魏惠王任公叔痤为将,大败韩、赵联军,魏惠王要赏公叔痤良田百万,他不敢接受,说:"使士卒勇往直前,冲锋陷阵,具有不屈不挠的精神,这是吴起的'余教',不是我所能办到的。"魏惠王认为这话很对,于是把吴起的后代找来,赏田20万。此事发生在吴起死后19年,可见吴起当年所创建的魏"武卒"是很有成绩的。吴起治理军队的"秘诀"主要有三:一是严格选拔将领。他要求,将帅必须具备"理、备、果、戒、约"五个条件("理"指的是要有很高的指挥才能,统率大军如同指挥小部队一样有条理;"备"指的是要有高度的战备观念,时刻有如临大敌的警惕;"果"指的是要有勇于自我牺牲的精神,临阵作战不考虑个人生死;"戒"指的是始终保持饱满的战斗精神,打了胜仗也不骄傲自满;"约"指的是法令简明而不烦琐),必须懂得用兵"四机"("气机",掌握官兵士气;"地机",善于利用地形;"事机",灵活运用谋略;"力机",能够增强部队战斗力)。二是关心爱护士卒。吴起身为大将,但始终坚持与最下等的士卒穿一样的衣服,吃

一样的饭菜；睡觉不铺席子，行军不骑马，还亲自背干粮，与士卒分担劳苦。有一士卒生了毒疮，吴起亲自用嘴把脓血吸吮出来。谁知，这位母亲听到此事后竟伤心地大哭起来。别人问她为什么哭，她说："从前，我的丈夫生了毒疮，也是将军用嘴代他吸出脓血，给治好了，结果他病愈后英勇作战不久就死在战场上了。现在吴将军又亲自吸我儿子的毒疮，我儿子又必当以死相报，不知他将死在什么地方，所以禁不住哭了起来。"正是由于吴起非常关心士卒，能与士卒同甘共苦，因而受到士卒们的拥戴，军队的凝聚力和战斗力得到迅速的提高。三是注重以法治军。吴起主张军队必须"明法审令""以治为胜"。其中，他特别重视"进有重赏，退有重刑，行之以信"，即在战场上，在强敌面前，勇猛前进者，重赏之，以鼓舞士气；惧战退缩者，严罚之，以维护军威；或赏或罚必须践行，绝不食言。

第三，吴起军事理论造诣颇深，撰写了与《孙子》齐名的《吴子》兵法，受到历代中外军事家、政治家们的高度重视。早在战国末年，《吴子》就已经广为流传。《韩非子》说：战国时"境内皆言兵，藏孙吴之兵书者家有之"。大史学家司马迁对吴起及其兵书《吴子》高度评价，将其与孙武及其兵书《孙子》并列，在《史记·孙子吴起列传》中称："世俗所称师旅，皆道孙子十三篇、吴起兵法，世多有，故弗论。"宋元丰年间，《吴子》被收入《武经七书》，定为武学必读之书。在唐代，《吴子》与《孙子》一起流传到日本，仅据书目记载，日本研究《吴子》的就有66家之多。1772年被译成法文，流传到欧洲，被西方人士称为"箴言"和"无价的真理"。现在有日、英、法、俄等多种译本在世界各地流传。

孙膑：军事舞台上的"千古高手"

孙膑是孙武的后世子孙，战国中期齐国人。年轻时，孙膑和庞涓同在鬼谷子门下学习兵法。孙膑谦虚好学，刻苦用功，才智过人，精通《孙子》兵法。后来，庞涓到了魏国，得到了魏惠王的重用，当了将军。但他嫉贤妒能，自知才干不如孙膑，害怕孙膑日后胜过自己，便设计诱骗孙膑到魏国，然后假借罪名，处孙膑"膑刑"，（剔去膝盖骨），使他成了终身残废。

孙膑被处以膑刑后，仍然得不到行动自由，后来在齐国使者的帮助下秘密来到齐国。从此，孙膑以高超的指挥艺术和绝妙的谋略运用而闻名于世，被人们称为军事舞台上的"千古高手"。其中，为历代军事家所赞颂和称道的有以下四事。

孙膑

一曰赛马谈兵。孙膑初到齐国,受到齐将田忌的赏识。田忌是齐威王田齐的亲兄弟,又是赛马场上的竞争对手。田忌赛马曾多次输给齐威王,就请教孙膑,寻找制胜良策。孙膑略加观察后,便让田忌以自己的次等马对齐威王的上等马,以自己的上等马对齐威王的中等马,以自己的中等马对齐威王的次等马。比赛结果,田忌二胜一负,赢得千金。有人说,孙膑此法实际上是开了军事运筹学的先河。齐威王输后十分惊奇,田忌就借机向他介绍了孙膑的军事才能。齐威王立即接见了孙膑,询问兵法,倍加赞赏,于是任命孙膑为军师。

二曰围魏救赵。公元前354年,庞涓率魏军8万进攻赵国,包围了赵都邯郸。次年,赵都危急,齐威王派田忌、孙膑领兵前去救援。田忌主张,直趋赵都邯郸与魏军决战。孙膑认为,魏军进攻已一年时间,其精锐兵力都在邯郸周围,国内兵力一定空虚,不如避实击虚,直趋魏都大梁,迫使魏军撤围回救,然后在魏军回撤途中设伏,给庞涓迎头痛击。田忌觉得有道理,于是按照孙膑的计谋,立即率兵直奔大梁。庞涓得到这一消息后,果然放弃了对邯郸的包围,立即下令回师大梁。魏军刚走到桂陵(一说今山东菏泽西北,一说今河南长垣西北),就遭到以逸待劳的设伏齐军的突然袭击。魏军仓皇应战,难以抵挡,溃不成军,损失了2万人马,庞涓也险些丢了性命。赵国因此亡而复存。孙膑"围魏救赵"的这一战法,受到历代军事家的赞颂。

三曰减灶设伏。魏国于桂陵惨败后,吸取教训,重整旗鼓,企图东山再起,吞韩灭赵,独霸中原。公元前341年,魏王派庞涓率10万大军,1万辆战车攻打韩国。韩国抵挡不住魏军的猛烈攻势,又一次向齐国求救。齐威王再派田忌为将,以孙膑为军师,领兵10万前去救援。经过精心运筹,首先,孙膑又一次采取了不去直接救韩,而是直接攻打魏都大梁的战法,迫使魏军回撤。果然,庞涓闻讯后立即班师回国迎战齐军,并扬言要报桂陵之仇。鉴于魏军实力甚强,求战心切,孙膑又向田忌建议不要迎头硬拼,而是示弱撤退,用减灶之法制造溃败假象,诱敌深入,伺机歼灭之。按照孙膑的建议,齐军与魏军稍一接触就向北退却,第一天设灶10万,第二天减至5万,第三天减至3万。这一次庞涓又上当了。在两军接触的第一天,庞涓发现齐军的锅灶足有10万,心中不免惴惴不安;第二天看到齐军的锅灶减去一半,他又抖起精神,命令士兵加速追赶;第三天齐军的锅灶只剩下3万,庞涓的脸上露出得意的笑容,他骄傲地说:"10万齐军进入魏国才三天,人就逃掉一大半,他们还能打仗吗?"于是,他丢下步兵,亲率轻骑精锐,日夜兼程,穷追不舍。根据庞涓追兵的速度,孙膑料定庞涓天黑时会到达马陵,于是决心在马陵设伏。孙膑挑选万余名弓弩手埋伏在道路两侧,并派人剥去路边一棵大树的树皮,写上"庞涓死于此树之下"八个大字,约定伏兵见到火光立即发起攻击。庞涓夜晚到达马陵,发现道路堵塞,隐约中一棵树上有字,忙举火观看。这时,齐军万箭齐发,伏兵四起,魏军顿时大乱。庞涓自知败局已定,羞愧交加拔剑自杀。齐军乘胜追击,大败魏军后续部队,俘魏国太子申,歼魏军 10 万余人。马陵一战,孙膑高超的指挥艺术再次得到充分发挥。

四曰创立兵法。晚年,孙膑退隐山林,穷毕生心血,发奋著书,终于写出了名垂千古的军事名著《孙膑兵法》。据《汉书·艺文志》记载,《孙膑兵法》共"八十九篇,图四卷"。但遗憾的是,秦汉之后,《孙膑兵法》就失传了。直到 1972 年,才在山东临沂银雀山汉墓出土的竹简中,发现了失传已久的《孙膑兵法》的残简。经专家整理,编纂为《孙膑兵法》,由中国文物出版社于 1975 年公开出版,分上、下篇,各 15 篇,共收 346 简,11000 余字。后来,有关专家又对 1975 年版《孙膑兵法》做了重大调整,移出了原来尚难肯定为孙膑或其弟子作品的下编,修正了上编,并增补《五教法》1篇,定《孙膑兵法》为 16 篇,共收 222 简,近 5000 字,编入中国文物出版社 1985 年出版的《银雀山汉墓竹简(壹)》。今本《孙膑兵法》虽然非原籍,但仍可以看出,它在继承《孙子》《吴子》等兵书的军事思想的基础上,总结了战国中期及其以前的战争经验,提出了一些新的有价值的观点和原则。

白起:"出奇无穷,声震天下"

"出奇无穷,声震天下。"这是大史学家司马迁在《史记·白起王翦列传》中对白起的评价。

白起,究竟有什么军事业绩,让司马迁对他做出如此评价?

白起,战国时期秦国首屈一指的军事统帅。公元前 294 年,白起作为左庶长率秦兵攻韩,拔取新城,显露出过人的军事才华。这年,魏冉向秦王推荐白起为将。从此,白起率秦军征战沙场 37 年之久,攻必克,守必固,"战胜攻取者七十余城",先后歼灭三晋和楚国军队达 100 万之多,因战功卓著晋升至国尉、大良造等职

白　起

位。公元前 278 年,白起被封为武安君,成为秦昭襄王兵出关东,翦灭六国的主要军事统帅。

白起一生,戎马倥偬,战功卓著,其中,最有代表性的军事活动主要有三:

一是中原大战。秦国,原来只是地处西陲的一个小国,后来不断向外扩张,连年用兵中原,南破强楚,东败赵、魏、韩,把势力推进到太行山地区。在这一系列逐鹿中原的战争中,白起几乎无役不为统帅,且无役不获大胜。公元前 293 年,白起率军与魏、韩联军大战于伊阙(山名,今在河南洛阳西南)。此战,白起根据魏、韩两军既联

合更自保的情势,采取集中兵力,先打弱敌魏军,然后用各个击破的战法,一举歼敌24万,连拔城池5座,并俘虏韩军大将公孙喜,迫使魏、韩割地求和。次年,白起又率军伐魏,所向披靡,两年之中,攻取大小城池61座。公元前280年,白起再率军攻赵,大败赵军,夺取光狼城。此后,秦国把进攻重点转向楚国。公元前279年,白起率秦军数万,连克五座楚城;第二年,白起又抓住"楚王恃其国大,不恤其政",而群臣相争,百姓离心,守备松弛等弱点,率军深入楚国腹地,拔取楚都,迫使楚王迁都。在重创楚国后,白起又回师伐魏,于公元前237年,在华阳城下大败魏军,歼敌13万,迫使魏国割让向秦求和。自公元前264年起,根据秦国"逐中原先取三晋,攻三晋先打韩国"的战略方针,白起又率军攻韩,公元前264年,先后歼敌5万,连拔9城,次年,又攻略单阳、陉城等城池,把势力推进到太行山南端。

二是长平大战。公元前262年,为争夺重镇上党郡(今山西长治一带),秦赵之间爆发了战国史上规模最大、死伤最惨的长平大战,白起的军事成就也在这次大战中达到了巅峰。当时的战况是这样的:赵王派大将廉颇驻守长平(今山西高平西北)。廉颇根据彼强己弱的形势,采取了筑垒固守、疲惫秦军的战略。秦军多次挑战,"廉颇坚壁不出",双方处于相持局面。公元前260年,秦国派出间谍,身带千金,到赵国进行反间活动,诱使赵王强行罢免了廉颇的职务,任用只知纸上谈兵、没有实际才能的赵括为将。秦国见赵国落入圈套,便秘密派白起任秦军主将,将此前主将王龁改为副将。白起抵达前线后,决定采取后退诱敌、分割围歼的战法。战役部署是:以原在第一线的部队担任诱敌任务,待敌进攻时,即佯败后退,诱敌脱离壁垒,进入秦军包围圈;以25000官兵为骑兵,部署在壁垒两翼,准备迂回赵军侧后,断其退路,协同主力围歼赵军;以骑兵5000,插入赵军营垒中间,实施分割。赵括不明秦军意图,贸然进攻,果然中计。赵军不仅被分割为二,而且处处受击,粮运被断,退路被切。白起指挥秦军对被困赵军"围而不歼,待其自毙",共达46日之久,而被困赵军内无粮草,外无援兵,饥疲交困。面对窘境,赵括只好组织部队轮番突围,但均被击退,损失惨重。后来赵括亲率精锐做最后突围,结果被乱箭射死。赵军失去主帅,慌乱不堪,无心再战,只好全部投降。长平大战,是白起指挥的一次最出色的战役,他创造了我国古代战争史上大规模歼灭战的范例。但遗憾的是,对于长平大战中赵国的40万降军,白起担心他们将来叛乱,除释放240名年幼者外,其余的全部残酷地活埋了。

三是邯郸大战。经长平大战之后,赵国全国震恐,人心浮动。白起看到灭赵的时机已经成熟,决定乘长平之战的余威,兵分三路,继续打击赵军残余,兵锋直指赵都邯郸。其中,一路由王龁率领,东向越过太行山,攻战武安(今河北武安县西南),直逼赵都邯郸;一路由司马梗率领,北上平定太原郡(今山西中部地区);一路由白起亲自率领,驻守上党,待机进围邯郸。这样,就从战略上形成了由西至东威逼赵国之势。然而,就在此时,秦相范雎出于个人私利,说服赵王停止攻赵,接受赵、韩两国的求和。白起卓绝的攻赵战略就此流产,乘胜灭赵的战机也就此丧失。公元前259年,秦王因赵国未能如约割地,决定再次伐赵,命白起率军出战。白起认为,赵国已恢复元气,又得到其他诸侯国的支援,马上进攻已经没有可能,所以拒不受命。对于白起这一正确的分析和主张,秦王拒不采纳,仍然执意出兵。他派王陵为将,率兵攻赵。结果,连续战败,损失惨重。秦王焦急万分,再次强令白起出兵,白起仍不从命,被秦王革去官职,被逼离开咸阳。范雎又向秦王进谗,说白起愤恨不平。秦王大怒之下,派人赐剑一柄,令白起自杀。一代名将就这样结束了一生。后来,战局的发展,完全不出白起生前所料,这也就进一步证实了白起不愧是一个有远见卓识的军事家。

乐毅:诸葛亮曾经的"偶像"

诸葛亮在"隆中"草庐生活期间,"躬耕陇亩,好为《梁父吟》""每自比于管仲、乐毅"(《诸葛亮集》,中华书局1960年8月版,第16页)。

为什么诸葛亮自比管仲、乐毅?乐毅是怎样一个人?

乐毅,战国中期燕国名将,赵国灵寿(今河北灵寿西)人,魏国名将乐羊后裔。乐毅从小品行端正,聪颖好学,嗜好兵法,为日后走上戎马征战的道路,笃行"免身立功,以明先王之迹"的抱负打下了坚实的基础。由于才能出众和善于用兵,青年时代,乐毅先后在赵国和魏国担任过官职。

乐毅

公元前311年,燕昭王即位,着意克齐兴燕。为改变燕国积弱的局面,创造胜齐的机会,燕昭王命大臣郭隗筑了一座"黄金台",广招天下文武贤才。乐毅慕名前来,得到燕昭王的重用,被任命为亚卿。此后,乐毅辅佐燕昭王励精图治,进行了一系列政治、军事改革,燕国因此实力大增。

然而,当时秦、楚、魏、赵、韩、齐、燕各霸一方,互相攻伐,都想一统天下。其中,以秦、齐二国最强,而燕国则位居七国之末,国小人少。如何克齐兴燕?经过苦心筹划,弱小的燕国,成功地联合秦、楚、魏、赵诸国,发动了一场攻打齐国的大规模的进攻作战,并一举歼灭齐军主力,攻克齐国七十余城。这就是历史上有名的乐毅破齐之战。在这次战役中,乐毅表现出极高的军事智慧,尤其是他制定的攻齐方略,一直被后世兵家所称道。

——孤立齐国,合纵破敌。齐是东方大国,单靠燕国的力量是无法与齐抗衡的。鉴于这种情况,乐毅提出了争取与他国,联合诸侯共同进兵,"举天下而图之"的战略,得到燕昭王的肯定。可是,如何才能争取与他国共同对齐?乐毅和燕昭王、策士苏秦等人经过认真分析运筹,定下了首先诱齐灭宋攻秦,孤立齐国的方略。为了实现这一方略,燕国表面臣服于齐,取得了齐国信任,同时,两次派策士苏秦出使齐国,进行了离间活动,终于使齐王陷入燕的圈套,轻率决定南向灭宋,西向攻秦。齐国南向灭宋,加剧了齐与秦、赵的矛盾,因为齐、秦、赵三国均想染指宋国;齐国西向攻秦,更使齐与秦的矛盾火上浇油;各国则受齐之威胁,也纷纷反齐,齐国陷于孤立。这时,乐毅又提议,趁齐与诸侯不和之机,要加紧"伐交"工作,争取与他国共破强齐。燕昭王再次采纳了乐毅的建议,派遣众使分往韩、秦、魏诸国联络,乐毅也亲往赵国游说,促使赵劝说秦国伐齐。燕国的"伐交"工作取得了预期的效果,很快形成联合攻齐的格局。

——分进合击,战略围歼。公元前 284 年,燕国与赵、秦、魏、韩等国的军队约期会师。乐毅以燕国上将军及联军统帅的身份,兼佩赵国相印,统帅五国联军浩浩荡荡向齐国进发。联军从西方攻入齐国,齐王悉起全国之兵,渡过济水,西进拒敌。双方兵力各约 20 万,在济水之西(今山东高唐、聊城一带)展开了一场大会战。齐军由于连年征战,士气低落,而齐王又以作战不力即斩首、挖祖坟相威胁,更使齐军将士离心、寒心。因此,当联军进攻时,齐军一触即溃,土崩瓦解,主力悉数被歼,齐王率领残军仓皇撤逃。济水之战胜利后,乐毅鉴于当时齐军已被消灭,难以组织有效抵抗的实际情况,果断遣返秦、韩两国的军队,同时让魏军攻占宋国的故地(宋国已亡,故地被齐占领),让赵军去攻取河间,免得诸国继续分享伐齐的胜利果实。尔后,他针对齐国兵力空虚、主力被歼的恐惧心理,指挥燕军长驱直入,直捣齐都临淄(今山东淄博东北)。攻克临淄后,乐毅根据战局的发展,进一步制订了彻底歼灭齐国军队,占领整个齐国领土的作战计划。他决定,兵分五路,对齐军齐国实施分进合击,战略围歼。五路大军进展顺利,不到半年时间,连下齐国 70 余城,仅剩莒和即墨(今平度东南)二城未破。至此,乐毅灭齐之战胜利结束。

——文武兼施,怀柔制胜。乐毅既是一个杰出的军事家,又是一个高明的政治家。他清醒地认识到人心向背对于战争的胜负的决定性作用,因此在实施军事进攻的同时,十分重视争取人心。济水大战之后,乐毅在分析齐国国内的形势时,就曾强调指出:"齐政令戾虐,百姓怨怒。今军皆破亡,若因而乘之,其民必叛,祸乱内作,则齐可图也。若不遂乘之,待彼悔前之非,改过恤下而抚其民,则难虑也。"可见,他是把政治修明与否,民众归附与否,作为战争力量强弱的首要因素来考虑的。入齐之后,乐毅严明军纪,禁止掳掠,宽赋敛,除暴政,因而收到了较好的效果,保证了军事活动的进展。攻破临淄之后,乐毅率燕军对齐国的最后二城莒和即墨实施围困。由于莒和即墨军民顽强抵抗,一时没有攻占。乐毅认为,即使强攻下来,其民未服,也难以据守。所以,他决定采取攻心为上,怀柔制胜的战略,把围城部队撤到距两城9公里的地方构筑营垒,规定燕军不抓从城中逃出的齐民,赈济城中难以生计的齐民,希望通过这些怀柔措施,争取莒和即墨两城守军放下武器,自行投降。后来由于燕国国内形势发生变化,乐毅遭谗去职,未能最后攻克莒、即墨二城。

赵奢:从食客、平民到名人、名将

战国末期,赵国国君赵惠文王是中国历史上首倡"胡服骑射",实行重大军事改革的赵武灵王之子。与老子相比,赵惠文王本人似乎没有什么才干,但他选贤任能,手下集中了一大批人才,其中的佼佼者便是所谓的"赵国四大名人",包括养食客数千人的平原君赵胜,以完璧归赵而名扬天下的蔺相如,与蔺相如发生过"将相和"故事的老将廉颇,还有一个就是平民、食客出身的马服君赵奢。

年轻时代,赵奢曾以一个平民的身份投在平原君赵胜的门下做食客。后来,由于平原君的保荐,他才当了田部吏(主收田赋)的一个小官。然而,短短数年之后,他先是因政绩蜚然被提升为治理全国赋税的总管,后又因战功卓著被封为马服君,与廉颇、蔺相如同位,并被冠以"赵国四大名人"的美名。

平民、食客出身的赵奢为什么能在短短的时间内迅速崛起,并跻身于"赵国四大名人"的行列?他治国治军及其成长崛起的"秘诀",概括起来,似乎很简单,就是以下12个字:

——"上下平"。赵奢治国治军的基本主张是"上下平"。所谓"平",就是相对平等,公平无私。他以此治赋而国富,以此治军而军强,以此指挥打仗而得部下效力。可以说,赵奢就是由此起步,以此成功的。做田部吏时,赵奢曾到平原君家收租。平原君赵胜,既是赵王之弟,又曾三次做过赵国宰相,而且还是赵奢的"大恩人",赵奢似乎应该对他另眼看待,报知遇之恩。但赵奢则不然。因平原君家不肯出租,他连杀其9个家人。平原君听说此事非常恼怒,要杀赵奢。赵奢义正词严地对平原君说:"您是赵家的贵公子,却纵容家人不奉公守法,如此下去,法律就会受到损害;法削则国弱,国弱诸侯就会加兵于赵,到那时赵国也许就不存在了,您还能享此荣华富

赵 奢

贵吗?以您的尊贵,奉公守法则意味着上下平,上下平则国强,国强则赵固。"听完赵奢这一番话,平原君不仅怒气全消,而且以赵奢为贤才,再次向赵王荐举。赵王马上任赵奢为治理全国赋税的总管。赵奢坚持以"上下平"理财,时不逾年,赵国"国赋太平,民富而府库实",国家经济出现了少有的好形势。后来,赵奢担任了将军,仍一如既往地坚持"上下平"的原则。例如,在选人用人的问题上,他就非常注意唯才是举,公平不偏。军士许历在阏与(今山西和顺)之战中曾向他进献良策,战后他就向赵王举荐其功,将许历破格提拔为国尉。而对自己的儿子赵括,赵奢认为他是一个空谈家,绝不能委以重任;如果以赵括为将,必将导致赵军破败。后来的长平之战,赵括兵败身亡,赵奢不幸而言中。

——"勇者胜"。"勇者胜",这是赵奢在几十年戎马生涯中始终坚信的一条原则,也是赵奢在几十年戎马生涯中反复实践的一条原则。公元前269年,秦国大军出兵攻韩,并以重兵围困了赵国要地阏与。赵惠文王紧急召集群臣商议对策,廉颇和乐乘等重将都以道远而险为由,反对出兵救援。唯有赵奢认为阏与应救、必救。他认为:"道远险狭"这些客观条件,对作战双方说来有时是相同的,犹如两只老鼠在穴中争斗一样,勇敢者即可取胜。"狭路相逢勇者胜"的成语便来源于此。与此同时,赵奢还主动请战,勇敢地挑起了援救阏与的重任。公元前265年,燕兵攻赵。赵王割让大片土地给齐,请齐将田单率赵军反击。赵奢对平原君赵胜说:田单败,有害于赵;田单胜,也不会尽力攻燕以使赵国强大。他很可能采取旷日持久、既弱燕又削赵的策略,以保齐霸主的地位。因此,赵奢非常生气地质问赵胜:"你为什么不用我赵奢为将?我曾'抵罪'在燕居住,当过上谷守,熟悉那里的通谷要塞。让我为将,百日之内,天下之兵未聚,就可把燕消灭了!"平原君没有采纳他的意见,但后果则正如赵奢所料。赵奢临危而勇任、临难无苟免的高尚武德,于此可再见一斑。

——"尚奇谋"。赵奢指挥作战十分注重以奇谋取胜。他善于实施战术欺骗,隐蔽自己的力量和企图;强调军队行动迅速,出其不意;讲求地利,因势定谋。阏与之战,生动地体现了赵奢"尚奇谋"的作战特色。例如,赵奢领兵出救阏与,但从邯郸出发30里就下令安营扎寨,并下令军中:"有以军事谏者死!"这时,秦军已至武安,击鼓呐喊,"武安屋瓦尽振"。有人建议"急救武安",赵奢立即将他斩首。就这样,赵奢驻扎了28天,从而造成赵军怯战、唯邯郸是守的假象。秦将摸不透赵奢的意图,便派了一名探子混进了赵军营地侦察。赵奢将计就计,派人好生招待,还故意对探子说:"俺们元帅害怕秦军,哪敢去救阏与!"秦军探子回去报告后,秦军更加放松了警惕。而赵奢在秦军探子走后,立即下令拔营向西急进,迅速抵达距阏与50里处。在这里,赵奢下令抢筑工事,伺机向阏与进发。被抛在武安的秦军听说赵奢已到阏与附近,如梦方醒,慌忙调集兵力奔向阏与。这时,赵军一军士许历向赵奢建议:一方面要严阵以待,挫败赵军锐气,另一方面要先敌占领阙与制高点北山。赵奢采纳许历的建议,立即发兵万人抢占了北山。秦军到达后,拼命争夺北山,但因地形不利,几次攻击均无奏效。赵奢见秦军锐气已尽,立即下令全线反击。这时,山上赵军精锐有如猛虎下山冲向秦军,山下赵军主力则山呼海啸般地向上猛攻。秦军经不起如此猛烈的打击,伤亡惨重,四散溃逃,大败而归。就这样,赵奢顺利地解除了阙与之围。

——"主用众"。所谓"主用众",就是主张和注重在战争中集中优势兵力。赵奢在他戎马生涯中,十分重视"用众"这一原则,并把其作为基本的战争指导原则。赵奢和田单谈论兵法时,曾专门讨论了这一话题。一天,田单对赵奢说,他读过赵奢的兵法,除对"用众"不赞同外,其他都表示佩服。他认为,"用众"会使民不得耕作,租税减少,军粮供应困难,是"坐而自破之道"。他还说,过去帝王用兵,所用不过 3 万就可征服天下;而你赵奢却主张用兵必须 10 万、20 万之众,不能让人服气。赵奢对此进行了反驳。他认为,田单不但对军事不精通,而且还不明时势。吴国的干将之剑可以断牛马、截铜器,但用来砍柱子,就会自折为三,如果劈巨石,则会碎而为百。在当今情势下,以 3 万之众而应强国之兵,如同以剑砍柱击石一样。接着,赵奢又向田单详细阐述了时势变化同作战方式、战争规模之间关系。他说,过去,四海之内分为万国,即使大城,也没超过 300 丈的;人多的,也不过 3000 家。用 3 万人攻这样的城,当然不难。现在不同了,天下分为七国,每国数十万之兵,战争规模大,持续时间长。比如你们齐国,以 20 万之众攻楚,打了 5 年;赵以 20 万之众攻中山,也打了 5 年。现在齐、韩两国相互围攻,有谁敢说用 3 万人就可以援救他们呢?在千丈之城、万家之邑相望的情况下,用 3 万之众围城而想不遗其一角,是不可能的。攻城不能合围,野战兵力不足,你将如何处置?田单听后,自叹不如,表示诚服。

王翦:"老谋深算"拔头筹

司马迁在《史记》中说:"秦始皇二十六年,尽并天下,王氏、蒙氏功为多,各施于后世。"其中的王氏指的就是先后率军攻灭赵国、燕国和楚国,为秦王朝统一天下立下汗马功劳的秦军名将王翦。

王翦,战国末年频阳东乡(今陕西富平东北)人,长期在秦国任将军。他之所以为秦王朝统一天下屡立奇功,"名施于后世",主要得益于他用兵指挥的"老谋深算"。他的这一特点,突出地表现在秦国灭赵、灭楚的战争中。

公元前 236 年,赵国同燕国发生战争。秦王认为有机可乘,便以救燕为名,命王翦和桓兵分两路进攻赵国。王翦亲率秦军主力,首战阙与告捷,顺势又取撩阳(今山西左权),接着连拔赵国九城。在作战间隙,王翦积极整顿军队,裁减老弱残兵,征调

王翦

青壮年入伍,大大增强了秦军的战斗力。但这时赵军易帅换将,由名将李牧全面主持抗秦战争。李牧足智多谋,连续挫败了秦军的两次攻赵行动。

公元前229年,王翦第三次领兵攻赵。赵军占据有利地势,又采取了坚固防守、持久消耗的战略,致使双方处于相持胶着状态。这显然对远离本土的秦军是非常不利的。于是,王翦使用"反间计",以重金收买了赵王宠臣郭开,让他到处散布谣言,诽谤李牧和司马尚要叛变造反。赵王果然中计,派不懂军事的赵葱以及齐将颜聚代替李牧、司马尚。王翦的这一招"反间计",搅得赵军人心浮动,阵脚大乱。王翦抓住时机,突然发起全面攻势,大破秦军,击杀赵葱;接着又一举攻克赵都邯郸,俘获赵王迁,把建国200多年的赵国彻底灭亡。

公元前225年,秦王又发起了灭楚战争。战前,秦王问年轻壮勇的李信:"我想攻取荆,依你看需要多少人马才够?"李信回答:"不过用20万人。"接着,秦王又问王翦,王翦说:"非60万人不可。"秦王武断地认为:"王将军老了,竟然这样胆怯!李将军果势壮勇,他的话是对的。"因而任命李信为将,率军20万攻打楚国。其实,王翦的"非60万不可"的主张,是建立在对秦楚双方战争力量对比的周密分析的基础上的。从当时情况看,楚国是大国,地广人多,兵力雄厚。早在春秋时代,就问鼎中原,称霸四方。战国中期以后,虽兵挫地削,日渐衰弱,但仍具有相当的军事力量,是当时唯一能同秦国较量的国家。秦灭掉燕、韩、赵、魏后,楚国感到形势岌岌可危,更是举国上下同仇敌忾,决心倾全国之力同魏国决一死战,以挽救危局。况且,楚国尚有良将项燕,不可小视。因此,王翦提出的以优势兵力对楚作战的主张,不是畏敌,而是胜算。王翦见秦王因胜而骄,鄙视自己,不纳良策,就称病离职,告老还乡了。

李信率20万秦军分兵两路攻楚,初战打了胜仗。于是李信又挥军西进,准备攻打城父(今河南平顶山市北)。项燕率领楚军,在秦军攻城略地时一直尾随其后,伺机而动。当秦军会师城父、立足未稳时,项燕率领楚军经过三天三夜的强行军,出其不意地从背后发起攻击,大败秦军。

秦王见李信战败,追悔莫及。他亲自去频阳请王翦,诚恳地对王翦说:"我悔不听将军之言,导致秦军大败。现在楚军正向西逼近,威胁秦国,将军虽然有病,但能丢下我不管吗?"王翦见无法推辞,便说:"实在要臣去,非给我60万人马不可。"秦王立即表示同意,并亲往距秦都咸阳70余里的灞上为王翦送行。

60万大军,这几乎是秦国的全部军队。王翦手握重兵,深恐秦王猜疑。因此,当秦王来灞上送行时,王翦故意请求秦王赐给大量的田宅园地。秦王不解地问:"将军出征,还怕家里贫穷吗?"王翦说:"作为大王的将领,有功也不能封侯,我想请大王赐点田宅作为子孙的产业。"在部队就要出关时,王翦又连续五次派人回咸阳向秦王要求赐封良田美宅。有人对王翦说:"将军这样乞求赏赐,未免太过分了吧?"王翦私下对亲信解释说:"秦王多疑,现在把全国的军队几乎都交给我指挥,我如果什么都不要,他肯定不放心,会怀疑我的忠诚。"从这里可以看出,王翦乞封,可谓用心良苦,更可谓"老谋深算"。他的本意并不在福荫子孙,而是为了表示自己忠于秦王,没有叛逆之心,借以消除秦王的疑忌。只有这样,他才能放手指挥作战,保证对楚战争的顺利进行。

楚王闻知王翦率领大军来犯,也倾国中之兵,命项燕率军同秦军决一死战。王翦见楚军将士如云,士气旺盛,战势汹汹,而己方经长途跋涉,将士疲惫,便采取了"坚壁而守,伺机攻破"的作战方针,任凭楚军骂阵挑战,始终闭营不出。楚军因寻不到战机,斗志松懈,拔营向东转移。王翦见楚军脱离阵地,便乘机挥兵追杀,至蕲(今安徽宿县南)以南,杀死楚将项燕,大败楚军。秦军乘胜向楚国纵深推进。第二年,王翦又与蒙武协同作战,生俘楚王,将楚地纳入秦国的版图。

蒙恬:修筑长城的始者

人们常说秦始皇修长城,其实,真正主持修长城的不是秦始皇而是蒙恬。

蒙恬,生年不详,死于公元前210年。他的祖先本是齐国人。祖父蒙骜从齐国到秦国,官至上卿,后为秦将。父亲蒙武,于公元前224年,即秦始皇二十三年,被任命为将军。蒙恬的祖父和父亲在秦国兼并战争中攻城略地,伐韩、攻赵、败魏、破楚,立下赫赫战功,堪称军事世家。

公元前221年,蒙恬被秦始皇封为将军,开始了他的军事生涯。当时,诸侯战争已接近尾声,全国统一大势已定。在最后的灭齐战争中,蒙恬协助王贲采取迂回合围战法一举获胜,迫使齐王献地投降,在战争舞台上崭露头角。

秦王朝建立以后,下令"收天下兵聚咸阳",出现了一派马放南山、刀枪入库的和平景象。中原战势虽已沉寂,但秦朝北部边疆仍不安宁。于是,秦始皇便派蒙恬率

蒙 恬

兵戍边,抗击匈奴,镇守北部边防。

匈奴是一个以游牧为特点的民族,他们以骑射著称,"士力能贯弓,尽为甲骑"。在作战时,多以分散小部队出击,善于游动,来去迅捷;作战勇猛,短于攻坚,长于野战。当时,分布在北部地区的匈奴,乘秦国大举用兵中原之时,沿黄河河套不断深入,有时兵锋所至,距离咸阳仅数百里,对秦北部边疆的安全构成重大威胁。

蒙恬率兵戍边共长达 10 年时间。在这期间,他采取了四大战略措施,"修长城"便是其中之一。

第一项措施是"逐匈奴"。公元前 215 年,蒙恬率军 30 万,从咸阳出发,沿黄河北进,一路上,"覆军杀将系虏单于",迫使匈奴部落纷纷降服,很快占领了榆中(今内蒙古伊金霍洛旗及陕西榆林一带)。头领单于见秦军锐进,仓皇北逃。蒙恬率军一鼓作气,乘胜追击,"却匈奴七百余里",夺取了黄河南岸全部地区(亦称"河南地")。第二年,蒙恬又率军北渡黄河,占领了高阙(今内蒙古潮格旗南)、北假(今内蒙古乌加河一带),控制了阴山和阳山之间的孔道。匈奴因受到秦军的沉重打击,北走大漠,民"不敢南下而牧马,士不敢弯弓而报怨"。蒙恬在一年多的时间里,北逐匈奴,大获全胜,不仅为秦朝"辟地千里",而且控制了边疆要塞,稳定了秦王朝北部边防。

第二项措施是"治边疆"。蒙恬率军开辟的"河南地",虽有千里之阔,但人烟稀少,土地贫瘠。在这距咸阳千里之遥的边防线上驻扎大量军队,军需补给十分困难。为了解决军需,巩固边疆,蒙恬在戍边过程中始终注意对边疆的开发和治理。他将所有新辟之地作为"新秦地",划分为 34 个县,统属九原郡,并建立了一套治理边防的行政机构;他还陆续发遣三万多名罪犯以及调来大批移民到兆河、榆中一带进行垦殖,发展经济,使这一地区的农牧业生产逐步发展起来。所有这些,对于边防的加强起到了积极、重要的作用。

第三项措施是"筑驰道"。为了加强边疆与内地的联系和往来,蒙恬还征调大量劳工,自咸阳向北开辟了一条驰道。这条几乎沟通今内蒙古、陕西腹地的驰道,把京城咸阳和北部边关连在了一起。据《资治通鉴》记载,这条驰道,"道九原(今包头市西北),抵云阳(今陕西淳化县西北),堑山堙谷,千八百里"。"筑驰道",不仅克服了"新秦地"交通闭塞的困境,加强了北方各族人民经济、文化的交流和融合,更重要的是对于调动军队,运送粮草器械物资具有重要的军事战略意义。

第四项措施便是"修长城"。在戍边期间,蒙恬根据"用险制塞"以城墙制骑兵的战术,调动几十万军队和百姓,用了数年的时间大"修长城",把战国时秦、赵、燕三国北部的防护城墙(即秦长城、赵长城、燕长城)连接起来,并重新加以整固、增修和扩建,终于建成了西起临洮(今甘肃岷县),东至辽东,巍峨蜿蜒,雄伟壮观的"万里长城"(实则5000公里)。而后,又修直道,由九原(今包头西南)到甘泉(今陕西淳化西北),凿山填谷,长1800余公里(一说未竣工),可见,在修筑万里长城的壮举中,蒙恬是主角,起了主要作用的。而蒙恬所主持修筑的长城,对于当时直至后来历代王朝防御北方少数民族入侵也都具有重大的战略意义。西汉名臣主父偃称长城为"灭胡之本";明朝边臣余子俊说长城是"不战而屈人之兵之计"。总之,历代军事家对长城的作用多以赞许。

由于蒙恬在戍边期间采取了"逐匈奴""治边疆""筑驰道""修长城"等四大战略措施,因而有效地巩固了秦朝的北部边防,深受秦始皇的宠爱和信任。秦始皇临死前还特别遗书长子扶苏,要他"以兵属蒙恬",把整个秦王朝的兵权交由蒙恬掌管。可是,秦始皇死后,宦官赵高扶秦二世胡亥篡权,杀害了扶苏;他又自料一切"皆不及蒙恬",于是在大批诛杀旧世忠良的同时,先害了蒙恬的弟弟蒙毅,又假传秦始皇手谕,逼蒙恬自杀。10年戍边在外的蒙恬,捧着皇帝的"赐书"忧愤不解。公元前210年,蒙恬怀着满腔忧愤,被逼死于阳周(今陕西绥德县西)。

项羽:"身经九十余战,所当者破,未尝败"

宋代著名的女诗人李清照在目睹金兵南下、中原沦陷、国破家亡的情景后,写下了"生当作人杰,死亦为鬼雄。至今思项羽,不肯过江东"的千古绝唱。

在这首名垂青史的千古绝唱中,作者一方面用悲怆哀婉的诗句表达了她对项羽这位失意英雄的敬仰和同情,另一方面又借项羽"不肯过江东"的故事来抒发她忧国忧民的悠悠之情。

项 羽

诗人李清照为什么如此敬仰和同情项羽,为什么要借项羽的故事来寄托她忧国忧民的情愫?李清照笔下的项羽,究竟是怎样一个"人杰""鬼雄"?

项羽(公元前232年~前202年),名籍,字羽,下相(今江苏宿迁西)人,楚国名将项燕之孙。

少年时代,项羽既不喜欢学书法,也不用心练剑术。叔父项梁责骂他,他说:"学书法只能记姓名,学剑术只能同一人斗,不值得学,要学就学'万人敌',即能抵挡上万人的本领。"项梁见项羽出口不凡,就决心教他学习兵法。随着年龄的增长,项羽日益勇武,志向和抱负也愈来愈大。一次,秦始皇巡视南方,项羽指着秦始皇脱口而说:"彼可取而代也。"项梁见侄儿有如此大志,惊诧不已。

公元前209年,陈胜、吴广在大泽乡"揭竿而起",点燃了农民起义的烈火。同年9月,项羽也随同项梁在吴中举兵起义,率领8000子弟兵渡江北上;不久,英布、吕臣、刘邦等起义军也纷纷投入项梁、项羽麾下,他们的队伍很快发展到十几万人。为了进一步号召广大民众和多路义军,项梁和项羽采纳谋士范增的建议,拥立前楚怀王的孙子为王(仍称楚怀王,后改称义帝),建都于盱眙。从此,秦末农民起义战争进入了一个新阶段。

然而,当时秦朝的军队还是很强大的。在秦将章邯的率领下,秦军向关东起义军发起大规模的反扑。不到4个月的时间,秦军就将陈胜起义军的各路主力一一击灭,其他起义群雄和六国旧贵族建立的齐、赵、燕、魏等国也岌岌可危。不久,章邯又率军突袭定陶的楚军,项梁仓促应战,不幸身亡,楚军主力被歼,关东各反秦势力再次陷入严重危机之中。

接着,章邯又率军北上,大破赵军,围赵王歇于巨鹿(今河北平乡西南)。赵国的存亡关系到关东义军的共同命运,因而各路反秦势力纷纷派兵救赵。楚怀王见秦军主力远在河北,关东空虚无备,决定一面派兵北上救赵,消灭秦军主力,一面派兵入关,乘机摧毁秦朝统治中心。于是,命宋义为上将军、项羽为次将军,率主力北上救赵,另派刘邦率一部兵力向关东进军,并约定:"先入关者王之。"然而,宋义畏敌如虎,行至安阳(今山东曹县东北)驻军46日不敢渡河,并以违令必斩相威胁。当时,巨鹿危在旦夕。项羽拔剑而起,于朝会时杀掉宋义。接着,项羽先派兵2万渡河,切断秦军的粮道;然后亲率全军渡河攻秦。为激发楚军斗志,渡河后,项羽下令沉掉船只,打碎釜甑(即炊具),烧毁营舍,每人只带三天干粮。这就是历史上有名的"破釜沉舟"的故事。而后,项羽身先士卒,杀向巨鹿。他先以主力围攻秦军王离部,九战九捷,另以奇兵绕到敌后,断其粮道,大破秦军。秦将王离被俘、苏角被杀、涉间自焚、章邯败退。那些畏敌如虎,退缩观战的各路诸侯,无不被惊服震恐。巨鹿之战后,他们去拜见项羽,个个屈膝跪行,不敢仰视,都表示接受项羽的指挥。项羽又以"诸侯上将军"的身份统帅义军南下,于第二年逼降章邯及所部20万秦军,取得了决战的最后胜利。至此,秦朝的灭亡已成定局。

项羽消灭了秦军主力后,即率诸侯军向关中挺进。不料,刘邦军已经捷足先登,进入咸阳了,原来,当项羽在巨鹿与秦军主力鏖战时,刘邦则乘关中秦军空虚和秦廷一片混乱之际,引兵西进,轻松顺利地进入武关,抢先占领了咸阳,并派兵闭关据守,拒纳诸侯。项羽勃然大怒,立即破关而入,进驻鸿门,准备一举攻歼刘邦。这时刘邦拥军10万,而项羽有40万大军。刘邦自知不敌,便在张良等人的谋划下,亲赴鸿门赔罪求和,假意屈服。谋士范增一再指出,刘邦志在夺取天下,必须根除后患,并暗中做了一番安排，但项羽经不住刘邦的几句好话，在鸿门宴上轻易放过了刘邦。这乃是历史上有名的"鸿门宴"。

这时，项羽实际上已控制了全国的政权。但他不懂得如何巩固自己的权力，怎样建设一个统一、强盛、繁荣的国家，而是自恃功高，姿意忘为。他在咸阳纵兵烧杀，掠取财宝；他自作主张，大搞割地分王，分封了18个诸侯王，并自封西楚霸王，建都彭城（今江苏徐州），形成封建割据；他不仅杀掉秦王子婴，而且将楚怀王（义帝）杀掉。这些做法，使项羽大失民心，同时也为新割据混战播下祸种。

分封之后，项羽及各路诸侯罢兵关中，各自回国。很快，割据战争爆发，田荣、陈余、彭越等人因未被封王等原因，纷纷自立为王，起兵反楚。其中，田荣齐反楚，而齐地毗连彭城，对项羽威胁甚大，于是项羽发兵首先反击田荣。在齐地，项羽军队烧杀掳掠，激起齐国人民的反抗，陷入难以自拔的泥潭之中。这时，被封为汉王的刘邦见项羽亲自领兵攻齐，彭城空虚，乘机起兵，并联合各诸侯军队56万人，打着给义帝复仇的旗号共同讨伐项羽，很快占领楚都彭城。鉴于两面受敌的形势，项羽并未惊恐，他一方面命诸将继续攻齐，另一方面亲率3万精兵回救彭城。以3万对56万，这是不堪设想的，但在项羽指挥下竟获得奇迹般的成功。他率军经一夜急行进击萧县（今安徽萧县西北），切断汉军退路，随即由西向东发起猛攻，仅用半天功夫便大破汉军，将汉军压缩于谷水、泗水交汇处。汉军陷入绝境，被歼及落水而死者10余万人。楚军接着又继续追击南逃的汉军，在彭城西南附近又消灭汉军10余万人，而落水（睢水）溺死者则不计其数。刘邦丢下父亲和妻子吕雉，只率数十人突出重围，逃回荥阳。这就是历史上著名的彭城大捷。

彭城大战后，刘邦逃至成皋、荥阳，得到关中部队的增援，韩信等将领也前来会合，局面得到改善。这时，张良、韩信等人为刘邦制定了"据险扼守成皋，阻止项羽西进；在持久作战中消耗对方，伺机反攻；彭越、韩信等人从后方、右翼、左翼等方向袭扰、牵制、进攻项羽"的新战略。于是，楚汉战争进入了相持阶段。楚汉两军在成皋一带对峙了两年之久。在这期间，楚军曾连续发动三次攻势，都无功而返；而汉军从正面、侧后和两翼战场夹击楚军，连获胜利，逐渐掌握了主动权。汉高帝四年八月，项羽无力再战，主动求和，提出以鸿沟为界，与汉"中分天下"，随后就引兵东撤了。

刘邦看到灭楚的时机已经到来，在张良、韩信等人的策划下，于汉高帝五年十月发起战略反攻。反攻中，曾一度被项羽击败，但刘邦使用"缓兵之计"，很快调来韩信、彭越、英布等各路大军，于同年十二月以绝对优势兵力将楚军团团包围于垓下（今安徽灵壁东南）。此时，10万楚军已兵疲粮尽，士气低落。夜里，汉军在四面唱起了楚歌，楚兵听到乡音，更加悲观绝望。项羽知大势已去，与虞姬在营帐内慷慨悲歌。项羽唱道："力拔山兮气盖世，时不利兮骓不逝。骓不逝兮可奈何？虞兮虞兮奈若何！"虞姬含泪和曰："汉兵已略地，四方楚歌声。大王意气尽，贱妾何聊生！"唱罢，虞姬自尽，项羽率800壮士连夜突围。逃至东城（今安徽定远东南），只剩28人，而汉军数千追兵又尾追而至。项羽对随从说：我身经七十余战，所向披靡，没有打过败仗。不料今天却被困于此，"此天之亡我，非战之罪也"。说罢，率军又冲向汉军，杀敌近百人，己方仅亡2人。然后，项羽等人又策马东行，来到乌江（今安徽和县东北）边。乌江亭长拢船靠岸，劝他渡江，重整旗鼓。项羽深感"无颜再见江东父老"，不愿渡江而去。他谢过亭长，回身又与追敌做最后拼杀，连斩汉军数百人，最后拔剑自刎。

项羽虽败，但他那非凡的英雄气概和杰出的军事指挥才能，以及在秦末农民起义战争中建立的历史功绩，都将永远彪炳于中国军事史册。

韩信：将兵百万，屡战皆捷

韩信是秦末淮阴（今江苏淮阴西南）人，父母早亡，家境贫寒。他既不会经商，又不会务农，少年时常靠乞食度日。不久，陈胜、吴广掀起了声势浩大的秦末农民大起义。韩信也带着宝剑，投奔了项梁、项羽的队伍，但一直没被重用。两年后，他又改投刘邦。经过多次自荐，韩信好不容易才当了一个管理粮草的小官，有一次还差点因发牢骚被处死。韩信感到很失望，很苦恼。一天夜里，他溜出军营，不辞而别。刘邦的丞相萧何听说韩信逃走，来不及向刘邦打招呼，就追了出去。一直追了两天，终于追上了韩信，并把韩信追了回来。这就是"萧何月下追韩信"的故事。

韩 信

萧何身为刘邦的大丞相，为什么跑了那么多将士不追，偏偏要月下追回粮草小官韩信？韩信有何德何能呢？

萧何追回韩信后，向刘邦道出了其中的缘由。他说："诸将易得耳，至如信者，国士无双。王必欲长王汉中，无所事信；必欲争天下，非信无所与计事者。"意思是，韩信是个十分难得的军事奇才，要争天下，必须拜韩信为大将。刘邦听后，采纳了萧何的意见，亲自登坛拜韩信为大将。

韩信果然不负重望。登坛拜将之后，韩信不但为刘邦谋划和制定了夺取天下的军事战略，而且身率大军导演了许多精彩绝伦、名垂千古的战争"话剧"，为刘邦争

夺天下做出了决定性的贡献。正如大史学家司马光所说:"汉之所以得天下者,大抵皆信之功也。"因篇幅所限,这里仅举四例:

例一:明修栈道,暗度陈仓。刘邦被封为汉王,进驻关中时,曾烧毁了关中到汉中的栈道。这样的目的,一是表示不再东归,让项羽放心,麻痹项羽;二是杜绝关中与汉中的出入,防止雍王章邯等人袭击。这年8月,刘邦见项羽亲自领兵攻齐,楚都彭城空虚,决定乘隙东进,"争权天下"。韩信献上一计叫作"明修栈道、暗度陈仓":首先派出部分兵卒,去佯修栈道,大军则悄悄从南郑出发,潜出故道,直指陈仓。章邯得知一些汉兵在修栈道,便大笑道:"既想出兵,何以又烧栈道?现在重修,栈道三百里,尽是悬崖峭壁,何年何月,方能修成?真笨贼也。"说完,又问韩信何人,左右忙把韩信的历史说明,他又大笑道:"胯下庸夫,有何将才。"于是毫无防备。8月中旬,有人报告,汉兵已到陈仓,章邯说,栈道并没修好,汉兵从哪里出来的?这根本不可能。不久,忽有陈仓败兵逃至废邱,章邯方知中了韩信的"奸计",于是慌忙引军迎战。然而,这时战机已失。在韩信的指挥下,汉军一出陈仓,便兵分三路,迅速推进,势如破竹。雍王章邯很快被汉军打败,拔剑自刎。翟王董翳、塞王司马欣,本都是章邯手下的属将,闻知章邯兵败自杀,便先后向汉军投降。这样,三秦之地,不到一个月全归了汉王刘邦。

例二:临晋设疑,夏阳偷渡。三晋平定之后,汉王刘邦调集56万人马,浩浩荡荡直取楚都彭城。项羽闻讯,率3万精兵,在谷水、泗水、睢水大破汉军。汉军死伤20余万,刘邦只带领几十人逃出重围。这时,原先归顺汉王的翟王、塞王、齐王、魏王等人都相继"变节",反对刘邦而与项羽合作,局势十分危急。公元205年8月,刘邦任命韩信为左丞相,率军攻打魏王,以首先解除汉军的侧翼威胁。为阻止汉军渡河攻魏,魏王豹将主力部署于地势险要,易守难攻的蒲坂(今山西永济西)。蒲坂在黄河东岸,同西岸的主要渡口临晋相对,是攻魏的必经之地。韩信见魏军正面有重兵防守,从临晋强渡黄河已不可能,于是采取了"临晋设疑、夏阳偷渡",声东击西、避实击虚的战法,把船只和兵力集中起来摆出要由临晋渡河的架势,而在暗中调集主力,出其不意地从夏阳(今陕西韩城南)用木罂(用木条缚扎陶瓮而成的临时渡河工具)偷渡过河,然后直奔魏军的后方安邑(今山西夏县北)。而魏王豹见韩信在临晋布下重兵,沿岸摆列无数战船,料定汉军必由此渡河,于是集中兵力,严加防守。就这样,汉军出其不意地渡过黄河,迅速占领了魏城安邑。魏王豹得报后,大吃一惊,方知中计,慌忙引兵赶到安邑,迎击韩信,结果被韩信杀得大败。不久,韩信又俘虏了魏王豹,并平定了魏地,在那里建立了河东郡。这一战,不仅解除了汉军的侧翼威胁,扩大了汉王的势力范围,而且为汉军主战场的作战建立了一个极其重要的支援基地。

例三:背水列阵,拔旗易帜。平定魏国之后,韩信又率领 2 万汉军东征赵国。赵王歇与将军陈余闻讯后立即率 20 万大军在井陉口(今河北获鹿西)据险设防,严阵以待。井陉口乃太行山八大隘口之一,地形险要,易守难攻,它既是历代兵家必争之地,又是东西必由之途。很明显,当时的形势对韩信非常不利。韩信率军在距井陉口 30 里处安营扎寨,经过分析运筹,韩信做出如此部署:派轻骑 2000 人,每人带一面汉旗,于深夜绕至赵营附近山间埋伏待机,第二天,赵军倾巢出动时,趁机冲进赵营,拔赵旗竖汉旗;再派 1 万兵力于凌晨进至绵蔓河东岸,背水列阵,伺机破敌;自己率部分兵力大张旗鼓,阵前向赵军挑战。第二天拂晓,韩信传令三军:今天破赵后会食(会餐)。将士们听后,都不敢相信,但又只得齐声应令。天明之后,韩信亲率部分汉军,击响战鼓,向井陉口发起攻击,赵军立即出兵迎战。打了一阵后,韩信佯装抵挡不住,命将士丢旗弃鼓,纷纷向绵蔓河退去。赵军哪肯轻易放过,一见韩信军队后撤,即刻倾巢出动,追杀过来。这时,绵蔓河岸的汉军,背靠河水,后退无路,只有拼死向前,因而个个以一当十,拼力死战;同时,深夜埋伏在赵营附近的 2000 名汉军见赵军倾巢出动,迅速冲进赵军营中,拔掉赵旗,换上汉旗。赵军久战不胜,正准备收兵回营,忽见营中插满汉旗,以为汉军已攻占赵营,顿时军心大乱。韩信乘势反击,全歼赵军,陈余被杀,赵王被擒。战后,有人问韩信为什么要背水列阵,韩信回答:兵法上说不能背水列阵,但也说"陷之死地而后生,置之亡地而后存",这一战敌众我寡,只有背水列阵,自绝后路,才会人人奋战,死里求生。

例四:半渡诱敌,半渡歼敌。井陉之战刚刚落下帷幕,韩信又奉命率兵进攻齐国。齐王田广闻知汉军来攻,一面领兵退守高密,一面派人向项羽求救。不久,项羽派大将龙且率 20 万大军前去救齐。楚、齐军合为一股,与汉军在潍水两岸列阵对峙。龙且在河东,韩信在河西。韩信仔细观察战场地形,决定再用水战破敌。他令士卒连夜秘密装满一万多个沙袋,将潍水上游堵起来,使下游河水变浅。拂晓时,韩军乘水势陡浅之际,率部分汉军涉过潍水前去挑战。没战几个回合,他便佯装战败,慌忙向河西逃去。龙且是员悍将,不知是计,拊掌大笑道:"我早就知道韩信是个胆小鬼。"于是,他下令全军过河追击。当龙且的先头部队渡河后,韩信即令在上游的汉军把堵截潍水的沙袋移去,河水顿时奔流直下,把齐楚联军截为两段。韩信立即率兵反击,迅速歼灭了已经过河的齐楚军队,龙且当场被杀。接着,韩信又挥军渡河,乘胜追击,"皆虏楚卒",尽占齐地。"半渡而击"的战法,最早出自春秋时期宋国大司马子鱼,后来孙武又把"半渡而击"归纳为一个普遍的作战原则。但在韩信之前,还没有真正出现这种战法。韩信不仅是中国历史上使用这种战法的第一人,而且还加以创造性地发展,既"半渡歼敌",又"半渡诱敌",因此被后人啧啧称道。就连王安石也写诗对潍水之战给予高度评价,称"搏兵击楚潍半涉,初从龙且闻信怯"。

韩信连克魏、代、赵、燕、齐五国后,还参加并筹划了垓下之战等一系列战役。千百年来,韩信作为一个智勇双全的杰出将领,受到后人的高度敬仰,他的名字家喻户晓,他的战绩广为流传。

卫青:"从奴隶到将军"

20世纪80年代,中国拍了部电影,叫《从奴隶到将军》,这部影片名噪一时,引起了不少年轻人的美好而宏伟的遐想。

其实,西汉名将卫青就有"从奴隶到将军"的亲身经历。

卫青,字仲卿,河东平阳(今山西临汾西南)人。他出身卑微, 母亲卫媪是平阳公主的女奴, 姐姐是个歌女,他本人还是个私生子。青少年时,他在家牧羊,受尽他人的嘲笑欺侮,后来在平阳公主家当骑奴。武帝建元二年(公元前139年),卫青的姐姐卫子夫被武帝看中,选进宫去,卫青也随着姐姐来到长安,在建章宫做杂事,不久被武帝升为建章监、侍中等职。后来,又相继被封为关内侯、长平侯、大将军、大司马。

卫青 为什么能"从奴隶到将军"?固然与她姐姐得幸武帝、他本人后来又娶了原主人平阳公主为妻有关,但这决不是主要原因。最主要的原因在于,在抗击匈奴的战争中,卫青以超凡的军事才华,为汉王朝建立了赫赫战功。

卫青一生,先后同匈奴大战7次,"每出辄有功",共斩俘匈奴官兵5万多。

公元前129年,匈奴骑兵大举进犯。卫青受命与李广、公孙敖、公孙贺各领1万人马,分四路北击匈奴。这次作战,李广被匈奴俘虏,后夺马逃回;公孙敖阵前失利,折兵7000人;公孙贺无功而返;唯有资历最浅的卫青率军直捣匈奴祭祖圣地——龙城,斩获匈奴700多人,胜利而归。卫青首战告捷,被封为关内侯。

公元前128年秋,匈奴从东面入侵,武帝命卫青率3万骑兵出雁门,将军李息出兵代郡配合卫青反击匈奴,又斩获匈奴数千人。

公元前127年春,匈奴集结大量骑兵进犯上谷、渔阳(今北京密云西南)。汉武帝决定,乘匈奴左贤王出兵上谷无力援救、右贤王部队毫无防备之际,收复"河南"(今内蒙古伊克昭盟一带)战略要地,解除匈奴对京城的威胁。卫青率兵马4万,采用迂回侧击、断敌退路的战法,经过千余里的战役机动,出其不意地出现在匈奴大

卫　青

军的侧后方,一举歼敌数千人,缴获牛羊百余万头,全部收复了被匈奴占领的河南地区,而他所率领的部队"全甲兵而还"。此次作战,卫青以灵活的战略战术克敌制胜,收回了大片土地,解除了匈奴对长安的威胁,功劳巨大,被封为长平侯。

然而,匈奴贵族并不甘心在河南的失败,多次对边郡地区进行疯狂的报复性进攻,尤以失去河南地区的右贤王最为凶悍。公元124年春,汉武帝决定再次发兵,集中打击右贤王。当时,右贤王的王庭设在距离高阙很远的地方。右贤王骄傲轻狂,认为汉军遥远,一时不能到达,便照常饮酒作乐。卫青催兵疾进,马不停蹄,连续行军六七百里,于深夜突然包围了右贤王王庭,大败右贤王军队,俘获敌军官兵1.5万余人,牲畜百万余头,仅右贤王和他的爱妾逃脱。这一战,大大削弱了匈奴右贤王的力量,巩固了新设置的朔方郡,同时隔断了匈奴中、西两部的联系,为后来各个击破匈奴军打下了胜利的基础。汉武帝知道这一消息后十分高兴,派人捧着大将军印赶到边塞,任命卫青为大将军,统率三军,同时,还加封卫青的三个幼子为侯。卫青居功不傲,他诚恳地对武帝说:"战争的胜利,都是将士们英勇作战的结果。陛下不仅给我优厚的封赏,而且还荫及我未有寸功的幼儿。这样,让我以后如何激励将士们作战呢?"武帝听后觉得有道理,于是又分别对其他一同出征的部将赐爵加封。

公元前123年春、夏,卫青又两次率六将军、10多万兵马出定襄,寻找匈奴王单于的主力作战,歼敌2万多人。

卫青以上6次在河套地区反击匈奴作战,史称"河南漠南之战"。

"河南漠南之战"的胜利,迫使匈奴把王庭及主力部队移至漠北(大漠以北)。为防止匈奴卷土重来,汉武帝于公元前119年毅然决定出兵漠北,主动寻敌主力作战,彻底打败匈奴。这次战役,史称"漠北之战"。汉武帝令卫青和骠骑将军霍去病各率精锐骑兵5万,分两路出击。为保障战役的顺利进行,汉军还组织了数十万步兵和14万匹骡马转运辎重。卫青率兵经过一千多里的长途行军,穿过大沙漠,进抵赵信城附近时,与单于的主力相遇了。按原计划,这次战役,卫青的主要任务是配合霍去病作战,因此携带的辎重物资较多,所率的部队也不如东路霍军整齐精干。面对突如其来的情况,卫青毫不畏惧,沉着指挥。鉴于汉军长途行军,将士疲惫等情况,卫青没有马上率大军投入作战,而是先令兵士以"武刚车"(四周及顶用皮作防护的兵车)环列为营,然后派出5000骑兵前去诱敌。匈奴不知是计,立即出兵万骑迎击汉军。战到黄昏,突然狂风大作,飞沙走石,两军对面不能相见。卫青乘机派出两支精锐部队,从左右两翼迂回,包围了匈奴主力。接着,他又率军奋力冲杀,斩俘敌军1万多人。匈奴单于见汉军来势凶猛,自料不敌,率亲随数百人乘夜突围而逃。漠北大战后,一时间"匈奴远遁,而漠南无王庭",卫青和霍去病同被封为大司马。当时卫青仅37岁。

卫青十年七战,戡定边陲。自漠北之战后,卫青再没有出征作战。公元前106年,这位名震千古的战将与世长辞,时年50岁左右。唐人司马贞曾这样记述了卫青不平凡的一生:"君子豹变,贵贱何常。青本奴虏,忽升戎行。姊配皇极,身尚平阳。宠荣斯僭,取乱彝章。嫖姚继踵,再静边方。"

霍去病:"匈奴不灭,无以家为"

在陕西省兴平县境内,有一座规模宏大的陵墓,这是西汉最有作为的帝王汉武帝刘彻之陵——茂陵。在茂陵东1公里处,还有座绿树掩映、形似祁连山的陪陵。这座巍峨高耸的陵墓之下,就安葬着中国历史上最年轻的军事将领——冠军侯、骠骑将军、大司马霍去病。

霍去病,是西汉大将军卫青的外甥,卫青的姐姐卫少儿之子,少年时和卫青一样在平阳公主家为奴。后来他的姨母卫子夫被汉武帝召选入宫,霍去病也跟着来到京城,结束了奴隶生活,并从此开始了他传奇而辉煌

霍去病

的军事生涯。他18岁时被封为冠军侯,20岁时被升为骠骑将军,22岁时又被拜为大司马,其官位仅次于大将军卫青。

霍去病为什么能"18封侯、20为将、22拜大司马"?和卫青同样,最主要的原因就是,在抗击匈奴的战争中,霍去病以"匈奴不灭,无以家为"的宏伟抱负和卓越超群的军事才能,建立了"功高如祁连"的辉煌业绩。

霍去病在短短的军事生涯中,先后6次率兵出击匈奴,"每战皆胜",共斩俘匈奴军10余万人。

公元前123年,汉武帝任命18岁的霍去病为嫖姚校尉,随卫青参加河南之战。在这次作战中,他独自率800轻骑,远离主力几百里寻歼匈奴军队。霍去病根据"兵入敌境,务于速战"的战法,乘敌不备,对匈奴的指挥部发起突袭,斩俘敌军2000多人,并杀死匈奴单于的叔祖父,生擒单于的叔父及匈奴贵族多名。武帝破格封他为冠军侯,以褒奖他"功冠全军"的战绩。

河南之战结束后,汉武帝决定派军进击河西一带,以打通联络西域各国的商路,解除长安左翼的军事威胁,巩固已收复的河南地区。汉武帝经过慎重考虑,将这一重要任务交给年仅20岁的霍去病。

公元前121年春,霍去病率领万余骑兵进军河西,开始了第一次收复河西之

战。他率军越过乌鞘岭,跨过狐奴河,一路猛冲猛打,势如破竹,6天扫荡了5个部落;接着又马不停蹄,大胆深入,越过焉支山(今甘肃山丹东南),向前挺进千余里,杀死匈奴卢胡王、折兰王,俘虏王子及相国、都尉等显贵,共歼敌9000多人。驻扎在河西的浑邪王、休屠王等人随败军远逃。唐代大诗人李白在《塞上曲》中写道:"命将征西极,横行阴山侧。燕支落汉家,妇女无花色。"意思是说,由于燕支山(素称"胭脂山")被霍去病收复,匈奴妇女都没有胭脂修饰容貌了。

为了进一步扩大战果,彻底消灭河西匈奴军,这年夏天,汉武帝又派霍去病和合骑侯公孙敖率骑兵数万从西北方出击河西匈奴军,另派张骞、李广率骑兵万余人从东北方攻击匈奴左贤王,策应霍去病的河西之战。这样,又揭开了第二次河西之战的帷幕。在这次作战中,为了避免敌人溃逃,霍去病改变了前次作战正面进攻的战法,而改取侧后袭击的方略。他命公孙策率兵一部,正面进攻,以吸引和牵制敌军,自己率兵采取迂回战术,由北向南卷击敌军,与公孙敖合击匈奴军于祁连山地区。不料,李广的部队被左贤王4万骑兵包围,伤亡惨重;公孙敖又迷了路,未能到达指定地点。在这种情况下,霍去病并未动摇进军计划,他率军继续挺进,经过辗转跋涉,在黑河流域同敌军展开激战,大获全胜,共歼敌3万多,俘虏了王子、相国、将军等近百人,单桓王、酋涂王等2500余人投降。这次作战,在无后方支援和其他部队配合的情况下,霍去病创造了中国古代骑兵集团远程奔袭作战的典型战例。

河西的匈奴,经过霍去病两次出兵,损失惨重,无力再战。河西匈奴军首领浑邪王惧怕单于问罪,劝说副将休屠王共同降汉。武帝令霍去病率1万精兵前往河西受降。霍去病还没到达河西,休屠王突然反悔,被浑邪王刺杀,并收编了他的部队。霍去病率军渡过黄河,列阵前进,浑邪王的大军也列阵等候,两军遥遥相望。匈奴军见汉军阵容齐整,心存疑惧。为防敌哗变,霍去病当机立断,率领精锐驰入匈奴营中,先控制住浑邪王,同时杀死想要逃走的匈奴士卒8000人,迫使浑邪王以下4万匈奴军拱手归降。一场紧张的受降场面就这样迅速结束了。自此,匈奴主力完全退出河西走廊,出现了"金城(今甘肃兰州西北)、河西至盐泽(今新疆罗布泊)空无匈奴"的局面。

浑邪王归降后,单于王庭失去右翼屏障。但单于不甘心失败,仍频频发起进攻,同时又采用汉朝降将赵信之计,把王庭和主力远移漠北,企图伺机卷土重来。公元前119年,汉武帝毅然发起漠北之战,决心彻底打败匈奴。这次作战,汉武帝以霍去病为右翼主将,率领5万精锐部队,寻歼匈奴单于部队,另以卫青为左翼主将,也率兵马5万,配合霍去病作战。霍去病根据远距离大纵深沙漠作战的特点,首先精心选择了向导、确定了隐秘行军的路线,然后率领大军穿过大漠,北进2000余里,未发现单于,却抓到了单于近臣章渠,并与左贤王的军队相遇。霍去病率兵迅即击败该军,然后又继续向北深入,越过难候山,渡过弓卢水(今蒙古古克鲁伦河),一路斩杀,所向披靡,锐不可当,一直推进到狼居胥山(今蒙古古乌兰巴扎东)、瀚海(俄罗斯贝加尔湖),俘获匈奴屯头王以下共7万余人,匈奴左贤王部几乎全军覆灭。大军归来后,汉武帝加封这位年仅22岁的战将为大司马(卫青同被封为大司马)。不久,汉武帝又为他建造了一座华丽的住宅,他辞谢说:"匈奴不灭,无以家为也。"

公元前117年,霍去病不幸病逝,年仅24岁。汉武帝失去爱将,十分悲痛,特在茂陵墓地,为霍去病建造了一座形似祁连山的坟墓,以表彰这位年轻统帅的赫赫战功。大诗人李白也以激越、炽烈的笔触写诗赞颂霍去病,诗曰:"严风吹霜海草凋,筋干精坚胡马骄。汉家战士三十万,将军兼领霍嫖姚。流星白羽腰间插,剑花秋莲光出匣。天兵照雪下玉关,虏箭如沙射金甲。云龙风虎尽交回,太白入月敌可摧。"

曹操:"一个很有本事的人"

在中国历史上,争议最多的人物当数三国时期的曹操。鲁迅先生曾写下这样一段文字:"我们讲到曹操,很容易就联想《三国演义》,更进而想起戏台上那一位花面的奸臣,但这不是观察曹操的真正方法。""其实,曹操是一个很有本事的人,至少是一个英雄。"应该说,这一评价是很有道理的。曹操不仅是中国古代著名的政治家、文学家,而且更是杰出的军事家,真正的大英雄。

曹操,字孟德,小名阿瞒,沛国谯县(今安徽亳州)人,公元155年出生在一个大官宦家庭。从19岁起,曹操便开始步入仕途,担任过骑都尉、典军校尉

曹操

等职。公元190年,曹操乘讨伐董卓之机起兵,真正开始了他的军事生涯。他以"统一天下"为抱负,率领大军南征北战、东伐西讨,逐渐统一了北方,结束了军阀混战的局面。

起兵之后,曹操采纳其谋士"深根固本以制天下"的建议,首先实行了"奉天子"与"修耕植"的战略方针。一方面,他费了很多周折把汉献帝挟持到许昌,打着皇帝的旗号,号令各方割据势力,形成"挟天子以令诸侯"的有利态势;另一方面,他又大力推行屯田,先办民屯,接着增办军屯,不但恢复了中原地区的生产,安定了民心,而且在很大程度上保证了曹军的军粮供应。由于贯彻、实行"奉天子"与"修耕植"这两大方针,曹操很快便掌握了统一中国的强大军事力量和战争的主动权。

曹操的统一战争首先在中原大地展开。当时,在中原战场上,曹操的主要对手,东有吕布,南有袁术,西有张绣。此外,黄河以北还有袁绍,潼关以西还有马腾、韩遂。在四面临敌的不利形势下,曹操实行了分化瓦解、各个击破的方针,先降张绣,再败袁术,又杀吕布,很快成为占据黄淮之间广大地区、足以和黄河以北的袁绍相抗衡的力量。

公元199年,袁绍率10万大军南下,企图一举消灭曹操。而曹操当时能够用于对付袁绍的作战部队只有2万人。为此,曹操决定采取以逸待劳、后发制人的战略,以有利于己而不利于敌的官渡(今河南中牟)为主战场抗击袁军。正当曹操全力准备对袁作战之际,刘备乘机起兵占领下邳,与袁绍联手,反对曹操。为避免两面作战,曹操抓住袁绍迟疑不决和刘备羽毛未丰的机会,率军迅速击败刘备,然后从容回师官渡,全力对付袁绍。二月间,袁军南渡黄河,包围白马(今河南滑县)。曹操采用"声东击西"的战法,先在西面摆出即将北渡黄河袭击袁绍后方的姿态,引诱袁军向西阻击;随即迅速东进,急驰白马,杀掉袁军大将颜良;然后将白马军民全部向南转移,引诱袁军来攻,在途中又设伏斩杀袁军大将文丑,全歼袁军追兵。十月,曹操又采纳谋士许攸的建议,亲率5千轻骑袭击袁军粮草基地乌巢,烧毁袁军全部屯粮。消息传来,袁军斗志瓦解,不战自乱,曹操乘势发动全面进攻,一举击毙袁军7万多人。接着,曹操又乘胜北上,占领冀、青、幽、并四州,统一了黄河以北。袁绍积郁成疾而死,他的儿子袁谭被杀,袁熙、袁尚远逃辽西乌桓,准备借乌桓力量以图再起。

公元207年,曹操又率领大军远征乌桓。在名士田畴的引导下,曹军秘密穿过500余里的崇山峻岭,突然出现在乌桓大本营附近,迅速击溃乌桓军队和袁氏的残余势力。在回师途中,曹操写下了著名诗篇《观沧海》。

曹操平定乌桓之后,踌躇满志,又挥师南下,与刘备、孙权联军大战赤壁。因为骄傲轻敌、指挥失当,加上遇到诸葛亮、周瑜这样的劲敌,结果打了个空前的大败仗。

兵败赤壁后,曹操认识到南下时机不成熟,还是应该首先占领关中地区,消灭马超、韩遂这两股久有"反叛之意"的势力。但马超、韩遂在名义上是拥护汉献帝和曹操的,如果骤然兴兵讨伐,显然师出无名。于是,曹操先是采用"伐虢取虞"的谋略,明征汉中张鲁,暗逼马、韩迅速举兵反叛;然后又施以"离间"之计,破坏马、韩关系,集中兵力各个击破。马、韩二人果然中计,结果被曹军一一击败,被迫逃奔凉州。关中很快被曹操占领。

曹操占领了关中后,进而占据了汉中和整个关西地区,终于统一了中国北方,出现了诗人王粲所歌颂的"拓土三千里,往返速若飞"的一统局面。公元220年,66岁的"英雄"曹操病死于洛阳军中。

曹操戎马倥偬一生,用兵灵活,长于选将用将,治军严整,体恤将士。不仅如此,他还自著兵书十万余言,又集录诸家兵法为《兵书接要》,所著《孙子略解》(即《孙子注》),开创了整理注释《孙子》十三篇的先河,丰富和发展了中国古代军事理论。其"兵以义动"的战争观,因事设奇、任势制胜的"诡诈论",注重后勤保障和加强水军建设的远见,颇受后世推崇。

诸葛亮:中华民族智慧的化身

"伯仲之间见伊吕,指挥若定失萧曹。"这是唐朝大诗人杜甫对诸葛亮的赞誉。千百年来,在民间,诸葛亮更成为中华民族智慧的化身, 神州大地到处都传颂着他运筹帷幄、神机妙算的故事。其实,在军事历史舞台上,"真实"的诸葛亮也的确是一位具有雄才大略的军事家。

诸葛亮

诸葛亮,字孔明,公元181年生于琅琊郡都县(今山东沂南县)。因父母早逝,他自幼跟随叔父诸葛玄在豫章(今江西南昌)、荆州一带生活。公元197年,诸葛玄去世,刚刚17岁的诸葛亮便在邓县的隆中(今湖北襄阳西)定居下来。在这里,他"且耕且读",专注"治国用兵"之道,成为当地最有名望的人士,人们尊敬地称他为"卧龙"先生。

公元207年,依附刘表的刘备经人推荐,冒着严寒,三次到隆中向诸葛亮求教("三顾茅庐"的故事就由此而来)。诸葛亮被他的诚意所感动,献出了著名的"隆中对策"。他说:"如果能占据荆、益二州,据险防守;同西方、南方的少数民族建立和好关系,实行安抚政策;对外与孙权结成联盟,对内改革政治;待时机成熟,兵分两路,令得力将领率荆州的军队向宛城(今河南南阳)、洛阳进攻,主力出益州攻秦川(关中一带),进图中原。这样,将军的统一大业可以成功,汉朝江山就可以复兴了。"这一席宏阔之论,分析精辟,见解独到,高瞻远瞩,充分体现了诸葛亮的远见卓识和雄才大略。

在刘备的诚邀下,诸葛亮结束了他的隐居生活,成为刘备集团的主要决策人。此后,他首先帮助刘备发展壮大军队,奠定了争锋天下的物质基础;曹操大军南征,刘备兵败长坂坡之后,他又主动出使东吴,说服孙权联合抗曹,取得了赤壁大战的胜利;接着,他又协助刘备占领了荆州的大部分地区,夺取了益州,形成了鼎足三分(即三国鼎立)的战略格局,实现了"隆中对策"的第一步计划。刘备高兴地对关羽、张飞说:"我得到诸葛孔明,就好比鱼儿得到水一样。"公元 221 年,刘备称帝,国号汉,诸葛亮出任丞相。

刘备死后,诸葛亮继续辅佐 17 岁的后主刘禅。公元 223 年,当诸葛亮正着手实现"隆中对策"的第二步计划时,原已安抚的南中(今云南、贵州及四川西南部)发生了以益州郡(今云南东部)豪强雍闿为首的叛乱。雍闿派南中少数民族地区极有影响力的孟获广泛进行欺骗宣传,使得叛乱队伍迅速扩大,很快就席卷了整个南中地区。叛乱发生后,诸葛亮先采取了"抚而不讨"的方针,力争用和平方式解决。公元 255 年,诸葛亮又亲自率军南征。他首先肃清了东西翼的叛乱势力,然后直捣叛乱中心益州郡。这时,雍闿已被叛军所杀,孟获代替雍闿成为叛军首领。为了更好地解决少数民族和蜀汉政权关系,诸葛亮决定采取"攻心为上、攻战为下"的方略,命令蜀军在同孟获作战时,只能生擒,不许伤害。就这样,孟获被"七擒七纵",连捉了七次,连放了七次,孟获心悦诚服,认为诸葛亮确实智谋高强,表示再不反汉。因孟获降服,南中地区其他叛乱势力也迅速归降。诸葛亮取得了南征的全胜,"七擒孟获"也成了千古美谈。

稳定西南之后,诸葛亮开始考虑北伐曹魏,完成统一中国的大业。公元 266 年,魏文帝曹丕病死,曹睿继位。诸葛亮认为这是北伐的大好时机,就给刘禅呈上一个奏章(即《出师表》),率领 10 万大军北进汉中,准备攻魏。

第一次北伐,诸葛亮扬言大军将在东线进攻郿城,并派赵云、邓艾率部摆出由东线北进的态势,他自己却率主力在西线向祁山进发。蜀军主力兵出祁山,势如破竹,迅速攻占了陇右三郡,收降了曹魏名将姜维,一时震惊关中。但由于先锋马谡擅自改变部署,痛失要地街亭,蜀军被迫退回汉中。

第二次北伐,诸葛亮乘东吴陆逊大败曹休,魏军主力东援,关中比较空虚的机会,率军直指兵家必争之地陈仓(今宝鸡东),但由于曹军守备森严,蜀军攻打 20 余日未能成功,再加上蜀军粮草耗尽,曹军大将张郃率援军赶到,诸葛亮主动撤围。

第三次北伐,诸葛亮率军一举攻占陇右的武都、阴平二郡,然后乘势收兵。

第四次北伐,诸葛亮仍以陇右为主要目标,但这时魏军统帅换成了善于用兵的司马懿。尽管如此,诸葛亮仍用退兵诱敌之计击毙魏军 3000 余人,用中途设伏之法杀死了曹魏名将张郃。

第五次北伐,诸葛亮率领 10 万大军驻扎在五丈原(今陕西岐山南),司马懿率领大军 20 万对峙于渭水南岸。诸葛亮数次挑战,司马懿坚守不出,企图等蜀军兵疲粮尽时再战。诸葛亮十分清楚司马懿的用意,于是便在渭水之滨分兵屯田,准备持久作战,伺机破敌。几个月后,积劳成疾的诸葛亮不幸病死于五丈原军营之中,终年仅54岁。

诸葛亮以擅长谋略著称。他在《隆中对》中提出的蜀汉政治、军事的总方略,影响及于整个三国时期;他善于治军,强调为将明纪、治军严法,赏罚严明;他用兵谨慎,避实击虚,敌正相依;他重视后勤,常年派官兵千余整修都江堰,确保军粮生产;他注重革新军械、装具,创制一发十矢连弩和适应山区运输的"木牛""流马",改进钢刀,增强了蜀军战斗力;他好兵法,推演阵法作"八阵图",为后世传扬,后人特别推崇他的运筹帷幄,神机妙算,将其视为智慧化身;他的"鞠躬尽瘁,死而后已"精神,亦成为中华民族的宝贵财富。

周瑜:"文武筹略,万人之英"

由于文学作品《三国演义》的影响,民间广泛流传着"三气周瑜"的故事。其实,历史上的周瑜不仅性度恢廓、胸襟豁达,而且文武超群,胆识过人。宋代大文豪苏轼对周瑜就极为赞赏,他在千古绝唱《念奴娇·赤壁怀古》中写道:"大江东去,浪淘尽,千古风流人物。故垒西边,人道是,三国周郎赤壁。""遥想公瑾当年,小乔初嫁了,雄姿英发。羽扇纶巾,谈笑间,樯橹灰飞烟灭。"就连蜀汉之主刘备也称他的"死对头"周瑜"文武筹略,万人之英"。

周　瑜

为什么刘备称周瑜"文武筹略,万人之英",历史上的周瑜究竟是怎样一个人?

周瑜,字公瑾,庐江舒县(今安徽庐江)人,公元175年出生在一个士族家庭。

长沙太守孙坚起兵讨伐董卓时,把家眷安顿在舒县周瑜家中,周瑜与同龄的孙坚之子孙策结下了深厚的友谊。不久,孙策继承父业,从此周瑜便开始为孙策出谋划策,统军作战。公元195年,20岁的周瑜协助孙策渡江南下,转战江东,很快就夺取牛渚、秣陵,攻克湖孰、江乘,击败曲阿的扬州刺史刘繇,旬日之间,得兵2万名,战马千余匹,威名大震江东。

公元198年,24岁的周瑜被任命为建威中郎将。第二年,周瑜协助孙策发动了三国时期一场著名战争皖城之战:他和孙策首先设计怂恿庐江太守刘勋出兵上缭,然后率兵2万乘虚一举攻占皖城,接着又在流沂设伏痛击刘勋及其援兵,先后歼敌数万。皖城一仗，不但彻底击溃了刘勋，收纳了众多降卒，获取了很多粮食、辎重，而且为吴军一统江南拆除了一道重要障碍。

公元 200 年，26 岁的孙策遇刺身亡。临终时，孙策将印授交给了他的弟弟孙权，嘱托周瑜和张昭等人尽心尽力辅佐孙权。当时，虽然孙氏政权占据了江东六郡，但臣将不安，民心不稳。周瑜顾全大局，严于律己，促使东吴的局面很快就稳定下来。两年后，曹操为了控制孙权，责令孙权把儿子送去当人质（名曰"质子"）。当时，群臣犹豫不决，孙权难以定夺。周瑜高瞻远瞩，力排众议，坚决反对"质子"。他认为，如果"质子"，就等于降服于曹操，就得唯命是从，一举一动都要受到曹操的牵制。若不"质子"，曹操虽可借口发兵，征伐东吴，但他有后顾之忧，难以大兵南进；即使举兵征吴，也将腹背受敌，自取灭亡。听了周瑜的一席话，孙权决定不"质子"，这样就使东吴避免了曹操的控制。公元 206~208 年，周瑜率兵西进，先是攻占了麻、保二屯，俘敌万余人，接着又率军一举攻克夏口，打通了西入荆州、进窥巴蜀的咽喉。

公元 208 年，曹操轻取荆州之后，率军 80 万（实际 20 万左右），顺江东下，准备一举消灭孙权。孙权急召群臣商议对策。群臣之中，除鲁肃坚决主战外，其余的都主张投降。这时，周瑜正在鄱阳，奉召连夜返回，表示坚决主战。他向孙权指出，曹军号称 80 万，实际不过 20 万左右，而且有"不习水战、不服水土、粮草衣物缺乏、后方很不稳固"等四大隐患，现在正是擒获曹操的大好时机。同时，他请求率 5 万精兵进驻夏口，保证打败曹操。听了周瑜这一席话，孙权非常激动，坚定了抗曹的决心。不久，周瑜与程普被任命为左右都督，率领精兵 3 万，联合刘备军队，溯江西进，巧用部将黄盖的"火攻计"，大败曹操于赤壁，迫使曹操带领残兵败将退回北方。

赤壁大战后，周瑜又率军乘胜攻占了夷陵、江陵和南郡。原先没有地盘的刘备，乘赤壁之胜，一举占领了原属荆州的武陵、长沙、桂阳、零陵四郡。公元 210 年，刘备拜见孙权，要求将南郡借给他，这就是历史上常说的"借荆州"。对此，周瑜极力反对，他认为刘备具有"枭雄之姿"，如果把荆州借给他，就等于养虎为患。但这一次，孙权没有采纳他的意见，不但借了荆州，还把妹妹嫁给了刘备。随后，周瑜又向孙权献计：乘曹操刚刚战败，不可能马上再举兵来战的机会，发兵取蜀地，并汉中，与马超结成联盟，然后占据襄阳，伺机北取中原。这个战略计划得到孙权的同意和赞赏。于是，周瑜迅速返回江陵，准备进军西蜀。同年 12 月，当周瑜西进到巴丘（今湖南岳阳）时，突患重病，不治而死，年仅 36 岁。后来事情的发展，果然不出周瑜所料。周瑜死后的第二年，刘备便率领数万兵马进了西蜀益州，10 年后，刘备在蜀郡称帝，正式建立了蜀汉政权。难怪后人说："周瑜不死，刘备无处所矣！"

陆逊：怀文武之才，有超世之功

　　陆逊，本名陆议，字伯言，吴郡吴县（今江苏苏州）人，公元 183 年出生于江南望族。青年时代曾任屯田都尉、定威校尉等职，后来升任大都督、吴国丞相。在中国古代将帅中，人们对陆逊的评价甚高。吴主孙权称陆逊"怀文武之才""有超世之功"，把他比作佐汤灭夏的伊尹和佐周灭殷的吕尚。后来人们都说，历代军事将才莫盛于三国，陆逊称得上三国时期一颗最璀璨的"将星"。就连前不久出版的对人物评价颇为谨慎的《中国军事百科全书》也称"陆逊是三国鼎立时期吴国最杰出的将领"。

陆　逊

　　为什么人们对陆逊有如此之高的评价呢？诸葛亮之兄东吴将领诸葛瑾说，"伯言多智略"，一语道出了陆逊名满天下、备受瞩目的缘由。

　　从青年时代起，陆逊就因"多智略"而受到世人瞩目。根据史料记载：从 21 岁起，陆逊开始在孙权手下当官，起初只是一个小小的屯田都尉，"兼管县事"。但在任职期间，他却十分注重天灾之年开仓济贫、收服民心，平常之时劝督农桑、发展生产，表现出了很高的政治见地和战略意识。后来，他又向孙权建议，出兵平定兴起多年的"山越人之乱"，安定腹心，扩充军队，以图大举。孙权就命他率兵出击。他运用"夜战""造势"等计谋迅速平定叛乱，下令山越人强者当兵，弱者补为农户，为吴国征募了几万名精兵，一举缓解了长期困扰东吴的腹心动乱、兵源不足、劳力紧缺三大难题。

　　在荆州之战中，陆逊再次展示了他杰出的智略，与吕蒙竟"英雄所见略同"。当时，曹操和刘备战火又起，镇守荆州的关羽率领守军主力北上襄阳、樊城攻打曹军。负责镇守陆口而与关羽为邻的东吴大将吕蒙一见有机可乘，便向孙权提出自己假装病重回建业休养，找一个"威名未著"的年轻将领代守陆口，以麻痹关羽，促使他再调兵北上，然后乘虚而入，一举夺回战略重地荆州的建议，被孙权采纳了。当吕蒙乘船东归途经芜湖时，陆逊前往求见。他向吕蒙说："陆口是防备关羽的要地，将军怎能安然离开？"吕蒙为了保密，便答道："你说得对，可我病得很重。"陆逊又建议说："关羽很骄傲，现在一心北进，对我们没有戒备。如果听说你病了，一定更加放松警惕。我们如果乘此良机，出其不意地袭击他，便可以夺回荆州。你见到主公时，应该好好筹划一下。"陆逊的想法正好与吕蒙的计策不谋而合。因此，吕蒙回到建业

129

后，即向孙权推荐说：陆逊思虑甚远，才堪重任，但名气不大，不会被关羽注意，代守陆口非陆逊莫属。于是，孙权便拜陆逊为偏将军、右都督代吕蒙守陆口。陆逊到陆口后立即写信给关羽，非常谦卑地盛赞关羽的功勋，并暗示向关羽效忠。随后，陆逊乘机助吕蒙奇袭江陵，夺取荆州，捕杀关羽，导演了一场名垂千古的战争话剧。

陆逊的智略，在吴蜀夷陵大战中表现得更为出色。公元221年，刘备为报东吴杀关羽、夺荆州之仇，不顾群臣反对，率8万大军攻吴。陆逊受命为大都督，领兵5万抵御蜀军。战争初期，蜀军士气高涨，兵力众多，锐不可当，迅速推进，在三峡谷地建立数十座大营，史称"七百里连营"。初次担任统帅的陆逊看到，不论兵力和士气，蜀军都占着显著的优势，便实行了避敌锐气、主动后撤、等待时机、后发制人的战略方针，带领主力一直退到夷陵（今湖北宜昌）一线安营扎寨，坚壁不出。部将们建议乘刘备立足未稳，迎头痛击，并相机去解救被困于夷道的孙桓，被陆逊一一拒绝。相持半年后，天气开始炎热起来，蜀军也被拖得兵疲意懈。陆逊认为进攻刘备的条件已经成熟。在一个风高月黑之夜，他命令将士每人背一捆茅草，分头到各个蜀军营寨放火，然后乘势发起进攻。结果，迅速攻破40多座营寨，蜀军主力8万余人和舟船、军械等军用物资损失殆尽，刘备带着少数残兵败将乘夜黑冲出重围狼狈地逃到了白帝城。夷陵之战使蜀国元气大伤，刘备忧愤成疾，第二年病死在白帝城中。陆逊打的这一战，也就是人们常说的"火烧连营七百里"。

夷陵之战后，陆逊还使用智略，于公元228年大败魏军大司马曹休，歼敌万余人，使曹睿即位后的首次大举攻吴即告失败；后来又利用长江天险，多次迫退魏军的进犯。

司马懿："兵动若神，谋无再计"

司马懿，字仲达，出身士族。从23岁起，他便开始为曹军集团出谋划策，统军作战。公元234年，在诸葛亮第五次北伐时，司马懿率领魏军出战。不久，积劳成疾的诸葛亮病死于五丈原军营之中。蜀军大将姜维、长史杨仪按照诸葛亮的临终部署，秘不发丧，整理军队，开始向汉中撤退，司马懿听说诸葛亮已死，便率军追赶。这时，杨仪又遵照诸葛亮的遗嘱，倒打旗帜，猛擂战鼓，假装要进攻魏军。司马懿担心诸葛亮未死，而是以计诱战，于是匆忙率军撤回营中。这样，蜀军才得以从容地退入汉中。从此，司马懿

司马懿

被蜀军吓退这件事就被当作所谓"死诸葛吓走活仲达"的笑话流传开来。司马懿听到这一笑话后,自我解嘲地说:"吾便料生,不便料死故也!"意思是说,我能料到诸葛亮活着的计谋,不能料出他死后的计谋呀!从历史史实来看,用"死诸葛吓走活仲达"来评价司马懿确实不太公平,而司马懿的话倒有几分道理。三国时期,司马懿是以足智多谋见长的,唐太宗李世民甚至说他"雄略内断,英猷外决""兵动若神,谋无再计"。这一点,充分体现在司马懿中后期尤其是被曹丕委以重任后的作战指挥之中。

公元227年,在平定孟达反叛的作战中,司马懿的军事谋略才能就曾得到了比较充分的发挥。当时,新城(今湖北房县、竹山一带)太守、原蜀军降将孟达因宠信他的魏文帝曹丕去世,新继位的魏明帝曹睿又派司马懿领兵驻宛城,主管荆州、豫州军务,心中十分不安,疑心曹睿不信任他,司马懿在监视他。诸葛亮得知这一情况后,乘机写信劝孟达反魏归蜀,孟达暗中表示同意。不久,司马懿接到孟达企图反叛的密报,马上意识到局势的严峻:新城虽然地处偏僻山区,却是魏、蜀、吴三国交界处,地理位置十分重要。如果孟达起兵反魏,势必从侧翼对魏国构成很大威胁,后患无穷。为此,司马懿当机立断,一面写信稳住孟达,延缓他起兵,一面率领大军以日行150里的速度火速南下,毅然打破了出兵必须报请天子批准的惯例。而孟达接到司马懿的信后,以为司马懿真的不怀疑他,就放松了戒备。接着,诸葛亮又来信告诉孟达,不要相信司马懿,必须迅速起兵和加固城防。否则,就会功败垂成,甚至丢掉脑袋。孟达却回信说:"宛城和洛阳相距800里,距离我这里又有1200里。即使司马懿知道我起兵,也必须报请天子批准后才能出兵,来回起码一个月,到那时我一切都准备好了。"他没料到,8天后司马懿率军已兵临城下,并兵分八路,同时发起猛攻。孟达仓促应战,仅仅守了16天就城破身亡。就这样,诸葛亮蓄谋已久的一个重大计划被扼杀在摇篮之中了。

司马懿的足智多谋在抗击诸葛亮北伐的战争中也表现得比较出色。公元231年,诸葛亮第四次北伐。司马懿采用据险坚守,以逸待劳的方针,使诸葛亮"虚耗国力,师劳功微"。公元234年,诸葛亮第五次北伐,在渭水南岸五丈原与司马懿对阵,司马懿还是坚守不战。诸葛亮使用送女人衣服给他等手段羞辱他,他也不生气。部下强烈要求出战,他就用向皇帝上疏请战等方式拖延压制,最后终于迫退了蜀军。从表面看来,司马懿非常被动,但实质上,他是很高明的。他知道,诸葛亮智谋过人,马上出战不一定能够获胜,但蜀军远道而来,粮草运输非常困难,不可能持久作战,于是,他就抓住蜀军这一致命弱点,坚守不战,用时间拖垮蜀军,使得智谋过人的诸葛亮也无可奈何。实际上,司马懿的这一谋略是极其高明的"以守为攻"。

公元238年,司马懿又通过高超的谋略一举平定辽东叛乱。当时,辽东太守公孙渊自立为燕王,背叛魏国。已是 59 岁高龄的司马懿率领 4 万兵马前去征讨。当魏军到达辽河西岸时,公孙渊已派数万兵力在辽隧(今辽宁鞍山西)安营扎寨,凭水而守。司马懿采取声东击西的战法,派少数兵马伪装主力佯攻辽隧,他自己率领主力乘机北上,偷渡辽河,然后直指兵力已经十分空虚的叛军老巢襄平。位于辽隧的叛军主力十分惊慌,立即全速回援,结果被司马懿在野外设下的伏兵迎头痛击,损失惨重。接着,司马懿率军乘胜前进,把襄平团团围住。根据当时"敌众我寡,敌饥我饱,时逢雨季,不宜进攻"等客观情况,在围城的过程中,司马懿下令围而不打,耐心等待战机;当叛军粮尽兵疲、雨季结束之时,司马懿又下令昼夜猛攻,很快就攻下了襄平,其他几个郡也望风而降。

此后,司马懿又将善于谋略的特长运用于政治斗争之中,采取许多计谋,打垮了曹爽集团,控制了皇帝,为司马氏以晋代魏奠定了基础。公元 251 年,足智多谋的司马懿病故,终年 72 岁。

李世民:"风尘三尺剑,社稷一戎衣"

李世民

提起唐太宗李世民,人们往往把他说成是大政治家、开明君主,把他同"贞观盛世""捆绑"在一起。

其实,李世民不仅是一个杰出的政治家,而且更是一个卓越的军事家。他一生戎马倥偬,身经百战,从 18 岁初次从军到 48 岁出征高丽,与战争有关的岁月达 20 多年。唐代大诗人杜甫曾用"草昧英雄起,讴歌历数归。风尘三尺剑,社稷一戎衣"的诗句来称颂李世民的战功。当代著名史学家范文澜也曾说过,李渊"起兵取关中,建立唐朝,主要依靠唐太宗(李世民)的谋略和战功","在兼并战争中,李世民起着决定性的作用"。

那么,李世民在军事上究竟有什么过人的才华和突出的业绩,为什么说他是一个卓越的军事家呢?

李世民自幼习武,刚刚应募从军便显露出杰出的军事才华。据史料记载,公元615 年,隋炀帝被突厥 10 万人围困于雁门(今山西代县),刚刚 16 岁的李世民应募跟随屯卫将军云定兴前往救援。李世民提出"虚张军容,昼引旌旗数十里,夜以征鼓相应"的疑兵之计,迫使突厥兵马撤围而去。

李世民雄才大略,在李渊起兵反隋、建立唐朝的战略举措中起到了关键性的作用。隋朝末年,隋炀帝沉湎声色,政治腐败,天下大乱。具有雄才大略的李世民预感到隋朝灭亡已为期不远,于是他"推才养士,结纳豪杰",悄悄地积蓄力量,等待时机。公元616年,一直遭受隋炀帝猜忌和监视的太原留守李渊(李世民的父亲),又因抗击突厥不力等原因,欲被朝廷治罪。李世民当即提出了"克日举兵""转祸为福"的建议。不久,在李世民的"敦促"和谋划下,李渊在晋阳起兵,接着挥师西向,直指关中。大军抵达霍邑(今山西霍州)时,遇到连日大雨,粮草也已用尽,而隋将宋老生又率2万精兵拼死抵抗。这时,李渊打算退兵,诸将领也都赞成,而李世民坚决主张继续进军,并提出"先入咸阳,号令天下"的方略。他认为,只有"先入咸阳,号令天下"才是出路,才能建立千秋伟业;如果退兵,必然造成"众散于前,敌乘于后"的形势,使自己陷于覆灭的危险。经过李世民的力谏,李渊打消了回师太原的念头。但他对李世民说:"起事者汝也,成败惟汝。"意思是说,主张起兵反隋的是你,或成功或失败都取决于你。这实际上是把作战指挥权交给了李世民。同年8月,李世民采取诱敌出战、两面夹击的战法,斩杀宋老生,攻克霍邑城;接着,又采取兵分两路西进,一路控制潼关阻止隋军西援长安,一路自渭北直逼长安的方略,于同年11月攻克隋都长安。第二年,李渊称帝,建立唐朝,李世民被封为秦王。

李世民用兵灵活,在实现统一大业的战争中做出了重要的贡献。李渊长安称帝之时,全国范围之内,还处于群雄割据的状态,李唐政权所能直接控制的地区仅是关中一隅。因此,集中力量扫平割据势力,建立统一的全国政权,乃是唐王朝的首要战略任务。为实现统一大业,唐王朝建立后先后发动了"六大战役",历时7年,而由李世民亲自挂帅、独立指挥的就有平陇右、克代北、攻东都、战河北四大战役。在筹划和指挥这四大战役的过程中,李世民用兵灵活,多谋善断,充分体现了他卓越的作战指挥艺术。例如,在迎击薛举、刘武周时,李世民采取了"坚壁挫锐,持久疲敌"的战法;在对王世充、窦建德的第三次战役中,李世民采取了"围城打援,各个击破"的战法;在平定薛仁杲的作战中,李世民又采取了"穷追猛打,务求歼灭"的战法……正是因为李世民能够依据实际,制定战策,灵活用兵,因而连战皆捷,屡建战功,为建成统一、巩固的大唐做出了重要贡献。

李世民文武并用,通过政治手段与军事手段的有机结合,很快平定了北部边疆。唐初,北方突厥不断南下攻掠。李世民先是采取签约结盟、赂以金帛等方略,企图"和平"地解决突厥攻掠问题;后来根据事态的发展,又派李靖等重臣率大军"重拳"打击突厥军队;接着又采取"怀柔"政策将突厥的投降人员10多万人安置于幽州至灵州一带,把大批突厥贵族迁到长安,封官赐爵,官至五品以上的达100多人。这样,就基本消除了自北朝以来突厥对北方边境的威胁。不久,李世民致力开拓西部地区,同样采取了文武并用的方略。他先后嫁出弘化、文成公主与吐谷浑、吐蕃和亲，但也相继遣将派兵攻灭了焉耆、龟兹等部族，最终确立了唐对西域的统治。后来，李世民又派大将率兵打到郁督军山（今蒙古杭爱山东支）北，平定薛延陀，解决了"北荒"问题；他本人还亲征辽东进攻高丽，但这次远征没有取得全胜而被迫撤军。

公元649年，"雄才大略，智勇兼备"（《中国军事百科全书》）的大军事家、大政治家李世民病逝。

岳飞："三十功名尘与土，八千里路云和月"

岳 飞

在中国，尤其江南一带，人们经常吃的早点是油条。据说，油条原来的名字叫"油炸桧"，"油炸桧"又是由此而来的：岳飞被杀害后，人们痛恨以"莫须有"罪名加害岳飞的奸贼秦桧，便用面粉捏成秦桧夫妇的形状，把他们绑起来放到锅里炸，名曰"油炸桧"，最后把他吃进肚子里。吃"油炸桧"表达了人们对秦桧的切齿痛恨，恨不得烹其身，食其肉，也表达了人民对岳飞的无比崇敬和爱戴之情。

现代著名作家、"大侠"金庸在《倚天屠龙记》的"屠龙刀"里竟也编进了一段岳飞的故事。书中写道："武林至尊，宝刀屠龙，号令天下，莫敢不从！倚天不出，谁与争锋？""屠龙刀"何以号令天下，成为武林至尊，是因为刀中藏有岳飞的"武穆遗书"，张无忌按照遗书兵法大破鞑子兵于少室山下，后来徐达依照遗书谋略又"果然用兵如神，连败元军，最后统兵北伐，直将蒙古人赶至塞外，威震漠北，建立一代功业"（《倚天屠龙记》）。在"屠龙刀"里编进岳飞的故事，同样表达了"金大侠"对岳飞的仰慕之情。

岳飞为什么如此深受人们的崇敬和爱戴？历史上的岳飞是怎样一个人？

岳飞，字鹏举，相州汤阴（今属河南）人，生于公元1103年。北宋末年，黄河北岸受到辽国统治者的蹂躏，百姓流离失所，刚满20岁的岳飞怀着满腔热情参军入伍，从此便开始了驰骋疆场的生涯。

人们最敬重的是岳飞精忠报国的精神和抗金杀敌的功绩。

岳飞参军入伍后，他母亲姚氏为了鼓励儿子奋勇杀敌，报效祖国，亲手在岳飞的背上刺了"尽忠报国"四个字。从此，"尽忠报国"四个字便成了岳飞一生的座右铭，激励他在战场上英勇杀敌，屡建奇功。在抗辽战争中，刚刚20岁的岳飞勇敢加入"敢战士"的行列，以英勇作战的行动"勇冠三军"。不久，因父亲病故，他"被迫"返回家乡。靖康元年(公元1126年),金国灭掉辽国后,南下攻宋,包围京都汴京(今河南开封),大宋岌岌可危。岳飞怀着一腔热血,又积极投入抗金战争。起初,他投军于赵构大元帅府抗金,因作战勇敢很快被提升为秉义郎。不久,他又转入副元帅宗泽麾下,在黄河南北屡败金军。靖康二年(公元1127年),北宋灭亡,赵构即帝位,准备将朝廷南迁。岳飞上书反对朝廷南迁,力请赵构北渡亲征,收复失地,恢复中原,不料被加上一个"越职"的罪名而革职。这时,岳飞毫不气馁,他又转投河北招讨使张所,北渡黄河抗金,在收复卫州、新乡等战斗中屡立战功,在转战太行山时还单枪匹马斩杀了金将黑风大王。公元1130年,金军大将完颜宗弼率兵大举南侵,宋兵诸军皆溃,时局异常危急。岳飞招集散兵游勇,自成一军,坚持抗战,转战于安徽、江苏等地,六战六捷,被人称为"岳爷爷"。不久,金军渡江北撤。岳飞率军在清水亭、千头山(均在今江苏江宁西南)、靖安镇(今南京西南)大败金军,一举收复建康、升通等重镇。

公元1133年,金扶植的刘豫政权派兵攻占襄阳等郡。岳飞提出先取襄阳六郡,再恢复中原的方略,被朝廷采纳。公元1134年4月,岳飞率兵出击,仅3个月,就将襄阳等六郡全部收复,打得金兵闻风丧胆。这一战,打开了连接川陕的通路,控制了长江中游,为反攻中原创造了有利的条件,意义十分重大。公元1136年夏,岳飞再次率部北上,收复虢州、商州、伊阳、长水(均属今河南、陕西城邑)等地。黄河两岸直至太行山的百姓和义军纷纷找岳家军联系,准备配合他们的行动,岳飞随即上书朝廷,建议乘胜收复中原。但这时,赵构已迷上江南的水光山色,决定在此安乐窝里长住下去,因此不许岳飞继续北进。此后两年,岳飞多次上书要求北伐,都被拒绝。公元1139年,宋金达成和议,以淮河为分界线,宋每年向金交纳贡银25万两、绢25万匹。公元1140年,金军撕毁和约,再度大举南侵,宋廷被迫命令各军抵抗。岳飞立即挥师北上,仅仅一个多月的时间,就相继收复了西京(今洛阳)及陈(今淮阳)、蔡(今汝阳)间的诸要地,形成东西并进威逼东京之势。特别是在郾城之战中,岳飞率军歼灭了由金军元帅率领的精锐王牌部队——15000名"铁塔兵"(人马都披挂铁甲,刀枪不入)。金军元帅伤心地说:"我起兵都以此取胜,如今算是完了!"正当岳飞行将挥师渡河北上之时,赵构、秦桧却向金国摇尾乞和,并一天之内连下12道金牌,迫使岳飞回撤。公元1141年,秦桧又以"莫须有"的罪名将岳飞杀害。

"三十功名尘与土,八千里路云和月。……壮志饥餐胡虏肉,笑谈渴饮匈奴血。"这首千古流传,激励了一代又一代炎黄子孙的《满江红》正是岳飞精忠报国和抗金杀敌的自我写照。

人们还十分仰慕岳飞卓绝的用兵谋略和高超的治军艺术。

岳飞的用兵谋略,特点鲜明,精彩纷呈。例如,他提倡"不拘常规,灵活机动"。公元1126年,岳飞隶属宗泽麾下,屡建战功,但在作战中常常不守"战规"。宗泽对他又佩服又担心,便把作战布阵图交给岳飞,要他按既定的阵法去用兵布阵。岳飞回答说:"阵而后战,兵法之常,运用之妙,存乎一心。"意思是,先布阵后出战,这是兵家常规,但不可拘泥一法;用兵的奥妙在于以变制变,一切全靠人的主观运筹谋划。他指挥的许多战斗,都充分体现了这种灵活机动、变幻莫测的战法。再如,他强调"勇不足恃,在先定谋"。岳飞参军之初,便以出人的勇敢而"勇冠三军"。在作战中,他常常是身先士卒冲杀在前。但他的勇敢,决不是盲目冒进,而是建立在巧施计谋的基础之上。早在投奔张所时,张所听说岳飞作战勇猛,便问他:"汝能几何?"他回答说:"勇不足恃,用兵在先定谋。"就是说,光有勇敢是不够的,用兵的奥妙和关键在于先定计谋。岳飞的整个抗金作战,可以说,都是勇与谋的完美结合。另外,他用兵作战,还十分注重以己之长,击敌之短;对敌宣传,分化瓦解;发动民众,联合义军;等等。

　　岳飞的治军经验,也颇受后人的赞赏和效仿。据他的孙子岳珂总结,岳飞的治军经验有6条:一是精选将士;二是勤加训练;三是赏罚公正;四是号令严明;五是严格纪律;六是同甘共苦。据史料记载:岳飞组织的"岳家军",都是经过严格挑选的有志于抗金事业的青年。他的部众,平时勤于训练,技艺娴熟,战时奋勇杀敌,以一抵十。特别值得一提的是,岳家军有一条铁的纪律,就是"秋毫不犯",不准索取民财,不准扰乱百姓,以"冻死不拆屋,饿死不掳掠"(《宋史·岳飞传》)而著称。因此,每到一地,百姓都壶浆载道,十里迎送;而金军则叹称:"撼山易,撼岳家军难!"

成吉思汗:"一代天骄"和"世界皇帝"

　　在中国古代将帅中,后人评价最高的莫过于蒙古开国大汗,杰出的军事家、政治家成吉思汗。中国共产党和中国人民解放军缔造者、领导人毛泽东称成吉思汗"一代天骄"。在西方人的眼里,成吉思汗这几个字被当成了"世界皇帝"的同义语。

　　为什么成吉思汗会得到如此之高的评价?最主要的原因是,他一生经战50年,"创造了震撼世界的业绩"(《中国军事百科全书》),尤其是他开创的蒙古"大帝国",力量之强大、地域之辽阔、民族之众多,在迄今为止的人类历史上是绝无仅有的。

成吉思汗

成吉思汗一生 50 多年的戎马生涯,大致可以分为两大阶段。

第一阶段,是成吉思汗用 20 多年的时间,完成统一蒙古的大业。

成吉思汗,原名铁木真,公元 1162 年生于斡难河畔一个奴隶主贵族家庭,他的父亲也速该是部落首领。当时,在我国兴安岭以西、大漠南北、阿尔泰山以东广大地区生活着大大小小许多互不统属的游牧部落,它们经常为争夺牧场、牛羊,为报仇雪耻而互相攻打,争战不已。铁木真 9 岁时,他的父亲被塔塔儿部落毒死,部众离散,铁木真家族骤然破落,一贫如洗。几年后,泰赤兀部落又突袭铁木真家族,把铁木真掠走,幸好他机敏逃脱。不久,铁木真的妻子又被蔑儿乞部落掳走。接二连三的打击,使铁木真认识到,要想在弱肉强食的草原生存下去,就必须恢复家族地位,建立自己的武装。于是,铁木真一方面依附蒙古高原最强大的克烈部首领脱里(后称王汗),尊他为父,开始招集离散的亲族和部众;另一方面又与札答阑部首领札木合结为安答(兄弟),逐步发展自己的势力。几年后,在脱里和札木合的帮助下,铁木真击败了仇敌蔑儿乞部,救出了妻子。金大定末年,铁木真移营怯绿连河(今克鲁伦河)上游,独立建帐,广结盟友,选贤任能,宽厚待人,吸引了许多蒙古部众和乞颜氏贵族前来投奔,很快势力超过了他父亲在世时的盛况。公元 1189 年,28 岁的铁木真被推举为可汗(部落酋长)。

此后,铁木真便开始了统一蒙古的战争。金大定末年,札木合担心铁木真威胁自己的地位,联合 13 部落共 3 万多人向铁木真进攻。铁木真集中所属兵力共分为 13 翼迎战,因实力较弱失利退兵,史称"十三翼之战"。但铁木真善于争取人心,获胜的札木合反倒众叛亲离,他的部众纷纷投奔了铁木真。公元 1196 年,塔塔儿部落背叛金国。铁木真为趁机扩张势力,同时也为报杀父之仇,协助金军大破塔塔儿,被金朝封为部族官。不久,铁木真又与王汗联兵,大败正在会盟的哈答芹等 11 部落联军。公元 1201 年,他又击败札木合纠集的 11 部落联军的进攻。第二年,铁木真又大败乃蛮联军于阔亦田(今哈拉哈河上游)之野,并乘胜攻灭塔塔儿四部,占据了呼伦贝尔草原,力量大增。王汗见铁木真逐渐强大,感到对自己不利,于公元 1203 年对铁木真发动突然袭击。铁木真取得首战胜利后,鉴于己寡敌众的不利态势,主动后撤至哈拉哈河中游一带,休整兵力。乘王汗骄怠不备之时,他率兵夜袭王汗大营,大败王汗军队。王汗只身败逃,被乃蛮人捕杀。第二年,铁木真又乘乃蛮部(蒙古西部最大的割据势力)来攻,巧布疑阵,擒杀乃蛮首领太阳汗,征服了乃蛮部众。这样,蒙古高原百余个大小部落先后败亡,塔塔儿、克烈、蔑儿乞、乃蛮和蒙古五大部都统一在铁木真的旗帜之下。公元 1206 年,全蒙贵族在斡难河畔举行大会,推举铁木真为全蒙古的大汗,号称成吉思汗(此号有"海洋"或"强大"的皇帝之义)。

第二阶段,是成吉思汗在统一蒙古后,对外发动大规模战争。

公元 1207 年,成吉思汗首先发起了历时 22 年的蒙夏战争。在这次战争中,成吉思汗先后六次出兵西夏,其中四次是他亲自率兵出征。他采用"远程奔袭,深入腹地,分进合击,疲而困之"等战法,屡创夏军主力,迫使西夏国王拱手乞降,削除了金朝的西北屏障,为灭金创造了有利条件。

公元 1211 年,成吉思汗又亲率大军进攻金朝,开始了为时 24 年的蒙金战争。在这次战争中,成吉思汗和他的继承人窝阔台汗在战略上善于利用金、宋、夏之间和金内部的矛盾,联此击彼,各个击破;在战法上注重声东击西,多路出击,迂回包围,巧施诈术,突袭歼敌;在武器装备上善于利用当时的先进技术,如为适应攻城需要,建立"炮军",为适应野战需要创立"箭速传骑"的通信联络。因此,蒙古军队始终掌握着战争主动权。

公元 1219 年,成吉思汗以西域花剌子模国杀蒙古商人和使者为由,亲率大军 20 万,兵分四路西征。几年间,蒙古大军攻破数城,一直打到现今的里海、塔吉克斯坦、乌兹别克斯坦、阿富汗、土库曼斯坦、伊朗、印度、阿塞拜疆、格鲁吉亚、俄罗斯等地,公元 1224 年经里海北班师返回漠北。

公元 1227 年,成吉思汗正准备集中全力南下攻金,因伤病复发死在军中,终年 65 岁。临终前,他立下遗嘱,要利用宋金矛盾,借道宋境,联宋灭金。

成吉思汗死后,他的子孙继续向南、向西、向北扩张,先后攻灭金朝、南宋、中亚西亚各国和东欧诸国及俄罗斯等,建立了横跨欧亚的大帝国。公元 1271 年,成吉思汗之孙忽必烈改国号为大元,创立了中国历史上的元朝,并追尊成吉思汗为元太祖。

戚继光:"足称振古之名将,无愧万里之长城"

戚继光,字元敬,号南塘,祖籍河南卫辉,后迁定远(今属安徽),再迁山东登州(今蓬莱)。他出身将门,自幼喜读兵书,勤奋习武,立志效国。17 岁时,他承袭父职任登州卫指挥佥事,从此在军中度过一生。

"云护牙签满,星含宝剑横。封侯非我意,但愿海波平。""南北驱驰报主情,江花边草笑平生。一年三百六十日,都是横戈马上行。"戚继光的这两首诗,正是他一生南征北战、报效国家的生动写照。

戚继光军旅生涯的前 25 年,主要从事同倭寇的斗争。

公元 1553 年,戚继光被任命为署都指挥佥事,负责登州、文登、即墨三营 24 卫所,抗击入侵山东沿海的倭寇。他凭借自己出色的军事才干和沿海人民的支持配合,仅用了两年时间就平定了山东倭患。

公元 1555 年,戚继光被调到浙江,镇守宁波、绍兴、台州三府,后又改守台州、金华、严州三府。他到浙江后看到明军作战能力较低,便亲自到义乌等地招募强壮的军民和矿工三千余人组成新军,进行严格训练,并针对沿海地带芦苇沼泽遍布、倭寇小股分散等特点,创立了攻防兼宜的“鸳鸯阵”。这支经过严格训练的新军,纪律好、武艺精,还有一套切实可行的战术,很快成为名闻天下的“戚家军”。公元 1561 年,倭寇万余人乘数百艘战船袭扰象山、宁海、桃渚等地,戚继光制定了“大创尽歼”的灭倭战策,集中水陆军先到宁海,然后依次剿除,九战皆捷,擒斩倭寇 1400 多人,焚死、溺死倭寇 4000 余人,一举解除了浙江倭患。这一仗,就是有名的“台州大捷”。

戚继光

公元 1562 年,倭寇大举入侵福建,戚继光奉命率精兵 6000 人抗倭。他得知倭寇在福建沿海有三个大的巢穴,便由北向南逐个清剿。最北面的横屿是宁德城东北的一个小岛,离岸约 10 里。戚继光乘退潮时率将士携稻草盖淤泥,涉海进攻横屿岛倭巢一举成功,斩杀倭寇 2600 余人。接着,戚继光又率兵“夜袭”平田,“偃旗息鼓,出敌不意”地进攻林墩,将福建三大倭巢全部捣毁。

公元 1563 年,福建沿海地区倭乱又起,他们围兴化(今莆田)、据平海卫(今莆田东南)为巢,戚继光两次奉命入闽平倭。他率军与福建总兵俞大猷、广东总兵刘显协力作战,攻克平海卫,斩杀倭寇 2200 余人,救出被掠百姓 3000 余人。因“战功第一”,戚继光升福建总兵,镇守福建及浙江温州、金华两府。

11 月上旬,倭寇又集中 2 万多人围攻位于木兰溪畔的仙游城。城中军民奋力抗击,但因力量悬殊,形势十分危急。当时,戚继光手中的兵力仅 6000 人,而且防线又长,无法与敌人马上决战。在这种情况下,他一方面暂取守势,另一方面催令浙兵速来支援。12 月下旬,戚继光见援兵齐集,立即组织反击,迅速解除仙游之围。

仙游破围后,戚继光紧追逃敌。公元 1564 年 2 月,在同安一带两次大败倭寇,基本平息了福建倭患。第二年,戚继光又把锋芒指向广东,消灭了与倭寇狼狈勾结的海盗首领吴平和他的部下 1 万余人,消除了广东倭患。

戚继光与东南沿海军民经过二十几年艰苦作战,终于取得了平息倭患、保卫国土的重大胜利。

戚继光军旅生涯的后 16 年,主要致力于北部边防。

公元 1568 年，戚继光奉调北上，总理蓟州、昌平、保定三镇练兵事务，节制三镇总兵以下将士。为加强北部边防，戚继光采取了许多战略性措施，比如，他将辖区数千里防线分为 12 路，设东西协守，分统诸路；他建辎重营、车战营共 9 座，造战车 1100 余辆和主持维修了三镇的长城，建造了 1300 多座御敌台；他根据北部边防的作战要求，带领将士们练骑战、山战、林战、谷战之道；他还多次率兵粉碎蒙古、鞑靼军队的袭扰。"在镇 16 年，加强边备，蓟门安然"（《中国军事百科全书》）。

努尔哈赤："战无不胜，攻无不克"

公元 1629 年正月，大清太祖努尔哈赤在宁远之战中被明将袁崇焕凭坚城利炮击败，满腔忿恨地退还沈阳。他不无遗憾地叹道："我自 25 岁征战以来，战无不胜，攻无不克，唯宁远一城不下！"事实果真如此吗？奥秘又何在呢？

据史料记载：努尔哈赤于公元 1559 年出生于建州左卫赫图阿拉（今辽宁新宾老城）女真贵族家庭，几代受明朝册封，祖父觉昌安任建州左卫都指挥，父亲塔克世继任指挥。青少年时代，努尔哈赤常到抚顺、清河等地经商，广交朋友，学会蒙、汉语言文字，喜欢看《三国演义》和《水浒传》，从中学到不少韬略兵法。十八九岁时，在明将李成梁帐下从军，屡立战功，很受器重。

努尔哈赤

公元 1583 年，努尔哈赤的祖父和父亲在古勒山城的一次混战中被明军误杀，他承袭父职，任建州左卫都指挥。努尔哈赤对祖父和父亲蒙难一事耿耿于怀，声言与明军"不共戴天"，但当时羽翼未丰，他便把满腔仇恨倾泻到了引导明军攻打古勒山城的尼堪外兰的身上，并以征服尼堪外兰为起点，开始了统一建州女真各部的战争。他以先人的"遗甲十三副"起兵，采用"顺者以德服，逆者以兵临"（《清太祖武皇帝实录》）的策略，左攻右伐，各个击破，经过十年征战，把动乱不堪、纷争不断、定居于今浑河流城、辽宁东部、吉林东南部的建州女真各部"皆为削平"，归于统一。努尔哈赤的兵力也由"遗甲十三副"发展到 15000 多人。接着，他又以"征抚并用"的战略和"各个击破"的战法，相继征服定居于今敦化、松花江一带的海西女真各部和散居在今吉林东北、西伯利亚地区的东海女真各部，完成了对建州女真、海西女真和东海女真的大统一，结束了女真社会长期分裂与动荡不安的局面。公元 1616 年，努尔哈赤正式摆脱对明朝的附属关系,在赫图阿拉即大汗位,立国号大金(史称后金),公开与明王朝分庭抗礼。

努尔哈赤之所以敢与明王朝公开对抗,关键在于他在女真原有狩猎组织"牛录"的基础上创立了八旗军事制度。八旗包括正黄、正白、正红、正蓝、镶黄、镶白、镶红、镶蓝八旗,每旗约 7500 人,八旗共约 6 万人,努尔哈赤为最高统帅。八旗制度,实际上是一种"以旗统人,以旗统兵,以旗统民"的政治、军事、经济三位一体的制度。努尔哈赤依靠这种制度,不仅把分散的女真人统一组织起来,而且训练出一支组织严密、纪律严明、英勇善战、所向披靡的八旗劲旅,并成为他及后来者统一全中国的强大军事力量。

大金政权建立后,努尔哈赤先用两年的时间致力于政治、经济、军事等方面的建设。从公元 1618 年起,他率领由他一手创立的八旗军开始了反明战争。

公元 1618 年 4 月,努尔哈赤以"杀我父祖""逼兵越界"等"七大恨"为由,向明军发起进攻。他率领 2 万军队分两路南下,先突袭辽东重镇抚顺,诱胁守将李永芳出降;再在回师途中,全歼明军总兵张承胤部近万人;又克清河堡,杀明军守将邹储贤以下万余人。就这样,仅仅三个月的时间,努尔哈赤就攻占了 500 多个明军城堡,极大地"震骇"了明王朝。

公元 1619 年 2 月,明王朝令杨镐为辽东经略,急调 11 万(号称 24 万)兵马,以赫图阿拉为主要目标,兵分四路,对努尔哈赤的后金军实行大举围攻。明王朝认为,数路齐进,十来天就能解决问题。此时,努尔哈赤的八旗兵只有 6 万人,处于劣势。他冷静地分析了明军的作战部署和战场形势,决定采用"凭你几路来,我只一路去"的方略,集中兵力,各个击破。3 月 1 日,努尔哈赤先集中兵力在萨尔浒一带猛攻西路明军,很快将西路明军 3 万人全部歼灭。3 月 2 日,努尔哈赤集中八旗兵力,以迅雷不及掩耳之势包围了北路明军,经过一番拼杀,将北路明军 15000 人大部歼灭,总兵马林只身逃回开原。3 月 3 日,努尔哈赤又挥师转战东线,经过两天激战,全歼东路明军 25000 人。坐镇沈阳的明军总指挥得到三路失败的报告,急令南路军撤回,这路明军才幸免于难。这一仗,史称"萨尔浒大战"。

萨尔浒大战后,努尔哈赤率军乘胜前进。6 日,攻克开原,斩杀明军马林等人;7 日,攻取铁岭,并于城外歼灭喀尔喀兵万余人;第二年 3 月,攻占沈阳、辽阳,歼灭明军 7 万余人,明军辽东经略袁应泰自杀。几个月的时间,连克辽东 70 余城。接着,努尔哈赤又挥师西渡辽河,破西平,占广宁,很快控制了辽西大部地区。但遗憾的是,公元 1629 年正月,在宁远之战中,努尔哈赤被明将凭坚城利炮击败,当年 8 月愤郁死去。第八子皇太极继位。

公元 1636 年,皇太极改国号为大清,追尊努尔哈赤为太祖武皇帝,史称"清太祖"。

郑成功：收复台湾的民族英雄

郑成功，原名叫郑森，出生于1624年，祖籍福建南安（今福建南安东北）。他的父亲郑芝龙是明朝的福建总兵，母亲田川氏是日本人。

少年时代的郑成功，聪慧过人，11岁时写的诗文就使师长们大为赞赏。15岁时，郑成功中监生，后来入南京国子监，成为太学生。

清军入关后，公元1645年郑芝龙在福建拥立唐王朱聿键为帝（隆武）。郑成功因此受到特别的恩遇，被封为忠孝伯，赐皇姓"朱"。随后，百姓就叫他"国姓爷"。

郑成功的军事生涯是从反清开始的。1646年，清军大举进攻福建，郑成功的父亲降清，郑成功的母亲被辱自杀。他悲愤交集，来到南安孔庙，在大殿脱下身上

的儒衣将它烧掉，然后向孔子像拜了几拜，表示今后要弃文从武，起兵抗清。随后，他招兵买马，以金门、厦门为基地，开始了反清复明的军事生涯；1648年，他在福建同安、泉州等地连败清军，队伍不断扩大；1649年，他同在西南称帝抗清的永历帝取得联系，被封为威远侯、延平公；1653年，他在福建沿海多次与清军作战，相继取得小盈岭、海澄（今福建龙海）、江东桥等地的胜利，威震闽南；1658~1659年，他率兵10多万、战船300余艘开始北伐，连克瓜州（今属江苏扬州）、镇江，进逼南京，后因麻痹轻敌遭到清军突然反击，败退厦门；1660年，他在福建海门港（今龙海东）歼灭清将达素率领的水师4万多人，军威复振。

1661年，郑成功在厦门召开军事会议，决定收复台湾作为抗清复明的根据地，揭开了他军事生涯中最辉煌的一页。

台湾，自古以来就是中国领土不可分割的一部分。早在春秋战国时期，大陆人民就知道了这一岛屿。东汉三国时期，大陆流民大批到了台湾，最早开发并建设了台湾；东吴大将卫温、诸葛直也率船队到过台湾；当时，台湾被称为夷州。隋、唐时，更有许多大陆人来到台湾，朝廷也派官员多次巡视台湾；台湾又被称为琉球。南宋年间，中国政府开始在澎湖一带派兵屯戍。元朝时期，中国政府正式设置澎湖巡检司，管理澎湖和台湾事务。到了明代，中国政府正式将其改称台湾，并在台湾设立巡检司，同时派兵驻防澎湖。

自明代起，外国侵略者开始入侵中国。荷兰殖民主义者乘明朝政治腐败、海防

郑成功

松弛之机,出兵强占了台湾岛。荷兰人在台湾实行军事镇压、政治分治、经济掠夺,并以台湾为基地在沿海劫商掠货,俘获华人为奴,激起了台湾人民的强烈愤慨和反抗。

郑成功收复中国领土台湾,是中华民族反抗侵略、维护国家领土完整和主权的光辉壮举,得到了台湾同胞的积极响应和全力支持。

出兵之前,一位名叫何廷斌(又名何斌)的人便从台湾来到厦门,要求晋见郑成功。何廷斌在台湾多年,曾被迫给荷兰人当翻译。他久闻郑成功忠贞为国,胸怀大志,十分钦佩,于是向郑成功献计说:台湾沃野数千里,实王霸之区。若得此地"国可富""兵可强""民足食"。接着,他又向郑成功献出了台湾地图,并详细介绍了台湾的地理特征和台湾人民所遭受的压迫和苦难,表示愿作大军收复台湾的向导。听罢何廷斌的一番话,郑成功备受鼓舞,更加坚定了收复台湾的决心。

为确保收复台湾一举成功,郑成功命令将士们抓紧检修战船,筹措军火军粮,并派人前导引港,探测航道,侦察敌情。经过精心筹划,郑成功还制定了先取澎湖,然后通过鹿耳门港(今台南市安平港北),在台南抢滩登陆,突袭赤嵌城(今台南市)的作战方案。

1661年3月23日,郑成功乘侵台荷军兵力薄弱(当时只有千余人),援军受季风影响难以赴台之机,率领将士25000余人、战船数百艘作为第一梯队,在何廷斌和熟悉航路的渔民的引导下,由金门料罗湾出发,向澎湖开进。经过一昼夜航行,顺利渡过台湾海峡,到达澎湖。不料,此时连天狂风大作,航行受阻。为了抓住战机,30日,郑成功决定乘风破浪,继续前进。4月2日拂晓,船队到达荷军疏于防守的鹿耳门港外。乘中午满潮之机,郑成功率领船队,在何廷斌的引导下,绕过敌炮台,迅速进入鹿耳门内海。在岛上数千同胞的接应下,船队兵分两路,顺利抢滩登陆。中国军队出现之突然,进展之神速,使荷兰守敌措手不及。荷军守将描难实叮惊呼道:"中国兵太可怕了,他们都是些神兵,是从天上掉下来的。"

但是,荷兰侵略者并未就此罢休,荷兰殖民总督揆一多次组织反扑;在海上,荷兰海军出动4艘战舰向鹿耳门港湾北线的郑军发起猛攻;在陆上,揆一派出乌铳兵向登上北线尾岛的郑军进行袭击。郑成功立即督军还击:在海战中,击沉、烧毁、重创荷兰战舰3艘,仅有1艘逃脱;在陆战中,郑成功采取主力正面还击、另出奇兵迂回敌兵夹击的战法,全歼进攻之敌。

4月3日,郑成功乘胜扩大战果,集中12000人的兵力包围了赤嵌城。他命令众将士切断城内水源,在城周围布设大量火器,对荷军形成军事威慑。同时,他还遣送俘获的赤嵌守军头目描难实叮之弟夫妇回城劝降,实施心理攻势。迫于各种压力,描难实叮很快便率众出城。郑成功对他予以厚待,又派他去荷兰总督及评议会所在地台湾城(今台南市西安平镇)劝降揆一。揆一提出,每年送郑成功万两税银,后又答应送劳师银 10 万两,要求郑成功退出台湾,被郑成功严词拒绝。

不久,郑成功率领大军攻到台湾城下。揆一凭借坚城利炮和守兵千人,负隅顽抗。台湾城,据说是用糖调灰垒砖筑成,厚处达 6 英尺,易守难攻。于是,郑成功便改变策略:一方面,对台湾城采取"长期围困,切断联系,迫其自降"的战法;另一方面,分兵收复岛上其他失地,着手台湾的整顿、恢复和建设。根据这一策略,郑成功在围困封锁台湾城的同时,很快收复了鸡笼(今基隆)、淡水等地,并下令屯垦解决军需,还到高山族同胞居住区察访、慰问。

荷兰东印度公司为挽回败局,派 12 艘舰船和 700 余名官兵于 7 月增援台湾,和揆一合兵进行反攻,很快被郑军击退,并毁、伤敌舰 7 艘。10 月,揆一再次向巴达维亚求援。荷兰殖民政府又派兵前来救援,再次被郑军击退。

台湾城被围困 8 个月后,第二批郑军登陆。1662 年 1 月,郑成功见时机已到,下令发起总攻,2 月 1 日,荷兰侵略者在孤立无援、兵疲粮绝的情况下,灰溜溜地出城在投降书上签字。被殖民者侵占达 38 年之久的台湾,终于回到了祖国的怀抱。

左宗棠:晚清"中兴名臣"

左宗棠

公元 1880 年,大队清军浩浩荡荡地开出嘉峪关,向哈密方向挺进。令人惊诧的是,打头的士兵扛的不是军旗,而是一口令人悚然的棺材……这便是左宗棠进军新疆的一幕。

左宗棠何许人也,他为什么令部下抬着棺材进新疆?

左宗棠,字秀高,1812 年出生于湖南湘阴县,是晚清著名的政治家、军事家、洋务派重要代表人物。21 岁时,左宗棠考中举人,但三次入京会试都名落孙山。此后,他放弃科举考试,潜心钻研历史、地理、军事等"经世致用"的学问,并开始了他的军事生涯。

左宗棠一生功过兼有。他先后参与和指挥清军镇压太平军、捻军和回民起义的军事活动;作为洋务派的重要代表人物,他还先后建议和创办了福建船政局、船政学校。因功绩卓著,他最终成为声势显赫的所谓"中兴名臣"。

左宗棠一生中最值得一提的是,在新疆地区出现分离危险的关键时刻,他挺身而出,力排众议,毅然挥师出关,收复了新疆,为中华民族立下了不可磨灭的功勋。

19世纪60年代中期至70年代初,中亚浩罕国(在乌兹别克斯坦境内)军事头目阿古柏悍然入侵我国南疆,并不断向北疆扩展势力;沙俄也趁火打劫,出兵侵占了我新疆伊犁地区。西北形势岌岌可危。正在这时,又发生了日本侵犯我国台湾的事件,东南沿海的形势也骤然紧张起来。由此,在朝廷内部引发了一场"海防"和"塞防"的大争论。李鸿章等人认为,海防、塞防二者不能兼顾,主张放弃塞防,把停撤塞防的饷银用来加强海防。1875年,左宗棠上疏朝廷,提出了海防与塞防"并重"的主张,并严厉批驳了放弃新疆、弃地退守的论调。他强调,在西北"自撤藩篱,则我退寸而寇进尺",不仅新疆、甘肃难保,京师的北方屏障蒙古也将不得安宁,因此必须出兵收复新疆。左宗棠的这些主张被朝廷采纳,同年5月,他被任命为钦差大臣,督办新疆军务。

左宗棠受领进军新疆的任务后,没有马上采取军事行动,而是首先以极大的精力进行了战争准备。他主要是抓了"集兵、筹饷、筹转运"三件大事:根据新疆地处边陲、远离中原、交通不便、人稀地广、地形复杂、后勤补给困难等特点,他制定了"缓进急战""先北后南"的战略方针,狠抓了部队官兵的整顿和训练,进一步更新和改善了武器装备;他通过"举外债""借商款"等方式多方筹款,以保证部队粮饷充足;他还多渠道采购军粮和其他作战物资,并精心组织转运,秘密运往新疆前线。

1876年4月,在各项准备工作基本就绪之后,左宗棠率领大军进驻肃州(今甘肃酒泉),在城东南设置了大本营。根据预先制定的"先北后南"的战略方针,左宗棠首先发起了"北疆战役":1876年8月,他令大将刘锦棠率领清军主力一举攻克了古牧地(今新疆米泉),并乘胜收复了乌鲁木齐;1877年4月,他又令清军三路并进,连克达坂城、吐鲁番、托克逊。在左宗棠的精心指挥下,不到一年的时间,清军就取得了北疆战役的胜利,共歼敌2万多人,并一举打开了通往南疆的门户。

英国殖民者见中国军队即将收复南疆,慌忙出面"调停",要清政府允许阿古柏残部在喀什独立成国。左宗棠严厉驳斥道:英人要想为他们立国,可以割英国土地给他们,为什么要拿我们的沃土做人情呢!同年9月,左宗棠又不失时机地发起了"南疆战役":9月下旬,令大将刘锦棠率精锐步骑,以迅雷不及掩耳之势,一月驰骋三千里,在南疆人民的支持和协助下,一举收复南疆东四城;12月初,又兵分三路,摧枯拉朽般地再下南疆西四城。

至此,阿古柏匪帮被一网打尽,沦陷十多年的新疆除被沙俄侵占的伊犁地区外,重新回到祖国的怀抱。

1878年,清政府派崇厚出使俄国谈判收复伊犁问题。次年8月,崇厚同沙俄签订了丧权辱国的《交收伊犁条约》,仅收回伊犁一座孤城。左宗棠坚决反对这一卖国条约。在这场著名的"和战之争"中,他成为主战派的旗帜。

1880年4月,左宗棠做出了三路出兵,收复伊犁的战役部署。5月底,69岁高龄的左宗棠令部下抬着棺材由肃州出发,出嘉峪关,进驻哈密,决心与沙俄决一死战。在左宗棠的积极奋战之下,沙俄被迫将已经吞并的伊犁和特克斯河上游两岸领土归还我国。

蔡锷:"平生慷慨班都护,万里间关马伏波"

1916年,年仅34岁的蔡锷病逝。大总统黎元洪发布特别命令,追封他为陆军上将,国会决定为他举行国葬。举行葬礼那天,"执绋万人,举国摧痛",人们怀着痛惜和崇敬的心情,把他的遗体葬在长沙岳麓山。中国革命的"先行者""国父"孙中山在挽联中写道:"平生慷慨班都护,万里间关马伏波",把他比作历史名将班超和马援。

蔡锷,是怎样一个人,为什么他赢得了如此崇高的声望?

蔡锷,原名艮寅,字松坡,1882年出生于湖南宝庆(今邵阳)。他自幼勤奋好学,10岁时便读完了"四书五经",13岁时考中秀才,16岁时考入长沙时务学堂。当时,维新派领袖梁启超任学堂中文总教习,非常赏识蔡锷的才华,二人结为"忘年交"。

蔡 锷

1899年,蔡锷东渡日本,先后入东京大同高等学校、陆军成城学校和陆军士官学校学习。学习期间,蔡锷思想活跃,成绩突出,与同期的蒋方震、张孝准被称为"中国士官三杰"。他还参加了留学生的"拒俄义勇队",发表过《军国民篇》等论文。

1904年,蔡锷毕业归国,先后在湖南、广西、云南等地从事军事教育工作,撰写和编辑了《军事计划》和《曾胡治兵语录》等军事论著。最值得一提的是,归国后,年轻的蔡锷做了两件"惊天动地"的大事:一是1911年组织并领导了辛亥云南重九起义,二是1915年发动并指挥了讨袁护国战争。

1911年春季,蔡锷被任命为云南新军第19镇第37协协统(相当于旅长)。当时,云南革命党人的反清活动异常活跃,大批同盟会会员和许多从日本回国的具有爱国思想的青年军官到处宣传革命思想,积极策动和组织反对清王朝的革命斗争。蔡锷虽然不是革命党人,但对清政府的不满情绪早已郁结在心。他暗中与同盟会保持着密切联系,对革命党人的活动给予大力协助。他对动员他参加革命的同盟会会员说,一旦发生革命,定给予"绝对同情支持"。

1911年10月10日,革命党领导的反清武昌起义(辛亥革命)爆发,云南革命党人积极行动起来。从10月19日起,云南同盟会会员连续5次召开秘密会议,酝酿武装起义问题,蔡锷应邀与会,被推举为起义军临时总司令。

10月30日(农历九月九日,重阳节,又称重九)晚8时,辛亥云南起义爆发,蔡锷与同盟会会员李根源等人率领云南新军兵分南北两路,向五华山、军械局、总督署等处发起猛烈进攻。战至次日中午,南北两路义军会师于五华山,击毙云南新军第19镇统制钟麟同,俘获云贵总督李经羲。

辛亥云南起义,是继辛亥武昌起义之后战斗最激烈、代价最巨大的一次起义。在这次起义中,蔡锷严密组织,机断指挥,充分展示了超群的胆略和才能,赢得了云南军民的由衷推崇。11月1日,起义官兵在昆明五华山成立"云南军都督府",公推年仅29岁的蔡锷为都督。

蔡锷就任都督后,积极更新人事,革除弊政,裁减军队,兴办教育,开发实业,并率先节俭俸银,倡导廉政,使边陲云南呈现出一派生气勃勃的景象。在任职期间,他还针对英、法帝国列强觊觎我国西南地区,主持制订了《五省边防计划》,意在推动滇、川、桂、粤、黔西南五省边防建设,谋求建立五省联合军,随时抗击英法的军事侵略,捍卫祖国西南边疆的安宁。

1913年10月,蔡锷奉调入京,先后任陆军部编译处副总裁、参政院参政、全国经界局督办等职。当时,蔡锷"很有点痴心妄想,想带着袁世凯上政治轨道,替国家做些建设事业"。但是,他的"痴心妄想"没维持多久,就被袁世凯的"倒行逆施"所扑灭:1915年5月7日,袁世凯与日本帝国主义签订了卖国的《二十一条》,企图为复辟帝制寻求靠山,这使得蔡锷痛心疾首;12月13日,袁世凯在经过一系列精心筹划和准备之后,又正式宣布复辟帝制、接受帝位,下令取缔民国,改用洪宪年号,这更使得蔡锷对袁世凯彻底失望,并决心以武力反袁讨袁。于是,他表面装作若无其事,常去北京八大胡同,与名妓小凤仙厮混,以蒙蔽袁世凯,暗中与梁启超等人秘密商量讨袁计划,并初步拟定了赴云南发动武装起义的战略设想。1915年11月,蔡锷秘密离京赴津,后以治病为名东渡日本,经台湾、香港、越南于12月19日潜抵昆明。

这时,云南昆明正处在革命疾风暴雨的前夜:云南军队中的中下级军官积极活动,酝酿发动讨袁起义;以唐继尧为首的团以上军官,也多次举行秘密会议,确立了护国讨袁的战略决策,并着手进行战争准备工作。蔡锷抵达昆明,受到了云南军民的热烈欢迎,加速了云南反袁武装起义的爆发。

1915年12月25日,蔡锷与唐继尧等人在昆明宣布云南独立,并建立云南都督府,组织了约2万人的讨袁护国军,蔡锷、李烈钧分任第1、第2军总司令,唐继尧任都督府都督兼第3军总司令。

1916年1月,蔡锷率领第1军向护国战争"主战场"四川开进。当时,他正患着严重的疾病,"瘦得像鬼,两颊下陷,整个脸上只有两眼还闪闪发光"。第6支队长(相当于团长)朱德关切地劝他说:"你不能带队去啊!你有病,要送命的!"蔡锷坚定地回答:"我要把全部生命献给民国!"

蔡锷组织指挥的四川战役,是护国战争中打得最艰苦、最激烈,也是决定战争命运的战略性战役。面对数倍于己的袁军"精锐之师"北洋军,蔡锷在川、黔护国军的配合下,依靠人民的支持和高昂的士气,运用近战和迂回包围等战法,在泸(州)、纳(溪)战场鏖战一个多月,击败了数倍于己的北洋军,赢得了护国战争的胜利。1916年3月22日,袁世凯被迫宣布撤消帝制,不久忧郁病死。

1916年7月,蔡锷被任命为四川督军兼省长。但这时,蔡锷的病情进一步恶化。同年9月,他东渡日本治病。11月8日,这位中国近代的"班都护""马伏波"因医治无效病逝,年仅34岁。

冯玉祥:"守诚守拙"的"怪物"

冯玉祥

在民国时期的军事家和爱国将领中,冯玉祥可算是一个十分特殊的"性情中人"。有人说,冯玉祥最大的特点是"守诚守拙";还有人说,冯玉祥简直就是一个"怪物"。

"守诚守拙",来自冯玉祥自己写的一首题目为《战》的诗。诗中写道:"平民生,平民活,不讲美,不要阔。只求为民,只求为国。奋斗不懈,守诚守拙……"这首诗镌刻在泰山脚下冯玉祥墓园的一座石碑上。

"怪物"一说则来自于同僚们对冯玉祥的评价。当时,官场上盛行请客送礼之风。对此,冯玉祥定下了这样的规矩:逢年过节或婚丧大事,只许上级给下级送礼,不许下级给上级送礼。因而,他被一些人称为"怪物"。

那么,冯玉祥究竟是怎样一个"守诚守拙"的"怪物"呢?

冯玉祥,原名基善,字焕章,1882 年 11 月 6 日出生于安徽巢县(今巢湖市)。少年时代,冯玉祥的家里十分贫困,14 岁时他便从军入伍。从普通一兵开始,最后官至陆军一级上将、国民党政府军事委员会副委员长,冯玉祥的一生,可谓戎马倥偬,纵横驰骋,历经沧桑,饱尝忧患。

冯玉祥从普通一兵到著名将领,是与他勤奋好学,努力探求新知识密不可分的。因家境贫困,冯玉祥幼年只读了两年私塾,但他求知的欲望十分旺盛。1896 年当兵后,买不起纸笔,他就用一根细竹管扎上一束麻,蘸着稀薄的黄泥浆,在洋铁片和方砖上练字,并先后读完了《论语》《孟子》《左传》《古文观止》等书籍;1900 年任本哨小教习后,他又认真阅读《操法》《阵法》等兵书,有时彻夜不眠;1902 年在袁世凯的武卫右军当正兵后,他还由浅入深地学习和掌握了战时军事指挥的基本理论和应用战术,由于学习成绩优异,很快由正兵升为队官;1930 年蒋、冯、阎大战败北后,他开始意识到军队打败仗的原因在于缺乏正确鲜明的政治主张,于是又把学习的范围由文化和军事知识扩展到政治、经济领域,并系统地阅读了社会发展史、政治经济学以及社会主义方面的书籍;1933 年退居泰山后,他还聘请李达、邓初民、陶行知等进步学者讲授辩证唯物主义、历史唯物主义、政治学原理、国际政治、中国社会问题、中外史地、物理、生物、天文等课程。通过一生的勤奋学习,冯玉祥终于成为一个知识渊博的著名军事家和政治家。

冯玉祥在 50 多年的军事生涯中,以治军严、善练兵而著称。他在《我的生活》一书中写道:"我自治军以来,兢兢业业所注意的,就是部队的训练与纪律。"冯玉祥治军练兵,有着鲜明的"冯军"特色:(1)他注重爱护士兵,关心士兵,认为"治军最要紧的是要得兵心",要求军官们要以带子弟的心肠去带兵。(2)他强调"纪律是军队的命脉,有之则生,无之则死",规定部队"不扰民,真爱民",并亲手制定了"五不准"的军律(不准吸烟喝酒,不准嫖娼赌博,不准欺侮百姓,不准私入民宅,不准便服外出)。1921 年任陕西督军时,他手下几个官兵抢劫了一家商店。冯玉祥异常气愤,他给自己的双脚套上脚镣以示自责,破案后立即枪决了作案人员。(3)他重视爱国爱民教育,亲自规定"守本分,吃劳苦,救国家,保人民"为《当兵宗旨》,并编写了《爱国精神》手册和《国耻歌》对部队进行爱国教育。(4)他关心官兵的文化学习,编写了《军人读本》《战阵一补》等通俗读物供他们学习,每月进行一次考试;并亲自考察连级以上军官的学习情况,规定学习成绩太差的人不能升级。(5)他严格训练部队,尤其重视近战、夜战和恶劣气象条件下的训练,他倡导"三阶段"(课堂讲授、操场演练、野外演习)、"七步骤"(我做给你看;你做给我看;讲评;我再做给你看;你再做给我看;讲评;你再做)的练兵方法,常在大风、大雨、大雪天带领部队进行战斗演习。由于冯玉祥训练部队有方,他旗下的西北军官兵具有身强体壮,能吃苦耐劳,行动灵活迅速,善于近战、夜战等特点。

冯玉祥还以作战指挥有方受到人们的推崇。据不完全统计,冯玉祥一生中经过大小战役 30 余次,其中规模较大的有 15 次,胜 11 次,败 4 次。在作战指挥中,他善于灵活运用"知彼知己,百战不殆""出其不意,攻其不备"等军事原则,尤其善于运用侧后袭击战法。例如,1927 年北伐战争时,冯玉祥率军与直鲁联军对峙。冯军进攻徐州和济宁受挫,直鲁联军以开封为目标,向冯军大举进攻,其中一路约 8 万人进击开封。冯玉祥令孙良诚、马鸿逵两军退出开封,缩短战线,集中在开封西南杜良寨与杞县一线设防阻击。10 月 26 日,直鲁联军发起进攻。根据冯玉祥的部署,孙良诚部力战 3 日,多次发起白刃逆袭,吸引住直鲁联军主力,造成决战的假象。10 月28 日、29 日夜间,冯玉祥则派韩复矩、石友三两军分 6 路迂回到陇海路直鲁联军侧后的吕屯、田康寨、杨固集一带,向敌人发起突然袭击。直鲁联军猝不及防,首尾不能相顾,于 30 日全军溃退。冯军俘直鲁联军军长袁家骥以下官兵 3 万余人,在北伐战争中打了一次大胜仗。再如,1930 年蒋冯阎战争中,双方军队在豫东陇海路沿线展开大规模交战。蒋介石派出飞机轰炸,使没有制空权的冯军白天行动十分困难。于是,冯玉祥便派骑兵远程奔袭蒋军后方的归德机场,烧毁飞机 12 架,俘虏驾驶员和地勤人员 50 余人,一举打掉了蒋军的空中优势。

冯玉祥的军政生涯起伏跌宕,曲折迂回,但他总的政治倾向是反帝反封建反独裁、向往民主自由的。1911 年辛亥革命爆发后,他曾秘密参与发动滦州起义;在 1915年护国战争中,他奉令入川与护国军作战,但暗中却与蔡锷联络;1917 年 7 月,他率军积极参与讨伐张勋的辫子军;1924 年,他率直军第 3 军发动北京政变,推翻直系军阀政府,驱逐清逊帝溥仪出宫,并电邀孙中山赴京共商国是;1925 年后,他开始与共产党及苏联接触;1927 年,他赴苏考察,并于同年 9 月,在苏联和中国共产党帮助下,誓师五原,参加国民革命;1931 年"九一八"事变后,他积极主张抗日,反对蒋介石的不抵抗政策,并于 1933 年 5 月,在张家口组织察哈尔民众抗日同盟军,挥军抗日;抗战胜利后,他采取了与中国共产党合作的态度,反对蒋介石的内战独裁政策;1948 年 1 月,中国国民党革命委员会在香港成立,他当选为常务委员和政治委员会主席,公开与蒋介石决裂;1949 年 7 月,他应中共中央邀请,参加中国人民政治协商会议筹备工作,但因乘船回国时轮船失火不幸遇难。

毛泽东:集军事统帅和军事理论家于一身

近代中国,积贫积弱,灾难深重,自 1840 年西方列强用坚船利炮轰开长期封闭的"天朝"大门,惊醒了四千年的沉梦之后,伴随着沦丧国土的悲鸣,无数仁人志士进行了苦苦的探索和抗争。社会的混战呼唤社会革命家,军事上的衰弱呼唤军事家。那是一个多么需要巨人和能产生巨人的时代。毛泽东正是在这样的时代诞生的伟大的人物。

毛泽东,字润之,生于湖南湘潭韶山冲(今韶山市)一个农民家庭。中国人民解放军主要创建人和领导人,军事家。1911年10月辛亥革命爆发后,曾在湖南起义的新军中当过兵。1919年五四运动前后,接触和接受马克思主义理论和俄国十月革命经验,逐步确立了对马克思主义的信仰。1920年秋在长沙创建共产党早期组织。1921年7月出席在上海举行

毛泽东

的中共第一次全国代表大会。1923年6月在中共第三次全国代表大会上当选为中央执行委员,参加中央领导工作。

毛泽东是中国共产党内最早认识革命武装斗争在中国革命中具有极大重要性的领导人之一。他早在1924年就参与领导国共合作,并在1926年3月,针对蒋介石在广州制造的"中山舰事件"后的形势,主张联合国民党左派,发动工农群众,以武力给国民党右派坚决的回击。同年5月和翌年3月,先后在广州、武汉主办农民运动讲习所,对学员进行军事训练,培养农民运动和革命武装斗争的骨干,支援国共合作的北伐战争。11月任中共中央农民运动委员会书记,积极领导湖南、湖北的农民运动。1927年3月,在《湖南农民运动考察报告》中,提出推翻地主武装,建立农民武装。5月,在中共第五次全国代表大会上当选为候补中央执行委员。在蒋介石、汪精卫发动和将要发动反革命政变的紧要关头,于7月4日在武汉举行的中共中央政治局常委扩大会议上提出:农民武装可以上山或投到同党有联系的军队中去,以保存革命武力,"上山可造成军事势力的基础"。8月7日,在武汉召开的中共中央紧急会议上,鉴于大革命失败的教训,提出武装夺取政权的思想。指出:"以后要非常注意军事,须知政权是由枪杆子中取得的。"会上被选为临时中央政治局候补委员,并同彭公达一起接受中共中央关于领导改组中共湖南省委和组织秋收起义的任务。会后,根据中共湖南省委决定,任秋收起义领导机关前敌委员会书记,负责组建工农革命军第1军第1师,并制订了在湘赣边界地区举行武装起义的计划。

毛泽东1927年9月领导和发动湘赣边界秋收起义。起义受挫后,他主持召开前委会议,根据敌强我弱的实际情况,决定放弃进攻长沙的作战计划,率领部队沿罗霄山脉向南转移,到反动统治力量薄弱的农村寻求立足点。从进攻大城市转到向农村进军,开始探索中国武装革命的正确道路。进军途中,于29日在江西永新三湾

村对部队进行了改编,将部队缩编为工农革命军第 1 军第 1 师第 1 团。在部队中建立中共各级组织,将党的支部建在连上,实行民主管理制度,建立各级士兵委员会。同年 10 月下旬,率领工农革命军到达井冈山,开展游击战争,领导创建第一个农村革命根据地,并通过团结教育和改造工作,将袁文才、王佐两支农民军改编为工农革命军第 1 师第 2 团。12 月底,为工农革命军明确规定打仗消灭敌人、打土豪筹款子、做群众工作"三大任务"。1928 年 1 月初,率部南下遂川,召开前委和遂川、万安县委联席会议,总结游击战争的经验,提出了"敌来我走,敌驻我扰,敌退我追"的游击战原则。3 月,为工农革命军制定了"三大纪律"和"六项注意"。后经逐步修改、补充,发展成人民军队长期遵循的三大纪律八项注意。4 月,率部接应朱德、陈毅带领的南昌起义军余部和湘南起义农军到井冈山会师后,部队合编为工农革命军(不久改称中国工农红军)第 4 军,任该军中共军委书记、党代表。5 月,在中共湘赣边界第一次代表大会上被选为中共湘赣边界特委书记,后任中共红军第 4 军前委书记。7 月,在中共六届一中全会上当选为中央委员。在坚持井冈山斗争中,与军长朱德一起总结并提出"敌进我退,敌驻我扰,敌疲我打,敌退我追"的游击战争十六字诀,对红军游击战争起了有效的指导作用。同时指挥部队击退湘赣两省敌军发动的多次"进剿"和"会剿",扩大革命根据地,发展土地革命。

同年 10 月、11 月,毛泽东撰写《中国的红色政权为什么能够存在?》和《井冈山的斗争》两篇著作,明确提出"工农武装割据"的思想。1929 年 1 月,为打破敌军"会剿"和严重经济困难,与朱德率领红四军主力向赣南出击,随后在当地中共组织和群众武装的配合下,相继建立了赣南、闽西苏区。同年 12 月根据中共中央 9 月 28日指示信(即"九月来信")的精神和创建红军以来的基本经验,主持起草了中国共产党红军第四军第九次代表大会决议草案。12 月底,在福建上杭古田主持召开红四军第九次代表大会,通过了《中国共产党红军第四军第九次代表大会决议案》(即《古田会议决议》)。决议在中共领导的人民军队的建军史上起着长期的指导作用,是建党建军的纲领性文献。1930 年 1 月,撰写《星星之火,可以燎原》,阐明了中国革命必须坚持创建农村革命根据地,必须用红军和农村革命根据地的发展去促进全国革命的基本思想,标志着毛泽东关于中国革命必须走以农村包围城市,武装夺取政权道路的思想的形成。

1930 年 2 月 7 日,毛泽东在江西吉安陂头主持召开红军第 4、5、6 军军委和赣西特委联席会议,成立共同前委,任前委书记。8 月,同朱德率领红 1 军团与彭德怀率领的红三军团在湖南浏阳永和市会师后组成中国工农红军第一方面军,任总政治委员、前委书记。9 月,在中共六届三中全会上被选为中央政治局候补委员。同年10 月底至 1931 年 9 月,蒋介石先后三次调集重兵对红一方面军和中央苏区发动

"围剿"，他提出诱敌深入的战略方针，与朱德指挥红军有计划地实行战略退却，待敌深入根据地后，在其兵力分散、部队疲劳、士气沮丧的情况下，集中兵力，于运动中各个击破，打破了国民党军连续三次"围剿"，使组成中央苏区的赣南、闽西两苏区连成一片，并得到了巩固和发展。在这期间，使红军在战略上以弱胜强、在战术上以多击少的作战原则得到完成。1931年先后任中共苏区中央局委员、代理书记，中央革命军事委员会副主席兼总政治部主任、中华苏维埃共和国中央执行委员会主席。1934年被补选为中共中央政治局委员。

1931~1934年间，毛泽东提出的关于中国革命的策略思想和中国革命战争的战略战术，受到执行"左"倾教条主义的中央领导人的反对。1932年3月，中共苏区中央局之江口圩会议，拒绝了他提出的向敌统治力量薄弱，党的力量较强，群众基础较好和地形条件有利的赣东北方向发展的正确的战略方针。10月上旬的宁都会议，又对他在红军中实行的战略方针和战术原则，进行了错误的批评和指责，并免去他在红军中的领导职务，仅保留苏维埃政府主席一职。

1933年1月，中共临时中央被迫由上海迁入中央苏区。3月间，蒋介石对中央苏区的第四次"围剿"被粉碎，9月，又集中50万兵力发动第五次"围剿"。由于中共临时中央继续实行军事冒险主义，要求红一方面军执行"不放弃苏区一寸土地"的阵地战方针，致使红军连续遭到严重挫败并陷入日益缩小的包围圈。国民党军推进至中央苏区腹地，红军主力被迫实行战略转移。毛泽东随同中共中央和红一方面军主力于1934年10月撤出中央苏区，进行长征。

红军长征冲破重重阻拦，渡过湘江后，在遭到严重损失和国民党军队重兵围堵的紧急关头，他说服一些中央领导人，放弃原定向湘西转移的计划，改向战斗力比较薄弱的地方军阀统治的贵州进军，使红军摆脱了险境。1935年1月，在贵州遵义召开的中共中央政治局扩大会议（即遵义会议）上，他批判了"左"倾冒险主义在军事上的严重错误，阐明红军在长期作战中形成的战略战术基本原则，受到参加会议的大多数人的支持，并被增选为中央政治局常务委员。这次会议在事实上开始确立他在红军和中共中央的领导地位，在极其危急的情况下，挽救了中国共产党、中国红军和中国革命，是中共历史上一个生死攸关的转折点。会后组成了毛泽东、周恩来、王稼祥三人小组，负责指挥红军的行动。从1月至5月，红军在川黔滇边界地区，实行高度灵活的运动战，声东击西，迷惑敌人，迂回穿插于国民党重兵集团之间，四渡赤水。随后又南渡乌江，威逼贵阳，乘虚疾进云南，巧渡金沙江，从而摆脱了数十万国民党军队的围追堵截，取得了中央红军主力战略转移中具有决定意义的胜利。6月，指挥部队翻越夹金山，与红四方面军会师后，坚持中共中央关于北上创建川陕甘根据地的方针，拒绝张国焘企图要挟中共中央南下四川、西康（今分属四川、西藏)边界地区的冒险主张,果断地率领红一军、红三军(即红一、红三军团,后整编为陕甘支队)继续北上。10月到达陕甘苏区的吴起镇(今吴旗县城),与红十五军团会师。11月,成立西北革命军事委员会,任主席。同时恢复红一方面军番号,任政治委员。继而指挥直罗镇战役,歼敌1个师又1个团,彻底粉碎国民党军对陕甘苏区的第三次"围剿",为把全国革命大本营放在西北奠定了基础。

1935年日本帝国主义发动"华北事变",日益加紧扩大对中国的侵略。国民党政府继续推行妥协政策,民族危机空前严重。同年12月,中共中央政治局在陕北瓦窑堡召开会议,决定实行抗日民族统一战线的总政策。会上他根据全国形势和中共的总政策,提出把国内革命战争同民族革命战争结合起来,准备直接对日作战力量和猛烈扩大红军的战略方针。会议肯定了他的意见,做出《关于军事战略问题的决议》。1936年2月,同彭德怀率领红一方面军,东渡黄河,东征山西,准备向接近抗日前线的华北广大地区发展,同日军直接作战。5月,根据形势的变化,主动回师陕北,并同周恩来、彭德怀一起决定以红一方面军主力向陕甘宁西部边境地区西征,巩固和发展了陕甘宁革命根据地。10月组织指挥红军第一、二、四方面军于甘肃会宁和静宁地区胜利会师。11月中旬,指挥红军取得山城堡战役的胜利。12月任中央革命军事委员会主席。西安事变发生后,同周恩来等推动事变和平解决,为后来国共两党合作团结抗日铺平了道路。同月,撰写《中国革命战争的战略问题》一书,系统总结了土地革命战争的经验,阐明了中国革命战争的特点、规律和人民战争的战略战术,批判了"左"倾冒险主义在军事上的错误,是一部著名的军事理论著作,对马克思主义军事学说做出了重要贡献。

1937年5月,中共全国代表会议在延安召开。他在会上做《中国共产党在抗日时期的任务》的报告和《为争取千百万群众进入抗日民族统一战线而斗争》的结论。着重强调在国共两党停止内战,抗日民族统一战线初步形成的形势下,坚持无产阶级领导权的重要性,为迎接全国抗日战争的到来,做了重要准备。卢沟桥事变后,发表《反对日本进攻的方针、办法和前途》的文章,提出中国抗战应实行全面的全民族的坚决抗战的主张,8月下旬在陕北洛川举行的中共中央政治局扩大会议上,代表中央提出《抗日救国十大纲领》,并做了关于军事问题和国共两党关系问题的报告。明确指出,红军主力改编为八路军后,应以创建敌后根据地、钳制与消耗敌人、配合国民党军作战和保存与扩大自己等为基本任务;执行独立自主的山地游击战的战略方针,实行由国内正规战争向抗日游击战争的战略转变。强调争取抗战胜利的关键是实行全面的、全民族的抗战路线和艰苦的持久战。8月25日,以中共中央革命军事委员会主席名义,与副主席朱德、周恩来共同发布关于红军改编为国民革命军第八路军的命令,同时组织八路军主力由陕西三原、富平地区先后出发,挺进华北抗日前线。9月,根据日军占领山西大同后的形势,判断日军必取大迂回姿势,夺取太原,威胁平汉线,进而实现夺取华北五省和战略中枢恒山山脉的战略企图,决定变更八路军原定战略部署,将集中部署改为分散配置,对进占中心城市和交通要道的日军取四面包围的姿态。并要求在日军占领整个华北后发动群众,开展游击战争,建立与巩固抗日根据地。10月,指示八路军配合国民党军进行保卫忻口、太原战役,在日军之翼侧和后方积极钳制与打击敌人。与此同时,在国共两党达成协议,将活动在南方8省14个地区的红军和游击队改编为国民革命军陆军新编第四军后,于1938年2~5月,先后致电项英、陈毅,指示加紧开辟华中敌后抗日根据地。指出新四军目前最有利于发展的地区在江苏境内的茅山山脉,其主力应首先建立以茅山为中心的根据地,而后分兵一部进入长江三角洲地区和北渡长江开辟江北地区。同时指示八路军在河北、山东等平原地区坚决采取发展游击战争的方针,从而先后在华北、华中创建了多块抗日革命根据地。

1938年5月,先后发表《抗日游击战争的战略问题》和《论持久战》。两部著作科学地论证了抗日战争的发展规律,明确了争取抗战胜利的正确道路,批判了对抗日战争的各种错误认识,从思想上武装了全党、全军和全国人民,是指导全国抗战的军事理论纲领。9~11月,主持召开中共六届六中扩大会议,会议重申独立自主地放手组织人民抗日武装斗争,把党的主要工作方面放在战区和敌后,大力巩固华北、发展华中和华南。同年10月,武汉、广州失陷,抗日战争进入战略相持阶段后,日本侵略者改变了侵华的方针和策略,对国民党政府采取政治诱降为主,军事打击为辅,逐渐转移主要兵力打击中共领导的八路军和新四军。与此同时,国民党顽固派推行消极抗日、积极反共政策,大搞反共摩擦活动。以毛泽东为首的中共中央、中央军委领导抗日根据地军民进行了长期的反击日军的"扫荡""蚕食""清乡"和"封锁",并号召全国人民在"坚持抗战、反对投降,坚持团结、反对分裂,坚持进步、反对倒退"的口号下,动员一切力量,为坚持抗战和准备反攻而奋斗。1939~1941年间,指挥八路军、新四军打退了国民党顽固派发动的第一、第二次反共高潮;并在服从抗日统一战线的总政策之下,为中共反对顽固派的斗争制定了一系列正确的方针、政策和原则。为了打破日伪顽军对抗日根据地军事上的夹击和经济上的封锁,他从1941年起领导敌后抗日根据地军民进行精兵简政,实行主力军地方化、发展群众武装,开展大生产运动。1942年领导全党进行了整风运动。1943年3月,在中共中央政治局会议上当选为中央政治局主席、中央书记处主席、中央军委主席。

1944年5月,毛泽东主持召开中共六届七中(扩大)全会。后来全会通过的《关于若干历史问题的决议》,着重总结1931~1934年中央的领导路线问题,确认以他为代表的路线不但在思想上、政治上、组织上是正确的,在军事上也是正确的,高度评价了他把马克思列宁主义和中国革命的实际相结合所做出的杰出贡献。1945 年 4~6 月，在延安主持召开的中共第七次全国代表大会上，作《论联合政府》的政治报告，提出放手发动群众，壮大人民力量，打败日本侵略者，建立新中国的奋斗目标，并以抗日战争的新经验对人民军队和人民战争，从理论上进行了系统的论述。大会确定把以马克思列宁主义的理论与中国革命的实践相统一的毛泽东思想，作为中共一切工作的指导方针。在中共七届一中全会上当选为中央委员会主席、中央政治局主席、中央书记处主席。1945 年 8 月，在苏联政府宣布对日作战的同时，同朱德等领导八路军、新四军和华南、东北的抗日人民武装实行战略反攻。中国人民经过八年全国性抗战，彻底打败了日本侵略者，取得了战争的最后胜利。其间，八路军、新四军、民兵和解放区都得到很大发展，为完成新民主主义革命、建立新中国奠定了胜利的基础。

抗日战争胜利后，他于 1945 年 8 月和周恩来、王若飞应邀到重庆，同蒋介石进行和平谈判，争取实现国内和平。为了对国民党发动内战做充分的准备，与刘少奇等按照中共中央向北发展、向南防御的战略方针，组织 10 余万兵力进军东北，建立巩固的东北根据地；领导调整中原、华东、华北等战区的战略部署；编组野战兵团，调整组织体制，改善指挥关系；下令全军立即开展广泛深入的群众性大练兵，从而使人民解放军从组织体制上完成了由分散兵力打游击战为主向集中兵力打运动战为主的战略转变，并组织指挥解放区军民对国民党军的进攻进行坚决的自卫还击。经过他的正确指导和中共谈判代表的不懈努力和坚决斗争，国共双方于 1946 年 1 月达成了停战协定。1946 年 6 月，蒋介石以重兵向解放区发动全面进攻。他领导人民军队实行积极防御、内线歼敌的方针，以自卫战争粉碎国民党军的进攻，并在不断总结各战略区作战经验的基础上，相继于 9 月和 10 月做出《集中优势兵力，各个歼灭敌人》和《三个月总结》的对党内的指示，在作战指导上规定了"集中兵力，各个歼灭敌人"的原则，强调以"歼灭敌军有生力量为主要目标，不以保守或夺取地方为主要目标"，并要求平均每个月歼灭敌军 8 个旅左右。从 1946 年 6 月起，人民解放军经过 8 个月的作战，迫使国民党军放弃全面进攻，改为重点进攻山东和陕甘宁两个解放区。1947 年 3 月，和周恩来、任弼时主动撤出延安后，率中共中央和解放军总部指挥机关转战陕北，继续领导全国的解放战争。同时领导彭德怀直接指挥的陕甘宁战场的作战，相继取得青化砭、羊马河、蟠龙三战三捷。6 月，以毛泽东为首的中共中央军委，适时抓住有利时机，做出转入战略反攻的决策。部署晋冀鲁豫刘（伯承）邓（小平）野战军挺进大别山，陈（赓）谢（富治）集团从晋南挺进豫西地区，华东陈（毅）粟（裕）野战军挺进豫皖苏边区，以"主力打到外线去，将战争引向国民党区域，在外线大量歼敌"；同时指导各战略区进行了近 20 个重大战役，先后共歼敌 60

余万人,迫使国民党军陷入被动,使人民解放战争达到了一个新的转折点,标志着战争形势的根本转变。12月25日,在中共中央会议上做《目前形势和我们的任务》的报告,在军事方面总结人民解放军长期的作战经验,提出了著名的"十大军事原则"。同年冬至1948年夏,领导人民解放军开展以"诉苦"和"三查"为主要内容的新式整军运动。在为中央军委起草《军队内部的民主运动》的指示中提出:部队内部政治工作方针,是放手发动士兵群众、指挥员和一切工作人员,通过集中领导下的民主运动,达到政治上高度团结、生活上获得改善、军事上提高技术和战术三大目的,并把人民解放军内部的民主制度概括为政治民主、军事民主、经济民主。解放战争进入第三年后, 人民解放军同国民党军进行战略决战的条件已经成熟。1948年9月,在中共中央政治局会议上,提出建设500万人民解放军,并重申在五年内(从1946年7月算起)从根本上打倒国民党反动统治的总任务。从当年9月至次年1月同周恩来、朱德等组织指挥人民解放军进行了辽沈、淮海、平津三大战役以及济南等战役,共歼国民党军近200万人,取得了解放战争的决定性胜利。在战略决战中,毛泽东善于抓住战略枢纽部署战役,领导制定正确的战略、战役方针,严密地组织战略协同,把实行战略包围同实施战役分割、把大规模的运动战同大规模的阵地战、把夺取大中城市同歼灭敌人重兵集团、把军事打击同政治争取等紧密地相结合,充分显示了一个伟大的战略家和军事家的革命胆略和高超的指挥艺术。

1949年1月发表《将革命进行到底》一文,揭露美帝国主义和国民党反动派策划的以和谈骗局阻挡人民解放军南进的阴谋,宣告人民解放军将向长江以南进军,夺取战争的最后胜利。3月在中共七届二中全会上做报告, 在论述军事问题时提出,今后解决国民党残余军队,可采用三种方式:以战争方法解决的天津方式;用和平改编方法解决的北平方式;有意识地保留部分国民党军,经过一个相当的时间之后,再改编为人民解放军的绥远方式。并强调人民解放军永远是一个战斗队,又是一个工作队和生产队,赋予人民解放军参加新解放区和全国建设的战略任务。在国民党拒绝在和平协定上签字后,4月21日,与朱德联名发布《向全国进军的命令》,号召人民解放军奋勇前进,坚决、彻底、干净、全部地歼灭中国境内一切敢于抵抗的国民党反动派,解放全国人民,保卫中国领土的独立和完整。同时指挥人民解放军发起渡江战役,攻占南京,从而宣告国民党政权的覆灭。随即又部署人民解放军向东南、中南、西北、西南地区进军,实行大迂回、大包围和远距离追击的作战方针,采取战争与和平两种方式,至1950年6月基本上消灭了国民党军残余部队。

1949年9月,在中国人民政治协商会议第一届全体会议上,当选为中华人民共和国中央人民政府主席。10月1日,人民革命军事委员会成立,被任命为主席。下午3时,在北京天安门宣告中华人民共和国成立。1950年1月开始,指示各野战军先后抽调 150 余万兵力,在新解放区迅速展开了大规模的剿匪斗争。6 月 25 日,朝鲜战争爆发。美国武装入侵朝鲜,并侵占中国领土台湾,企图扩大侵略战争,严重威胁中国东北边境安全。10 月主持中共中央政治局会议做出"抗美援朝、保家卫国"的战略决策,组织中国人民志愿军入朝参战。并在全国范围内开展了抗美援朝的伟大群众运动。在以他为首的中央军委的指导下,中国人民志愿军同朝鲜军民并肩作战取得伟大胜利,创造了在现代条件下进行运动战和阵地战的经验。1952 年明确指出人民解放军已经进入建军的高级阶段,提出建设强大的现代化、正规化革命军队的历史任务。1954 年在第一届全国人民代表大会上当选为中华人民共和国主席,并兼任国防委员会主席,继任中共中央军委主席。1956、1969、1973 年分别当选为中共第八、第九、第十届中央委员会主席。

在 20 世纪 50 年代和 60 年代前期,同周恩来、朱德等根据社会主义新中国所制定的积极防御的战略方针,领导人民解放军全面加强国防现代化建设。筹建空军、海军和陆军的技术兵种,着手建设一支诸军兵种的合成军队,陆续成立了各种军事院校。明确提出必须掌握最新的装备和相应的最新战术,培养具有现代科学文化和现代作战能力的指挥干部和专业技术干部。强调要研制原子弹、氢弹、洲际导弹,发展国防科技事业。要求部队实现正规化,实行统一的指挥、制度、编制、纪律和训练,实现诸军兵种密切的协同动作。强调必须发扬人民军队的光荣传统,加强党对军队的绝对领导,重申政治工作是军队的生命线。1965 年美国扩大侵略越南战争后,领导党和全国人民大力支援越南和老挝、柬埔寨三国人民的抗美救国战争,直到取得彻底的胜利。毛泽东始终警觉地维护国家的独立和安全,领导全党和全国人民同帝国主义、霸权主义的干涉、控制和侵犯中国的企图进行坚决斗争,并提出了关于"三个世界"划分的理论。

1976 年 9 月 9 日,在北京逝世。1981 年 6 月,中共十一届六中全会所做的《关于建国以来党的若干历史问题的决议》,对他的历史地位和功过做了全面评价,充分肯定了他的一生,认为"他对中国革命的功绩远远大于他的过失。他的功绩是第一位的,错误是第二位的。他为我们党和中国人民解放军的创立和发展、为中国各族人民解放事业的胜利、为中华人民共和国的缔造和社会主义建设事业的发展,建立了永远不可磨灭的功勋"。

周恩来:"文能治国,武能安邦"

"大鹏瞑慧目,悲歌恸九重。五洲峰峦暗,八亿泪眼红。丹心酬马列,功过任说评。灰撒江河里,碑树人心中。"这是 1976 年清明节前在天安门广场自发进行的悼念周恩来的活动中，人民群众所写成千上万首诗中的一首。表达了人民群众对这位世纪伟人的无比怀念。

周恩来是"中共最早的军事领导人"，中国人民解放军主要创建人和领导人，军事家。他"才兼文武""文能治国，武能安邦"。

1898 年 3 月 5 日，周恩来出生于江苏淮安，祖籍浙江绍兴。早在青年时代，他就努力寻求革命真理和中国革命的道路。1917 年毕业于天津南开中学后，他赴日本求学，开始接触马克思主义，五四运动中成为天津学生界的领导人，与运动中的其他活跃分子组织进步团体觉悟社。1920 年，又赴法国勤工俭学，1921 年加入中国共产党，并与赵世炎等发起组织了旅欧中国少年共产党。

周恩来

周恩来是我党最早认识武装斗争极端重要性的革命家之一。早在组织领导中共旅欧组织时他就明确指出："真正革命非要有极坚强极有组织的革命军不可，没有革命军，军阀是打不倒的。"

1924 年秋回国，他先后任中共广东区委委员长、常务委员兼军事部部长。是中国共产党最早从事军事工作的领导人之一。当时正值国共两党合作，他参加了平定商团叛乱的临时军事指挥部工作。此后，曾任黄埔军校政治部主任、国民革命军第 1 军政治部主任兼第 1 师党代表、第 1 军副党代表、东征军总政治部总主任等职。同年 11 月初，主持组建孙中山的建国陆海军大元帅府铁甲车队，派共产党员担任领导。次年，又在此基础上组成中国共产党直接掌握的第一支武装——国民革命军第 4 军独立团。1925 年 2 月和 9 月，先后参与领导和指挥有黄埔军校校军参加的讨伐军阀陈炯明的两次东征。这个时期，他在《军队中的政治工作》《国民革命军及军事政治工作》等报告中论述了革命军队的性质及其政治工作等问题。

1926 年 3 月，蒋介石制造"中山舰事件"后，他和毛泽东等曾主张以武力给予回击。同年底赴上海任中共中央军委委员。1927 年 2 月任中共上海区委军委书记、中央和上海区委联合组成的特别委员会委员、特别军委书记。3 月，和陈独秀、罗亦农、赵世炎等领导上海工人举行第三次武装起义，任总指挥。蒋介石发动"四一二"反革命政变后，由他起草并与罗亦农、赵世炎、陈延年、李立三等联名向中共中央提出迅速出师讨伐蒋介石的建议。5 月，在中共第五次全国代表大会上被选为中央委员，在五届一中全会上被选为中央政治局委员，随后任中共中央军事部部长，列席中央政治局常委会议。这时，国共两党合作即将全面破裂，他主张在农民运动力量强大的湖南农村发动武装暴动，提出在暴动中进攻反动势力薄弱的城池。

　　1927年大革命失败后,受中共中央委托,任中共中央前敌委员会书记,同贺龙、叶挺、朱德、刘伯承等领导南昌起义,打响了武装反抗国民党反动派的第一枪,开始了中国共产党独立领导革命武装斗争和创建革命军队的新时期。起义军南下广东失败后,他赴香港治病,后转赴上海,参加11月召开的中共中央临时政治局扩大会议。此后任中共中央组织局主任,仍主管军事工作。1928年6~7月间,参加在苏联莫斯科召开的中共第六次全国代表大会。他在会上做关于组织问题和军事工作的报告,总结了中共领导军事工作和武装斗争的经验教训。在中共六届一中全会上当选为中央政治局常务委员,后兼任中共中央组织部部长、中央军事部部长、中央军委书记。

　　此后,在国民党统治下的上海秘密领导革命工作。在此期间,他联系和指导各地区的武装斗争和国民党统治区的秘密革命工作,并负责中共中央机关的安全保卫工作。他领导下的中央军事部、组织部训练和派遣大批军事干部支持各地红军创建革命根据地和从事国民党部队中的兵运工作,并总结和交流各革命根据地武装斗争的经验,指导红军和根据地的建设,筹划和建立各根据地、红军与中央的交通网。1929年3月,他起草了中共中央给贺龙及湘鄂西前委的指示信,强调在农村中发动群众,开展游击战争,深入土地革命,建立农村苏维埃的重要性,提出了武装斗争与土地革命相结合的思想。同年8月,为中共中央写了《给四军前委指示信》,指出地方武装与红军武装应同样扩大,成为红军扩充的基础;红军不仅是战斗组织,而且更具有宣传和政治作用;红军中党的组织应比较集权,但同时应有党内民主等。9月,他审定了陈毅按照中央会议和他自己多次讲话精神起草的《中共中央给红军第四军前委的指示信》(即"九月来信"),充分肯定了红四军斗争的经验,强调维护朱德、毛泽东的领导,并对红军的建设,红军的根本任务和前途、发展方向,红军的组织与训练,红军中党的工作以及红军当前的行动等问题做了指示,对开好古田会议起了重要作用。1930年9月,同瞿秋白主持召开中共六届三中全会,纠正了李立三"左"倾错误。会后,主持召开中共中央军委扩大会议,在会上做《目前红军的中心任务及其几个根本问题》的报告,指出了当时红军的主要任务,强调在红军中党的领导要有最高权威。1931年1月,中央苏区第一次反"围剿"胜利后,为中央起草指示,通报这一胜利,并要求其他苏区在反"围剿"中必须"在适当的力量对比上,击破敌人的一方,给敌人以各个击破"。同年11月被选为中华苏维埃共和国中央执行委员。

　　1931年12月到中央苏区后,先后任中共苏区中央局书记、红军总政治委员兼红一方面军总政治委员、中华苏维埃共和国中央革命军事委员会副主席,同毛泽东、朱德等对红军进行训练和改编,对部队的管理、教育做了整顿和改进。1933年春,同朱德指挥红一方面军,采取先以退却迷惑疲惫敌人,然后集中优势兵力,各个歼敌的战法,在地方军、游击队的密切配合下,于黄陂、草台岗等地歼灭国民党军近3个师,取得第四次反"围剿"的胜利。1934年2月出席红军全国政治工作会议,同朱德、王稼祥一起提出政治工作是红军的生命线的建军基本原则。同年10月参与组织指挥红一方面军主力进行长征。1935年1月在遵义会议上,支持毛泽东的主张,对确立毛泽东在红军和中共中央的领导地位起了重要作用。会议决定周恩来和朱德为中央主要军事指挥者,周恩来为最后下决心的负责者。3月由毛泽东、周恩来、王稼祥组成三人小组,指挥红军实施高度灵活的运动战,四渡赤水,巧渡金沙江,摆脱了数十万国民党军的围追堵截,取得战略转移中具有决定意义的胜利。6月中旬,红一方面军同红四方面军会合后,他按照中共中央的意见,在两河口召开的政治局会议上提出北上的方针。后反对张国焘的分裂活动,和毛泽东等领导红一军、红三军(即红一军团、红三军团)北上到达陕甘苏区,并参与指挥部队取得直罗镇战役的胜利。同年12月,出席中共中央政治局在瓦窑堡召开的会议,参与制定抗日民族统一战线政策。会后,任中共中央东北军工作委员会书记,主持与东北军和国民党17路军的统一战线工作。1936年11月赴前方部署山城堡战役。12月12日西安事变发生后,根据中共中央决定,赴西安折冲樽俎,和爱国将领张学良、杨虎城精诚合作迫使蒋介石接受"停止内战,一致抗日"的主张,推动事变的和平解决,对建立以国共两党合作为基础的抗日民族统一战线起了重要作用。

　　1937年7月全国性抗日战争爆发后,起草了《中共中央为公布国共合作宣言》。同朱德、叶剑英代表中共中央参加了国民政府军事委员会在南京召开的国防会议。随后与蒋介石达成红军主力部队改编为国民革命军第八路军、长江南北红军和游击队改编为国民革命军陆军新编第四军的协议。8月,在中共中央政治局于洛川召开的扩大会议上,参与制定全民族的抗战路线和独立自主的游击战与运动战的战略方针。同时被选为中共中央革命军事委员会副主席。9月赴山西,推动和协助第二战区将领保卫山西腹地,并协调八路军与友军的作战行动。11月太原失守后,在临汾会议上强调以游击战争为主体,坚持华北的持久抗战,影响和推动全国抗战的开展,并同刘少奇一起提出迅速扩大人民军队的主张。此后,代表中共长期在国民党统治区武汉、重庆等地做统一战线工作,并先后参与中共中央长江局的领导,主持南方局的工作。1938年3月担任国民政府军事委员会政治部副部长。9月,在中共六届六中全会上,就抗战形势与统一战线问题做了报告,指出抗战将转入战略相持阶段,在此阶段要发展游击战争,使正规战与游击战相配合,并要大力发展抗日武装。在统战工作中,他坚定地执行中共中央关于"发展进步势力,争取中间势力,反对顽固势力"的方针,广泛团结民主党派、进步知识分子、爱国人士和国际友好人士,宣传抗日,动员人民,为坚持国共合作,制止反共逆流,克服对日投降的危险,进行了艰巨复杂的斗争。同时指导华南敌后的抗日武装斗争。1939年春,到安徽泾县云岭新四军军部传达和贯彻中共六届六中全会精神,与新四军领导人研究确定向南巩固,向东作战,向北发展的战略方针等。1941年皖南事变发生后,他在重庆《新华日报》上发表了"千古奇冤,江南一叶,同室操戈,相煎何急"的题词,揭露和抗议国民党当局制造皖南事变的罪行,产生了巨大影响。1943年8月回到延安。1945年出席中共第七次全国代表大会,做《论统一战线》的报告。在中共七届一中全会上当选为中央政治局委员、书记处书记,并继续担任中央军委副主席。

抗日战争胜利后,为制止内战,争取和平,同毛泽东、王若飞到重庆与国民党谈判,达成"双十协定"。而后率中共代表团继续在重庆、南京同国民党谈判,于1946年1月达成停止军事冲突的协议,并出席有各党派和无党派民主人士代表参加的政治协商会议,代表中共方面参加执行停战协定的军事3人小组,力争国内和平。在蒋介石撕毁停战协定和政协决议,发动对解放区的全面进攻后,揭露国民党的内战阴谋,教育广大群众。11月,他从南京回到延安。1947年3月,人民解放军主动撤出延安后,他同毛泽东等转战陕北,继续领导全国的解放战争,参与组织了青化砭、羊马河、蟠龙3次歼灭战和沙家店等战役。同年7~9月,协助毛泽东部署刘邓、陈粟、陈谢三路大军挺进中原,转入战略进攻,实施外线作战,将战争引向国民党统治区。同时,协助毛泽东指挥内线各兵团开展强大攻势,迫使国民党军全面转入防御。8月兼中央军委代理总参谋长。1948年9月中共中央召开政治局会议,他在会上提出"应准备若干次带决定性的大会战",并提出"军事组织逐渐走向正规化、集中化"的建军要求。此后,协助毛泽东部署、指挥辽沈、淮海、平津三大战役以及济南等战役。在从1948年9月开始的战略决战中,共歼灭国民党军近200万人,取得了解放战争的决定性胜利。继而协助毛泽东组织指挥了渡江战役和向东南、中南、西南、西北的大进军,解放了全国大陆和部分岛屿。在此期间,还指导了湖南、绥远(今属内蒙古)、新疆、云南等地和平解放工作。同时,致力于人民解放军的建设。

中华人民共和国成立后,任政务院总理,后为国务院总理,直至1976年逝世。这期间,曾任中央人民政府人民革命军事委员会副主席,中共第八届中央副主席、第九届中央政治局常务委员、第十届中央副主席,第一届全国政协副主席、第二至第四届全国政协主席。建国初期,仍主持中央军委日常工作。当美帝国主义扩大侵略朝鲜的战争严重威胁中国东北边境安全时,领导组建东北边防军,参与制定"抗美援朝,保家卫国"的决策,并进行大量的组织工作,为取得抗美援朝战争的胜利做出了重大贡献。在50年代和60年代前期,同毛泽东、朱德等领导筹建空军、海军和陆军的技术兵种,实现人民解放军由单一兵种向诸军兵种合成军队的战略转变,并为军事院校的组建及部队教育训练做了大量组织领导工作。1954年9月后，虽不再担任中央军委副主席，仍关心人民解放军的现代化、正规化建设，参与领导国防事务和陆海空边防斗争，并关注进一步提高军队的政治素养的问题。他指出军队今后要在保卫和平、保卫建设、保卫祖国边防的和平环境中进行锻炼，除了军事装备逐渐走向现代化，军队的政治素养也要在现有基础上更加提高。在加强政治思想工作方面提出了要加强敌情观念，加强党对军队的领导，加强军政联系，改进军内关系，密切军民关系等一系列重大原则。在国防工业方面，同聂荣臻同志一起主持领导了"两弹一星"的研制工作，对原子弹、氢弹、导弹的研制成功起了巨大的推动作用。

"文化大革命"中，虽然处于非常困难的地位，但他顾全大局，任劳任怨，为继续进行党和国家的正常工作，尽量减少"文化大革命"所造成的损失，保护大批党内外干部和其他人士，做了坚持不懈的努力，费尽了心血。他同林彪、江青反革命集团的破坏进行了各种形式的斗争，对保持军队稳定做了大量工作。在林彪反革命集团阴谋夺取最高权力、策动反革命武装政变时，他协助毛泽东机智地粉碎了这次政变。1975年在第四届全国人民代表大会上，他重申在中国实现农业、工业、国防和科学技术现代化的目标。1976年1月8日周恩来在北京逝世，受到国内外广泛的悼念。

朱德："老总"和"红军之父"

在中国，朱德一直被称为"老总"。不仅中国人民解放军的广大将士、中国的广大老百姓这样亲切地称呼他，就连毛泽东、周恩来、刘少奇等老一辈无产阶级革命家也尊敬地称他为"朱老总"。海外人士又称他为"中国红军之父"。20世纪30年代，国际友人马海德在一封信中写道："朱德最令人惊异的是，看上去根本不像一个军事指挥员，倒很像红军的父亲。他的两眼锐利，说话缓慢、从容，总是露出和蔼的笑容。他随身带着一支自动手枪，枪法精良，烟抽得很厉害。他五十岁，可是显得老得多，满脸皱纹；但他动作有力，身体结实。"著

朱　德

名作家史沫特莱最初见到朱德的印象是："他有50多岁，相貌和蔼可亲，额角布满皱纹。他看起来的确像红军之父。"(《中国的战歌》)1976年7月6日，朱德同志逝世，各国、各地区领导人纷纷发来唁电、唁函，表示深切哀悼，几乎都称这位中国领

导人为"中国红军之父"。

为什么朱德一直被称为"老总"和"中国红军之父"?他有着怎样的传奇般的军事生涯?

朱德,原名代珍,字玉阶,1886年12月1日生于四川仪陇一个贫苦佃农家庭。他幼年在私塾读书,1905年参加过清王朝最后一次科举考试,乡试、府试都中了榜,但第二年清廷即宣布废除科举,他未能参加省试。于是,朱德于1906年入顺庆府(今四川南充市)中学堂学习,1907年又入四川高等附设体育学堂学习,1908年还在仪陇县高等小学堂当过体育教习。

1909年,朱德赴昆明入云南陆军讲武堂学习,同年冬参加中国同盟会,从此开始了他传奇般的军事生涯。

1911年,讲武堂毕业后,他被派到云南新编陆军当队(连)司务长。同年10月30日,在推翻清王朝的昆明"重九"起义中,他所在的队为前锋。因队官临阵脱逃,他率队率先攻进总督衙门。随后,他又参加蔡锷组织的援川军,支援四川革命。1912年回师后,他被晋升为少校,任云南讲武堂区队长兼教官。1913~1915年,又任滇军营长,多次在云南边境山林中与法帝国主义支持的武装土匪作战,在实践中积累了一套游击战的经验。1915年他升任团长,参加反对袁世凯复辟帝制的护国战争。1916年,他率部入川作战,以善打夜战、白刃战和迂回侧击而闻名于全军。1917年,他升任少将旅长,参加了反对北洋军阀段祺瑞的护法战争。这时,朱德虽然功成名就、高官厚禄,但因辛亥革命后中国仍然内战不断,他陷入苦闷之中。

俄国十月革命和中国五四运动后,他逐渐接受马克思主义。为了寻求革命真理,他毅然抛弃高官厚禄,于1922年到上海、北京寻找共产党。同年9月,他又前往马克思的故乡德国留学,并于11月在柏林加入了中国共产党。因在德国从事革命活动,他数次被德国当局逮捕,1925年7月被驱逐出境。抱着对革命的坚定信念,他又转赴列宁的故乡苏联学习。在苏期间,他注意研究苏联内战时期的游击战术,结合自己过去作战的经验,提出了"打得赢就打,打不赢就走"的战法,并设想回国后"必要时拖队伍上山"。1926年夏,朱德回国,被中共中央派往川军"争取"杨森,并参与领导了反抗英国军舰炮轰万县的斗争。11月,他和杨暗公、刘伯承组成中共重庆军事委员会,领导泸州、顺庆起义,策应北伐战争。1927年年初,遵照党的指示,朱德又到江西南昌创办国民革命军第三军军官教育团培训军事干部,同年兼任南昌市公安局局长。

1927年8月,朱德参与领导了著名的南昌起义,起义后任第9军副军长、军长。起义军南下广东失利后,他和陈毅率余部转战在闽粤赣湘边界,开始实行从正规战到游击战的转变。1928年1月,他同陈毅发动了席卷10多个县的湘南起义,把武装斗争同农民运动结合起来,先后成立了工农革命军1、3、7、4师,4月,他同陈毅率部队转移到井冈山,和毛泽东领导的秋收起义部队会合,组成工农革命军(不久改成工农红军)第4军,任军长。从此,"朱毛红军"的名字开始传向四方。在井冈山,他和党代表毛泽东运用"敌进我退,敌驻我扰,敌疲我打,敌退我追"的战法,成功地指挥了五斗江、草市坳、龙源口等战斗,挫败了国民党军多次的"进剿"和"会剿";他还和红军战士一起下山挑粮,树立了红军高级将领和战士同甘共苦的楷模。1929年年初,他同毛泽东率红四军主力又相继建立赣南、闽西革命根据地(后发展为中央革命根据地)。在转战途中,他曾多次手提冲锋枪同敌军战斗,曾因衣着简朴而被敌人当成是红军的伙夫而有幸脱险。1930年6月,朱德任中国工农红军第1军团总指挥,8月又任第一方面军总司令、红军总司令。1930年11月至1931年9月,他和毛泽东指挥第一方面军,采取"诱敌深入"的方针和"集中优势兵力,在运动中各个歼灭敌人"的战法,连续挫败了国民党军的第一、二、三次"围剿",巩固和发展了中央根据地。1931年1月,任中华苏维埃中央革命军事委员会副主席,同年11月,任中华苏维埃共和国中央革命军事委员会主席。1933年春,他又同第一方面军总政委周恩来一道,采用"大兵团伏击歼敌"的战法,歼灭了国民党军主力近三个师,挫败了蒋介石发动的第四次"围剿"。1935年1月,在关系到中国革命前途和命运的遵义会议上,他明确支持毛泽东的正确主张,会后继任中革军委主席、红军总司令。在长征途中,他和毛泽东、周恩来指挥中央红军四渡赤水,巧过金沙,摆脱了数十万国民党军的围追堵截;同时,他和刘伯承等人在极其困难的情况下,同张国焘的分裂主义进行了坚决而机智的斗争。为红军三大主力胜利会师做出了重要贡献。长征结束后,毛泽东对他做了高度评价,说他"度量大如海,意志坚如钢"。

全国性抗日战争爆发后,他被任命为中国工农红军主力改编的国民革命军等八路军总指挥(后改为第18集团军总司令),率领八路军东渡黄河开赴华北前线对日作战,取得了平型关等战役的重大胜利。接着,他又指挥八路军各部深入华北敌后,广泛开展游击战争,陆续开辟了晋察冀、晋西北、晋冀豫和晋西南等抗日根据地。1938年3月,他兼任第二战区东路总指挥,指挥晋东南地区八路军和部分国民党军,挫败了日军对晋东南根据地的"九路围攻"和向晋西黄河边的进攻。随后,他又按照中共中央关于开展平原游击战争的指示,组织八路军各部挺进冀南、冀中、豫北和山东,开展抗日游击战争。1940年5月,朱德从华北前线返回延安,直接参与中共中央和中央军委的领导工作;8月,他与前方的彭德怀、左权联名发电,部署八路军在铁路交通线开展破击战,后来发展为"百团大战",沉重地打击了日军;同年冬,他首倡"南泥湾政策",指示部队在不妨碍作战和训练的条件下垦荒屯田,使渺无人烟的荒原变成一处处"陕北的好江南";1941年11月,他负责领导新成立的军事教育委员会并兼任军事学院院长;1945年4月,他在党的七大上做《论解放区战场》的军事报告,深刻总结了八路军、新四军对日作战的经验。

抗战胜利后,朱德积极主张占领东北等战略要地,参与制定了"向北发展,向南防御"的战略方针。1946年6月,蒋介石发动全面内战后,他担任中国人民解放军总司令,协助毛泽东指挥全国的解放战争;1947年3月,他同刘少奇、董必武等人组成中共中央工作委员会亲赴华北进行中央委托的工作;同年10月、11月,他亲临华北前线指导晋察冀野战军作战,取得了清风店和石家庄战役的胜利,对扭转华北战局起了关键作用,并开创了解放军攻占坚固设防大城市的成功先例;1948年5月,他代表中央出席华东野战军的前委扩大会议并视察华东部队,对中原会战做了动员布署,及时提出了一些方向性问题;9月后,他参与组织和指挥辽沈、淮海、平津三大战役,同国民党军进行战略决战;1949年4月起,他同毛泽东发出了《向全国进军的命令》,参与组织和部署渡江战役以及解放东南、中南、西北、西南等重大战役。

中华人民共和国成立后,他任中央人民政府副主席、军事委员会副主席,并继续担任中国人民解放军总司令。1955年9月,被授予中华人民共和国元帅军衔。他还参与制定了抗美援朝战争以及海边防军事斗争的许多重大决策;参与领导了空军、海军和战略导弹部队等军兵种的组建;对部队训练和军事院校建设等工作做过一系列重要指示。1974年,他已88岁高龄,仍亲自视察海军部队,并乘舰出海检阅。

1976年7月6日,这位为中国革命奋斗终生的"朱老总"和"红军之父"在北京逝世,享年90岁。

邓小平:"没有军衔的元帅"

提起邓小平,大家都说,他是中国社会主义改革开放和现代化建设的总设计师,是伟大的无产阶级革命家,政治家,外交家。其实,他同时也是中国人民解放军创建人和主要领导人之一,军事家。正如老帅们所说,他是"没有军衔的元帅",是"老帅们的领班"。

邓小平,原名邓希贤,曾用名邓斌,1904年8月22日生于四川省广安县协兴乡牌坊村,他于1920年赴法国勤工俭学,开始接受马克思主义。1923年加入旅欧中国共产主义青年团,1924年转入中国共产党;1925年担任里昂地区中共小组书记,领导里昂地区党团工

邓小平

作和华工运动;1926年年初赴苏联入中山大学,同年年底奉命回国;1927年春被派往冯玉祥的国民联军中做政治工作,任西安中山军事政治学校政治处处长;同年6月,调中共中央机关工作,8月参加了中共中央著名的"八七"会议;1927年年底至1929年夏,任中共中央秘书长。此后,邓小平便开始了他"军事家"的生涯。

1929年8月,邓小平作为中共中央代表赴南宁,领导广西党的工作,发展革命力量,准备武装起义。10月底任中共广西前敌委员会书记,12月同张云逸、韦拔群、雷经天等发动百色起义,建立中国工农红军第7军和右江苏维埃政府,任红7军政治委员、前敌委员会书记。1930年2月同李明瑞、俞作豫等发动龙州起义,建立红8军(后并入红7军)和左江苏维埃政府,兼任红8军政治委员。之后,同李明瑞等在右江地区广泛发动群众,进行土地革命,建立各级革命政权,使红军发展到7000余人,红色区域扩及20多个县,拥有100多万人口,成为当时影响较大的革命根据地之一。10月中共中央代表到达广西,推行李立三"左"倾冒险主义,指令红7军离开根据地去攻打柳州、桂林等大城市。他认为以弱小红军攻打大城市无把握,提出了不同意见,但未被采纳。11月红7军离开右江革命根据地进入白区,作战中连连受挫,伤亡很大。在危难之际,他主持召开前敌委员会会议,做出放弃攻打大城市,向中央苏区红军会合的决策。遂与李明瑞、张云逸等率部转向江西。1931年2月红7军占领江西崇义县城后,按前委决定赴上海向中共中央汇报工作。8月被派往中央苏区,先后担任中共瑞金县委书记、会昌中心县委书记和江西省委宣传部部长等职。1933年因执行以毛泽东为代表的正确路线,反对"城市中心论",反对军事冒险主义的"进攻路线"和"左"的土地分配政策等,而被推行"左"倾教条主义的中共中央领导人撤销职务。后调红军总政治部任秘书长,不久又调到总政治部宣传部负责主编《红星》报。1934年10月参加长征,年底再次出任中共中央秘书长。1935年1月参加在贵州遵义召开的中共中央政治局扩大会议(遵义会议),支持毛泽东的主张。红一、红四方面军会合后,任红一军团政治部宣传部部长。到达陕北后,随军参加东征战役,后任红一军团政治部副主任、主任。

1937年7月全国性抗日战争爆发,8月中国工农红军主力改编为国民革命军第八路军,他任八路军政治部副主任。1938年1月任第129师政治委员,同师长刘伯承坚决贯彻中共中央关于抗日游击战争的战略方针,率部深入太行山区,分兵发动群众,组织抗日武装,建立抗日政权,创建晋冀豫抗日根据地。在1939年12月~1940年3月国民党顽固派发动的第一次反共高潮中,同刘伯承坚持既团结又斗争的方针,维护抗日民族统一战线,多次与制造摩擦的国民党军将领谈判,晓以大义,争取共同对敌。与此同时,对顽固派发动的军事进犯,进行针锋相对的反击,先后给予进犯太行、太岳抗日根据地的阎锡山部和朱怀冰部以歼灭性打击,初步改善了太行、太岳根据地的斗争局面。为打破日军的"囚笼政策",1940年4~8月,同刘伯承领导晋冀豫抗日根据地军民在日军控制的平汉、白晋等交通干线上广泛开展破袭战。8~12月,同刘伯承率部参加由八路军总部发动和指挥的百团大战,组织实施正太、榆辽等战役战斗,给日伪军以沉重打击。1941年,针对日军在华北推行"总力战"和"治安强化运动",抗日根据地被严重蚕食的困难局面,他提出坚决反对保守退缩,强调以武装斗争为核心,面向敌占区,面向交通线,开展全面对敌斗争。之后,同刘伯承一起指导所部实行主力地方化,强化游击集团,大量组织武装工作队,采取敌进我进的方针,深入敌后之敌后,建立隐蔽游击区,开展军事政治攻势,挫败日军对根据地的蚕食和多次残酷"扫荡"。1942年5月赴中条山地区检查指导工作,推动了该区对敌斗争的发展。9月任中共中央太行分局书记,领导整风运动、精兵简政、减租减息和生产救灾,使人民得到休养生息,渡过敌后抗战最艰难的阶段。

1943年年初,在太行分局高干会上,总结5年抗战经验,提出对敌斗争的一系列政策和策略,为部队转入攻势作战准备了条件。8月同刘伯承指挥部队取得卫南和林南战役的胜利,收复大片国土。10月中共中央北方局和太行分局合并,任北方局代理书记,并主持八路军总部的工作,担负起华北敌后抗日根据地全面领导的重任。组织指挥军民积极主动开展游击战争,粉碎日伪军多次残酷"扫荡",并领导进行建党、建军、建政活动,不断扩大华北解放区。1945年6月,在中共第七次全国代表大会上当选为中央委员。8月,任中共晋冀鲁豫中央局书记和晋冀鲁豫军区政治委员。

抗日战争胜利后,邓小平根据中共中央军委指示,迅速组织野战兵团,并同刘伯承指挥部队率先反击国民党军对解放区的进犯。1945年9月发起上党战役,巧妙运用攻城、打援、追歼逃敌的战术,全歼侵入解放区腹地的阎锡山部13个师3.5万余人,巩固了晋冀鲁豫解放区的后方。他继而挥师东进,于10月下旬发起邯郸战役,采用诱敌深入、断敌退路、正面牵制、两翼迂回等战法,歼灭国民党军第30、第40军,争取高树勋率新编第8军战场起义。这两场战役的胜利,有力地遏制了国民党军对解放区的进攻,加强了中共在重庆谈判的地位,对停战协定的达成起了重要作用,同时也取得了组织大兵团作战和由游击战向运动战转变的经验。停战以后,他着力教育部队认清国民党反动派假和平真内战的阴谋,提高警惕,加紧练兵备战,并从地方选调一批知识分子干部充实部队,加强政治工作力量。1946年6月国民党发动全面内战后,同刘伯承率主力在鲁西南、豫北地区大踏步进退,创造战机,10个月内连续组织指挥陇海、定陶、巨野、鄄城、滑县等较大规模的战役,共歼国民党军12.4万余人,为后来的战略进攻创造有利条件。

1947年6月底,根据中共中央军委关于主力打到外线去,把战争引向国民党统治区的战略决策,同刘伯承率晋冀鲁豫野战军主力 12 万余人强渡黄河,实施中央突破,揭开了战略进攻的序幕。之后,又率部隐蔽迅速南进,跨过黄泛区,抢渡沙河、汝河、淮河,摆脱国民党军 20 多个旅的围追堵击,先后解放 11 座县城,胜利地完成了千里跃进大别山的任务。后与相继挺进中原的陈、谢集团和陈毅、粟裕率领的华东野战军,在长江、淮海、黄河、汉水之间中原战场完成战略展开,造成东慑南京、西逼武汉、南扼长江、直接威胁国民党在长江以南的广大统治区的态势,迫使国民党军调动主力回援。进入大别山后,针对大兵团无后方依托和部队出现的疲惫现象,激励部队发扬为全局利益勇于牺牲的精神,英勇歼敌,多打胜仗,发动群众,克服困难,重建大别山根据地。之后与刘伯承先后组织指挥了张家店、高山铺等战斗,给国民党军以沉重的打击,巩固和扩大大别山根据地。11 月底,当蒋介石调集 33 个旅轮番"进剿"时,同刘伯承分兵对敌,率大部主力坚持内线作战,采取敌向内我向外,敌向外我亦向外,以小牵大,以大击小的方针,机动歼敌,粉碎敌人大规模"进剿"。1948 年 3 月,同刘伯承率主力出大别山区与陈毅、粟裕野战军和陈、谢集团会师中原,继续在江淮河汉之间调动和歼灭大量敌人,扩大中原解放区,迫使国民党军陷入战略被动地位。5 月,任中共中央中原局第一书记、中原军区和中原野战军政治委员。

1948 年 11 月,在淮海战役中任中共总前委书记,与刘伯承、陈毅、粟裕、谭震林一起指挥中原野战军和华东野战军,同徐州地区的国民党军主力进行决战。淮海战役歼灭和争取起义、投诚国民党军 5 个兵团部、22 个军部、56 个师,共 55.5 万余人。此战役,连同辽沈、平津战役的胜利,为人民解放战争在全国的胜利奠定坚实基础。1949 年 3 月任中共华东局第一书记。4 月,与总前委其他领导人一起,继续指挥第二、第三野战军及第四野战军一部发起渡江战役,先后解放南京、上海、武汉及苏、皖、浙、赣等广大地区,共歼灭国民党军 43 万余人。11 月,任中共西南局第一书记,与刘伯承率第二野战军进军西南,执行大迂回、大包围和军事进攻、政治争取相结合的方针,在第一、第四野战军配合下,歼灭国民党军宋希濂集团和胡宗南集团共约 90 万人,解放贵州、四川、云南、西康四省,彻底粉碎了国民党企图盘踞西南,伺机卷土重来的美梦。1950 年 2 月任西南军政委员会副主席、西南军区政治委员。在以后的两年时间里,同贺龙等采取军事打击、政治瓦解和发动群众相结合的方针,剿灭大量国民党残余武装和土匪。同时,他担负起领导解放西藏的任务,进行了十分艰巨的工作。10 月,中共中央西南局、西南军区和第二野战军司令部联合发布进军西藏动员令,同月 19 日,人民解放军占领昌都,对促成西藏和平解放起了重要作用。

1952 年调中央工作,他在担任政务院副总理、国务院副总理、中共中央总书记的同时,仍任国防委员会副主席、中共中央军委常务委员等职。

　　1975 年 1 月,邓小平担任中共中央副主席,中央军委副主席兼人民解放军总参谋长,主持党、国家和军队的日常工作,针对"文化大革命"造成的严重混乱局面,开始进行各方面的整顿。明确提出由于林彪的破坏,军队建设中存在肿、散、骄、奢、惰问题,整顿军队要首先整顿领导班子,改变机构臃肿、领导软弱无力和纪律松散的状况,恢复和发扬军队的光荣传统。同时抓编制、抓装备,筹划新的军事战略。在此期间,他同当时拥有很大权力的江青反革命集团进行了坚决斗争。1976 年 4 月再度遭受诬陷而被撤销一切职务。

　　1976 年 10 月江青反革命集团被粉碎后,于 1977 年 7 月在中共十届三中全会上恢复党政军领导职务。8 月被选为中共第十一届中央委员会副主席、中央军委副主席。1979 年 2~3 月,组织和指挥人民解放军云南、广西边防部队胜利地进行中越边境自卫还击战,保卫国家神圣领土和边境地区人民的生命财产安全。1981 年 6 月,任中共中央军事委员会主席。1983 年 6 月起任中华人民共和国中央军事委员会主席。

　　从 1977 年再次恢复工作后,他肩负起党和国家领导工作的重任,成为中国共产党第二代领导集体的核心,新时期路线、方针、政策的主要倡导者和决策人,中国改革开放和现代化建设的总设计师。他把马克思主义的基本原理与当代中国实际和时代特征相结合,继承和发展了毛泽东思想,创立了建设有中国特色的社会主义理论,领导全党和全国各族人民实行改革开放,大力解放和发展生产力,开辟了社会主义现代化建设的新时期。与此同时,他在领导、主持中共中央军委工作期间,本着改革精神,面向现代化、面向世界、面向未来,把毛泽东军事思想同新时期军队建设和军事斗争的实践相结合,对军队的建设和改革提出了一系列方针、政策和原则,解决了新时期军队建设上的理论与实践问题,丰富和发展了毛泽东军事思想,从而逐步形成了在新的历史时期邓小平建设军队的思想。

　　他通过对新时期国际战略形势的冷静观察和科学判断,适时地提出和平与发展是当代世界的两大主题。当代世界和平力量的增长超过了战争力量的增长,大仗短期内打不起来,争取较长时间的和平环境是可能的。要适应国内外形势的变化,把军队建设的指导思想,从过去立足于"早打、大打、打核战争"的临战状态,转到和平时期建设的轨道,充分利用不打仗的有利时机,加强军队的根本建设;他高度重视在新的历史时期军队的性质和职能问题,明确提出军队必须置于党的绝对领导之下,更好地履行对外反侵略,对内反颠覆的根本职能。要坚持四项基本原则,加强政治建设,保证军队在政治上永远合格,使军队永远成为国家的捍卫者,社会主义的捍卫者,人民利益的捍卫者;他强调军队建设必须服从国家建设大局。国家的经济建设上去了,国防现代化才有雄厚的物质基础,军队要在服从并服务于国家建设大局的前提下行动。要在忍耐中求发展,发扬勤俭建军的优良传统。他提出建设强大的现代化、正规化革命军队的总的奋斗目标。强调革命化、现代化、正规化三个方面是互相联系、互相促进的统一整体,要全面地发展。同时指出为适应现代战争需要,"三化"建设应以现代化为中心,努力提高武器装备、人员素质、体制编制的现代化水平,重视对现代军事科学理论的研究,发挥理论的先导作用。他明确提出在没有战争的条件下,军队主要靠教育训练提高战斗力。要从实战出发进行严格的正规的系统的训练,提高部队在现代战争条件下的协同作战能力、快速反应能力、电子对抗能力、后勤保障能力和野战生存能力。教育训练要以干部为重点,认真学习现代化战争知识,学习诸军兵种联合作战。强调加强军队院校建设,努力培养适应现代战争需要的指挥、管理和各类专业技术人才。他要求军队要向精兵、合成方向发展,减少数量,提高质量,实行科学编组,努力提高诸军兵种的合成水平,逐步建设一支机构精干,指挥灵便,装备精良,训练有素,反应快速,效率很高,战斗力很强,具有中国特色的现代化、正规化的革命军队。他反复强调健全条令条例,建立规章制度,完善军事法规,才能使军队工作走上制度化、规范化。和平时期军队更要从严治军,以法治军,严格按条令条例办事。尤其是领导干部要带头严格执行纪律,从自身严起,带动部队。同时要注意研究新时期部队管理的新情况,实行科学管理。他指出在新的历史条件下,军队的政治工作要从实际出发,认真研究解决新情况、新问题,恢复和发扬政治工作优良传统,提高部队战斗力。要在建设现代化、正规化革命军队和完成各项任务中发挥政治工作的服务和保证作用。他认为军队建设必须在改革中前进。不改革,军队建设就没有出路。军队改革要搞好体制、编制的改革,以此带动其他方面的改革,推动整个军队建设不断向前发展。改革既要大胆坚决、又要细心谨慎,要有利于发挥广大指战员的积极性、创造性,有利于部队稳定和统一,有利于提高战斗力。

在这些思想的指导下,他领导全军顺利实施了军队建设指导思想战略性转变,并根据战争发展趋势和中国周边情况,调整确定了积极防御的军事战略方针的基本内容,使国防建设和军队建设更具稳定性和针对性。理顺了国防建设与经济建设的关系,指导国防工业顺利转产,确立了中国特色的军民兼容的国防发展战略。领导全军进行体制改革,精简整编,实现了裁减军队员额100万,初步改变了臃肿庞杂的状况,军队向精兵、合成、平战结合、提高效能方面前进了一大步。引导全军把军事训练列为军队经常性中心工作,加强和改革了教育训练,使部队的军事素质有了提高。指导全军摒弃"左"的影响,端正政治工作的指导思想,加强政治思想教育,保证了全军在政治上、思想上和组织上与党中央保持高度一致。在尊重知识、尊重人才思想的推动下,军队干部队伍的革命化、年轻化、知识化、专业化有了新的进步,顺利实现了干部的新老交替,有力地推动了军队干部队伍建设。组织领导全军建立健全了各级法制部门,制定颁发了《中国人民解放军现役军官服役条例》《中国人民解放军军官军衔条例》《中国人民解放军文职干部暂行条例》和《中国人民解放军士兵服役条例》等条令、条例和规章制度,使国防建设和军队建设走上了有法可依的轨道,进一步推动了中国人民解放军在新时期的全面建设。

1997年2月19日,邓小平这位中国人民解放军创建人和主要领导人,军事家,"没有军衔的元帅""老帅们的领班"在北京病逝。

彭德怀:"谁敢横刀立马,唯我彭大将军"

彭德怀

"山高路远坑深,大军纵横驰奔,谁敢横刀立马,唯我彭大将军。"字里行间,标定了彭德怀在中国革命战争中的作用和在毛泽东心目中的地位。

一方水土养活一方乡民,一方文化哺育一方英杰。1898年10月24日,彭德怀诞生于湖南省湘潭县西南乌石峰下的一个贫苦农民之家。彭德怀的家乡有着深厚的革命文化积淀,他的祖父曾参加过太平军,经常给这位聪明好问的小孙子解释"为什么有饭应大家吃,为什么田地应平均分"的道理。在乌石峰顶上有一座专门供奉元末起义军将领易华的祠堂,彭德怀对这尊威风凛凛的武将崇敬备至。"打富济贫,替穷人找活路!"即成为彭德怀革命人生的最初追求。他的意志也随着这种信念的坚定而强化。

1913年,湘潭地区发生大旱,灾民走投无路,年仅15岁的彭德怀带领饥民抢了趁机发难民财的豪坤的粮仓,被官府以"聚众闹粜,扰乱乡曲"的罪名通缉。彭德怀凭借对铲除人间不平的渴求,带着一身刚毅、倔强、豪气和虎胆只身逃离了家乡。他先是闯荡到洞庭湖当了一名修堤工,在那里,又因为发动和组织罢工而被认定为"不安定分子"而遭到驱逐。1916年,彭德怀愤而从军,在湘军第二师六团当了一名二等兵。由于在作战中机智勇敢,1919年被提升为排长。然而,彭德怀丝毫也没有因为当了军官而改变为穷人找活路的人生目标,他在连队秘密组织以"灭财主,平均地权;灭洋人,废除不平等条约……"为主旨的"救贫会"。1921年,因派"救贫会"会员暗杀驻地一名鱼肉乡邻的恶霸而被捕,在押往长沙的途中,彭德怀巧妙逃脱。后经一番周折,他考入湖南陆军军官讲武堂,次年毕业后又回湘军当了连长。

1926年,彭德怀所在部队编为国民革命军第八军,他也随即升任营长,带领所属部队参加了北伐战争。在革命进步人士的引导下,彭德怀开始接受共产主义思想,在营内成立士兵委员会,并制订了以"反对帝国主义、封建军阀,维护士兵权益"为中心内容的会章。由于彭德怀关心部属,治军有方,不仅深受部属的欢迎和拥护,而且也得到上级的器重和提拔,于1928年1月被升任为团长。在大革命失败、蒋介石白色恐怖、革命阵营中的一些脆弱者放弃革命,革命形势处于低潮的严峻形势下,彭德怀加入了中国共产党,并参与组织领导了平江起义,组建了中国工农红军第五军,担任该军军长。之后,他率领部队转战于湘鄂赣边界,建立革命根据地。同年12月,率领红五军主力部队到达井冈山,同朱德、毛泽东领导的红四军会师。经革命斗争的洗礼和军事指挥实践的锻炼,彭德怀的革命意志更加坚定,军事指挥才能更加突出。1929年1月,他指挥部队与十倍于己的"会剿"敌军激战,灵活机动,成功突围,与红四军于江西瑞金会师。随后,率领部队连续打了几个大胜仗,从而威名大震,所属部队发展到7000多人,扩编为红军第三军团,并任该军团的总指挥。继而指挥部队在平江击败国民党的进攻,乘胜攻入长沙,之后率领部队与红军第一军团会师。在中央苏区,他率第三军团参加了第一、二、三、四次反"围剿",屡建战功。1931年11月,彭德怀担任了中央革命军事委员会副主席。

彭德怀对党忠诚,意志坚定,性格耿直,敢说敢为。在革命斗争的紧要关头,他坚持真理,刚直不阿。当他认识到第五次反"围剿"中"左"倾冒险主义的危害时,就以湖南人特有的方式指骂当时的"左"倾冒险主义分子为"崽卖爷田不心疼"。虽然被责骂者气升丹田,但怯于彭德怀的人格威严和在部队中的崇高威望,也拿他没辙。1934年10月,彭德怀率部参加长征。在遵义会议上,旗帜鲜明地支持毛泽东的正确主张。之后,根据中央部署,率部北渡赤水,准备入川,后因国民党军在长江两岸严密布防,彭德怀不得不权衡利弊,奉命回师,攻占娄山关,再克遵义城,协同第一军团歼灭和击溃了敌军八个团,取得了第一方面军长征后的第一个重大胜利,重挫了敌军的威风,大长了红军的士气。1935年6月,第一方面军和第四方面军会合后,他坚决拥护毛泽东的北上方针,反对张国焘的分裂活动。在第一军团已经到达俄界的情况下,率领第三军团护卫中共中央安全走出草地,为战胜分裂主义和克服长征途中的困难立下了丰功伟绩。同年9月,第一、三军团和中央纵队改编为陕甘支队,由彭德怀出任司令员,他与政委毛泽东率部继续北进。在北进路上,他指挥红军,在吴起镇击退尾追进剿的马鸿宾、白凤翔两支劲敌,从而结束了长征路上敌人的追剿,为中央红军长征的胜利画上了圆满的句号。毛泽东对彭德怀的坚定信念和卓越军事才能钦佩不已,欣然提笔挥就"山高路远坑深,大军纵横驰奔,谁敢横刀立马,唯我彭大将军"。1947年,胡宗南率20万大军进攻陕北,彭德怀主动请缨指挥陕甘宁部队,以 2 万之众迎战 10 倍于己之敌,在不到半年的时间内就从根本上扭转了陕北战局,当彭德怀赢得沙家店全歼敌军整编三十六师师部及两个旅这一扭转战局的关键一仗时,毛泽东又以此诗赠予。在人民军队的高级将领中,获得毛泽东以诗词给予如此之高度赞誉的将帅是绝无仅有的。这首为今人广为传诵的诗,是对彭德怀无畏的战斗精神、卓越的军事才能和屡挽危局的赫赫战功的生动而真实的写照。

抗日战争爆发后,彭德怀任八路军副总指挥,与朱德总司令率领八路军开赴华北前线,配合国民党军作战,取得了平型关等战斗的胜利。随后,他协助朱德将八路军总部设在晋东南,以太行山为依托,领导八路军开展敌后游击战,建立抗日民主根据地。1940 年,在华北发动百团大战,破袭日军的正太、平汉、同浦铁路交通线,沉重地打击了日伪军,极大地鼓舞了全国军民。

解放战争时期,彭德怀任西北野战军司令兼政治委员、中国人民解放军副总司令等重要职务。1947 年 3 月,国民党军重点进攻陕甘宁解放区时,他指挥仅 2 万人的陕北部队,同十倍于己的敌军作战,他采用"蘑菇战术"把敌军拖疲后,伺机集中优势兵力各个歼灭敌人,在一个半月内连续取得青化砭、羊马河、蟠龙镇三战三捷。随后,又率部在沙家店歼敌两个旅,挫败了国民党军对陕北的重点进攻。1948 年2~3 月间,指挥部队在宜川、瓦子店歼敌五个旅,收复延安。

中华人民共和国成立后,彭德怀任人民革命军事委员会副主席。1950 年,彭德怀临危受命,肩负中国人民志愿军司令员兼政委之重任,率领志愿军奔赴朝鲜战场,在短短的 7 个月内,连续组织指挥了 5 次大的战役,把以美国为首的"联合国军"赶回了"三八线",迫使美军由战略进攻转入战略防御,不得不接受和平谈判。

彭德怀军旅生涯的大部分时间是在烈火硝烟、跃马挥刀的战场上度过的,他经历了北伐战争、土地革命战争、抗日战争、解放战争和抗美援朝战争这一中国革命战争的全过程,指挥过上百次重大战役、战斗,从国民党反动派、日本侵略军的将领到朝鲜战场上的美军统帅,无不成为他的手下败将,在中国乃至世界战争史上写下了光辉壮丽的篇章。1955 年被授予中华人民共和国元帅军衔。

1959 年 7 月,在中共中央政治局扩大会议(庐山会议)期间,彭德怀写信给毛泽东,对"大跃进"和人民公社化运动中的问题提出批评,遭错误批判,在中共八届八中全会上被错误地定为"右倾机会主义反党集团"的一员,免去国防部长职务。在"文化大革命"中,他虽遭受严重迫害,但仍然坚贞不屈,据理力争。1974 年 11 月 29日,彭德怀在北京含冤去世。1978 年 12 月,中共十一届三中全会为彭德怀同志平反昭雪,恢复名誉。彭德怀元帅在作战指导中所表现出的高超的驾驭战争的艺术及其所阐述的军事理论原则,有着鲜明的实践特征,为毛泽东军事思想的形成和发展做出了不可磨灭的贡献。

刘伯承:"渊渊韬略成国粹,昭昭青史记殊荣"

　　在中华人民共和国的元帅中,刘伯承的文韬武略是备受人们敬佩的。在长期的革命军事生涯中,作战,他用兵如神,能制人而不制于人,指挥若定,仗仗稳操胜券,可谓"运用之妙,存乎一心";论兵,他通晓古今,博采精华,能发前人之未发,言前人之未言,可谓博采众长,独具慧眼。陈毅元帅称刘伯承"守土古范韩,论兵新孙吴"。徐向前元帅在刘伯承辞世后写下了"渊渊韬略成国粹,昭昭青史记殊荣"的铭词,以颂扬他的军事才华和赫赫战绩。

刘伯承

　　刘伯承于 1892 年 12 月 4 日出生于四川开县赵家场。他的军事生涯始于 1911 年。当辛亥革命波涛冲击到四川时,刘伯承抱着强兵富国的信念投身到四川军政府领导的军队,在此后的十余年时间里,他先后参加了孙中山号召的护国战争、护法战争,历任连长、团长。1916 年 3 月,他在率领四川护国军攻占丰都时,头部中弹,右眼致伤,在 3 个小时手术中,他的右眼一共开了 72 刀,却一声不吭,刘伯承同志的这种坚强意志和超人表现,使为他主刀的德国大夫惊叹不已,连连称赞刘伯承为"军神"。在 1923 年的讨贼战争中,刘伯承任东路军第一路前敌指挥官,在指挥部队作战中,他以足智多谋,勇猛善战闻达于世,被誉为"川中名将"。

　　1926 年,刘伯承加入了中国共产党。之后,他根据中共中央的指示,组织发动了泸(州)顺(庆)起义并担任起义军的前线总指挥,策应北伐战争。蒋介石、汪精卫叛变革命后,刘伯承参与组织指挥了"八一"南昌起义,担任军事参谋团参谋长。后来,根据革命斗争和军队建设的需要,刘伯承又到苏联高级步兵学校和伏龙芝军事学院学习深造。回国后先后担任中央军委总参谋长、中央军委委员等军事要职。这时,刘伯承已被中央的同志视为"无产阶级的孙吴",在中央的军事工作中发挥着重要作用。1932 年,刘伯承进入中央苏区根据地,先后担任红军学校校长、红军总参谋长。此间,协助朱德、周恩来指挥第四次反"围剿",取得了胜利。在第五次反"围剿"中,由于和博古、李德等人意见相左,被免去红军总参谋长职务,调任第五军团参谋长。

1934 年年底，刘伯承复任总参谋长兼中央纵队司令员，指挥先遣队强渡乌江，智取遵义。在遵义会议上，刘伯承坚决支持毛泽东重新掌握军事指挥权，为确立毛泽东在红军中的领导地位做出了重大贡献。遵义会议之后，他指挥先遣队一路过关夺隘，抢险飞渡，在四渡赤水、巧渡金沙江、强渡大渡河等战役中屡建奇功。随后担任先遣队司令，与政委聂荣臻一起率领部队为全军开路。进入大凉山时，他坚定地执行中国共产党的民族政策，灵活地处理民族事务，与彝族部落首领小叶丹"歃血为盟"，得到了彝族同胞的信任和支持，不仅使红军顺利地通过了彝族区，并且在当地留下了民族团结的佳话。第一、四方面军会合后，刘伯承作为总参谋长，与朱德一起随红军总部跟左路军一起行军。张国焘强令左路军及右路军中第四方面军的部队南下后，他和朱德坚定地维护中共中央关于北上抗日的方针，为制止张国焘分裂红军、分裂中央的行为起到了关键作用，做出了重大贡献。

抗日战争爆发后，刘伯承担任八路军第一二九师师长，率领部队开赴山西，在同浦路北段及正太路沿线将部队展开，攻击进犯太原之日军的侧背，配合友军的防御。其间，为策应忻口战役，刘伯承指挥部队发动了夜袭阳明堡日军机场的战斗，首战告捷，大大鼓舞了全国人民尤其是我八路军官兵的抗日斗志。与此同时，刘伯承又指挥一二九师主力在七亘村灵活机动，重创迂回娘子关的日军。不久，又组织了黄崖底伏击战和户封村伏击战，取得了一连串的胜利，有力地拖延了日军向太原的大规模进攻。1938 年后，刘伯承与邓小平组织指挥了长生口、神头岭、响堂铺等战斗，沉重地打击了日军。尤其是在势险节短的神头岭战斗中，刘伯承的军事指挥机动灵活，充分体现了他对游击战术的充分把握和灵活运用，成为八路军游击战争的典型战例之一。随后他又指挥部队取得了晋东南反"九路围攻"和冀南反十一路"扫荡"的胜利，创建了晋冀豫抗日根据地。1940 年组织部队参加百团大战，为战役的胜利做出了突出贡献。在日伪军实行"囚笼政策"，分割、封锁抗日根据地时，刘伯承根据当时的斗争形势，提出并率先实行了主力部队地方化，组建了大量武装工作队，向敌战区出击，在被动中争取主动，挫败了日伪军的"蚕食"和"扫荡"，巩固并扩大了抗日根据地。在 1941 年到 1942 年两年时间里，刘伯承指挥一二九师和根据地军民进行了艰苦卓绝的斗争，作战多达 7976 次之多，其中有 19 次是大的反合围、反"扫荡"作战。屡战屡胜，愈战愈强。在抗日战争时期，刘伯承结合作战实践，潜心研究游击战争的战略战术，先后发表了一系列重要论文，其中《论游击战与运动战》《对目前战术的考察》《关于太行军区的建设与作战问题》《敌后抗战的战术问题》等论述，具有极高的军事学术价值。

1945 年，刘伯承任晋冀鲁豫军区司令员，与政委邓小平一起指挥了著名的上党战役和邯郸战役，沉重地打击了向解放区进攻的国民党军，粉碎了国民党军控制晋东南和打通平汉路的企图。1946年6月,蒋介石发动全面内战后,刘伯承与邓小平率领"刘邓"大军以大踏步进退的运动战,在十个月内连续组织了陇海、定陶和豫北等九个战役,歼灭敌军十二万余人,解放了大片土地,有力地配合了其他战场,挫败国民党的全面进攻。1947年6月,刘伯承和邓小平根据中央军委的战略部署,指挥晋冀鲁豫野战军突破黄河防线,展开了鲁西南战役,在国民党的战略防线上撕开了一个大口子,为人民解放军的战略反攻拉开了序幕。之后,又率部千里跃进大别山,如同一把锋利的钢刀直插国民党的心脏,重新建立起了大别山根据地。经过艰苦作战,扩大了中原解放区,迫使国民党军队进一步陷入被动。1948年5月,刘伯承担任中原军区司令员,11月,与邓小平、陈毅、粟裕、谭震林等组成总前委,统一指挥华东、中原野战军进行淮海战役,歼灭敌军五十余万人。之后,又参与组织指挥了渡江战役,率部解放了皖南、浙西、赣东北、闽北广大地区。继而解放了四川、云南、贵州、西康四省。

新中国成立后,刘伯承领导组建了人民解放军军事学院并任院长兼政委,1955年被授予中华人民共和国元帅军衔,之后,他将大量心血倾注到了军事院校建设工作和军事学术研究工作之中。为建设现代化、正规化革命军队培养了一大批高素质高级军官。

刘伯承饱读古今中外军事著作,结合革命战争的实践,钻研马克思主义军事理论,对游击战、运动战、阵地战和司令部工作都有独到的论述。他的军事谋略和指挥艺术,极大地丰富了毛泽东军事思想。不愧为"守土古范韩,论兵新孙吴"的一代名帅。

贺龙:革命军中一"活龙"

据说,在湘西方言中,"贺"与"活"是同音。于是贺龙老家的人们把贺龙称作是革命军中的一"活龙",并且编了这样一首打油诗——"贺龙本是一条龙,腾云驾雾一阵风,敌人见他吓破胆,人民见他乐无穷"。

人们把贺龙比作活龙,本身也许并无深意,只是利用了贺龙名字的谐音以表达对他的尊重和仰慕。但是,当认真思索贺龙的革命斗争历程和军事生涯,我们就会不无惊奇地发现,用"龙"的意象来表征贺龙,是非常贴切的。

贺龙原名文常,字云卿,1896年3月22日出生于湖南桑植洪家关的一户贫苦农民家庭。贺龙少年时期,

贺　龙

为了维持生活,曾赶着骡子近走湘鄂边,远走云贵川,驮运盐巴土产。目睹了种种社会不平,萌发了"反霸除恶,杀富济贫"的思想。1914年,贺龙抱着"铲除人间不平事,天下为公均富贵"的朴素理想,参加了孙中山领导的中华革命党。1916年,贺龙率21名弟兄,带了几把菜刀和马刀,劈了桑植县芭茅溪盐税局,夺得十几支步枪,组织起了农民武装,打出了桑植县讨袁(世凯)护国军的旗号,自任护国军总指挥。不久,因斗争经验不足而惨遭失败,虽然刚刚成立起来的桑植县讨袁(世凯)护国军偃旗息鼓,但贺龙的名声却威震乡里。面对失败,贺龙毫不退却,1917年,他又在石门、慈利交界的两水井,与前来投奔他的壮士吴玉霖各拿一把菜刀干掉知县的两名护兵,夺得两支步枪,重新组织了18个好汉,拉起队伍,打起湘西援鄂军第一路游击支队的旗号,并自任司令,经过艰苦卓绝的斗争,队伍不断扩大,成了一支不可忽视的武装斗争力量。自1918年,贺龙先后被任命为湘西靖国军第3梯团梯团长、巡防军第2支队司令。1922年随援军入川,任川东边防军警备旅旅长。1923年9月,率少数官兵袭击了为吴佩孚运送军火的日轮"宜阳丸",截获了大量物资和军火。同年11月,被孙中山委任为四川"讨贼军"第一混成旅旅长,率领所属部队与吴佩孚纠合起来的四川军阀部队作战,取得了不少战果。1924年,贺龙又率部返湘,先后担任澧州、湘西镇守使。在任澧州镇守使时,贺龙率领军队路过家乡桑植,受到人民的热烈欢迎,一位曾经和贺龙一起加入中华革命党的老文化人,写了一副对联送给贺龙。对联写的是:"去程万里,名贯九州,自湘西开辟以来,超古越今唯老贺;青史千年,流芳百代,当锦城转战之际,搴旗斩将似生龙。"从这副对联中,可以看出当地群众对贺龙的拥护和爱戴。自1926年起,贺龙被任命为国民革命军师长,率领部队参加北伐战争,在湖北、河南屡打胜仗,龙威大震,名扬四方,被升任第20军军长。

贺龙像一条蛟龙,它从人民的大海中腾飞而起,冲向革命的战场。由于他以人民的大海为依靠,由于他从人民的大海中汲取了无穷的力量,所以他的革命立场十分坚定,他的斗争精神十分顽强。在艰难困苦的斗争中,贺龙对革命赤胆忠心,革命立场坚定,既表现出了"龙的胆略",又表现出了"龙的骨气"。1927年3月,蒋介石派秘书长李仲公到武汉策动贺龙与蒋介石一起反共,贺龙一气之下将他抓了起来。之后,曾与贺龙有过深交,此时已投靠蒋介石的陈图南一面煽动保守军官闹饷以向贺龙施加压力,另一方面利诱贺龙,要他跟随蒋介石,贺龙当机立断,通过周密布署将其枪毙。8月1日,贺龙与周恩来、叶挺、朱德、刘伯承等领导了"八一"南昌起义,担任起义军总指挥,为创建革命武装做出了卓越贡献。同年9月,贺龙加入了中国共产党。不论革命形势多么紧张,局势多么紧迫,贺龙都矢志不移地领导革命军队坚持武装斗争。1928年4月,国民党军乘工农革命军立足未稳之机,调动大批部队进犯桑植,工农革命军遭受第一次挫折,队伍被打散。贺龙带领一小支幸运突围出来的部队,转移到慈利和湖北鹤峰组织武装,队伍很快又恢复至1000余人。9月,当他奉湖北省委之命进攻常德时,在仙阳遭国民党军两次强烈袭击,队伍遭受重创,全军只剩下91人,72支枪。贺龙一不灰心,二不气馁,将队伍转移至鹤峰休整,队伍重新得到迅速发展。1930年7月,贺龙率部至洪湖,与周逸群等领导的第六军合编为中国工农红军第二军团,任军团指挥兼第二军军长。贺龙率军所到之处,受到人民群众的衷心爱戴,在贺龙战斗过的洪湖地区,人们流传着这样一首歌谣:"高山顶上云套云,青绿竹子根连根。洪湖鱼儿不离水,贺老总和人民心连心。"1931年6月,贺龙率领红三军至湖北房县,开辟了鄂西北革命根据地。之后,根据革命斗争的需要,贺龙率领部队重返洪湖,坚持革命武装斗争,壮大红色根据地。1933年12月,由于"左"倾冒险主义的错误指导,洪湖根据地被国民党军占领,红三军由1万人锐减到3000人,贺龙不得不率领部队经豫西南、陕南、川鄂边到湘鄂西开展艰苦的游击战。蒋介石认为收编这条"龙"的时机已到,派政客熊贡卿前来游说,企图收编贺龙,贺龙勃然大怒,经中央分局同意,公开处决了熊贡卿,给了蒋介石当头一棒。随后,他又率部进入四川、贵州边界,创建了黔东革命根据地。

龙是中华民族的象征,贺龙不仅以龙为名,而且秉承了龙的精神,龙的品格。作为无产阶级的革命家和军事家,他对人民群众无比热爱,平易近人,和蔼可亲。但面对敌人,他却疾恶如仇,勇猛凶狠。1934年10月,第三军和由湘赣边界转移的第六军团在川黔边境会师,贺龙统一指挥二、六军团。为策应第一方面军长征,贺龙率部开展湘西攻势,在歼灭和牵制大量敌军的同时,创建了湘鄂川黔苏区,根据中央指示,由贺龙担任中央革命军事委员会湘鄂川黔分会主席和军区司令员。根据遵义会议精神和中央的战略部署,贺龙指挥所部进行反"围剿"作战,先在桑植、永顺等地三天打了两个大胜仗,歼敌两个旅,使斗争形势由被动转为主动。继而贺龙率领所属部队,以龙腾虎跃之势,在湖北宣恩、忠堡、板栗园等地歼灭敌人两个师,俘、毙敌师长各一名,击破国民党军11万人的"围剿",并乘胜占领石门、津市、澧州等地。

1935年起,蒋介石调集130多个团的兵力向红第二、六军团发动进攻,贺龙率部开始长征,1936年年初进入贵州乌蒙山区,在国民党军优势兵力包围之中,贺龙指挥部队采取忽南忽北、时东时西的灵活战术,同敌人兜圈子,转战千里,于3月下旬率部跳出包围圈,进占贵州西南部的盘县、亦资孔地区,继而进入湖南中西部的广大地区。贺龙率军连破两道封锁线,跳出敌人的重重包围,使众多将帅佩服不已,关向应笑着对贺龙说:"哈哈,是你活龙进了大海哟!"之后,贺龙又奉命北上,几经艰苦的军事和政治斗争,打败了围追堵截的敌军,顶住了张国焘的分裂,于10月在甘肃静宁以北的将台堡(今宁夏)与红一方面军会师。

抗日战争爆发后,贺龙被任命为八路军第120师师长,率领部队进抵晋西北抗日前线,在雁门关等地袭击日军,配合国民党军作战。贺龙指挥所属部队对日伪军进行反围攻作战,采取断敌补给、迫敌出逃,于运动中歼灭敌人等战法,集中主力破敌一路,歼灭日伪军1500余人。先后收复宁武、神池等7座县城,巩固和扩大了晋西北抗日根据地。1939年8月,贺龙奉命回师晋察冀,在陈庄战斗中诱敌深入,予以夹击,歼灭日军1400余人。之后,又根据中央统一部署,返回晋西北,领导军民挫败了日伪军的多次"扫荡"和"蚕食",平息了国民党顽固派蓄意制造的多次摩擦,巩固和扩大了晋绥根据地,使其成为中共中央所在地陕甘宁边区的屏障。1945年8月,贺龙奉命率晋绥野战军对日伪军进行反攻作战,10月率部北上,协同晋察冀野战军发起绥远战役,解放了绥东、绥南广大地区。之后,又指挥晋北战役,解放9座县城。1947年3月,当国民党军向陕北发动重点进攻时,贺龙在指挥联防军地方兵团积极配合西北野战军作战的同时,领导发展后备兵团,巩固后方根据地,集中人力物力支援解放西北。1949年年底,贺龙根据中央指示,率领第十八兵团等部队进入四川,协同第二野战军发起成都战役,解放大西南。1950年,贺龙担任西南军区司令员,领导对国民党军起义、投诚部队的整编和改造,指挥部队肃清国民党残余和土匪,稳定了西南地区的局势。10月,指挥进藏部队解放昌都,促进了西藏的和平解放。1954年6月,贺龙任中央人民政府人民革命军事委员会副主席,9月任国务院副总理。1955年被授予中华人民共和国元帅军衔。

陈毅:谙练文韬武略的"两栖元帅"

陈毅元帅兼资文武、博学多才。在战场,他指挥若定,能征善战,为党和人民立下赫赫战功;做学问,他勤于笔耕,才思敏捷,军事政治论著及诗词颇丰。他的军事思想,对于毛泽东军事思想的形成和发展,夺取中国革命战争的胜利,指导人民军队和国防建设,起了重要作用,其主要论著已收入《陈毅军事文选》;他的诗词作品,倾倒无数后人,已编辑成《陈毅诗词选集》。我国现代著名诗人臧克家在1962年曾撰文赞誉说:"我们知道陈毅同志是革命的前辈,同时也是文学研究会的早期会员。他参加文艺活动和他参加革命工作差不多是同时的。上马杀敌,下马写诗,将军原来是诗人啊……"

陈 毅

（《读〈陈毅诗词选注〉后的一点感想》，《陈毅诗词选注》北京出版社 1978 年 11 月版，第 538 页）陈毅见到此文后，给臧克家写了一封真挚而热情的感谢信，并称臧克家的这篇文章"甚惬我意"。其实，从陈毅元帅的革命军事生涯和在革命斗争中写下的动人诗词中，我们也确实真切地感到，陈毅的确是一位"上马杀敌，下马写诗"、谙练文韬武略的"两栖元帅"。

陈毅，字仲弘，1901 年 8 月 26 日出生于四川乐至复兴场。少年时期在成都读书，他识书如餐，不仅咀嚼了唐诗、宋词、《诗经》，而且品酩了《古文观止》《古文辞类纂》《千家诗》《唐诗集解》以及《西游记》《封神榜》等书，奠定了坚实的文化基础。与此同时，辛亥革命的风暴，强烈地震撼了陈毅"童稚的心灵"并"激起了共鸣"。这就使得陈毅开始了自己的人生思考和对革命真理的追求。

1919 年，陈毅赴法国勤工俭学，比较广泛地接触了西方文明，开始接受马克思主义。随之而来的社会革命波涛，又将他推上了"职业革命家的道路"。在法国，他积极参加革命运动，1921 年 10 月，陈毅因参加中国留学生的爱国运动被押解回国。1922 年加入中国社会主义青年团。1923 年春在重庆《新蜀报》任文艺副刊主笔，同年秋到北京中法大学读书，加入中国共产党，在李大钊领导下，从事工人、学生运动。

陈毅真正接触军事，是 1926 年 8 月。当时，他受李大钊的派遣回四川做兵运工作，他的工作对象是北洋军阀政府的讨贼联军川军第一路军总司令杨森。凭借杰出的政治水平和学识、风度、口才、人品，他的工作做得很有起色，杨森不仅欢迎他在军中参赞军务，还介绍他认识了后来成为我人民军队总司令的朱德。

1927 年，陈毅被调往武汉中央军事政治学校，并担任中共委员会书记。之后，他参加了"八一"南昌起义，任起义部队七十三团指导员，起义失败后，陈毅与朱德等起义领导人一起整顿撤出南昌的起义部队，转战于江西、广东边界，保存了革命武装力量。1928 年 1 月，参与领导湘南起义，成立工农革命第一师，任师党代表。同年 4 月，与朱德率领部队到达井冈山地区，和毛泽东领导的秋收起义部队会师，先后担任第十二师师长、红四军军委书记，参与创建和保卫井冈山革命根据地的斗争。1929 年 1 月，陈毅随红四军主力下井冈山，出击赣南、闽西。同年 2 月，担任第一纵队党代表，与纵队长林彪率领部队参加了大柏地、攻打汀州等战斗。6 月，主持召开中共红四军第七次代表大会，当选为前委书记。会后赴上海向中共中央全面汇报红四军情况，在周恩来主持下，代中共中央起草给红四军前委的指示信，号召官兵支持毛泽东的正确主张。回红四军后，陈毅又协助毛泽东组织召开了中共红四军第九次代表大会（古田会议），制订并通过了著名的《古田会议决议》。1932 年后，陈毅先后担任红六军政委、第二十二军军长、江西军区总指挥兼政治委员等职,积极发展人民武装,参与领导反"围剿"。1934年8月,陈毅在指挥作战时身负重伤。10月,第一方面军开始长征后,陈毅根据中央的统一部署,担任中共中央苏区分局委员、中华苏维埃共和国中央政府办事处主任,留在苏区坚持斗争。1935年4月,陈毅根据遵义会议决议精神,与分局书记项英组织召开会议,确定了"长期坚持游击战争,保存和积蓄革命力量,准备迎接新的革命高潮"的方针。在敌人的分割、封锁和残酷的"清剿"中,在电台被毁与中共中央断绝联系的情况下, 他在赣粤边界依靠人民群众,坚持极其艰苦的斗争。1936年12月,陈毅在梅岭草莽中被国民党军围困达20天且身染重病,在局势极端紧张,战情相当困苦的现实面前, 他仍保持着坚贞的革命气节和乐观的革命精神, 他在《三十五岁生日寄怀》中写道:"大军西去气如虹,一局南天战又重。半壁河山沉血海,几多知友化沙虫。日搜夜剿人犹在,万死千伤鬼亦雄。物到极时终必变,天翻地覆五洲红。"在被围困的丛莽之中,陈毅考虑到可能难以脱身,便写下了以"断头今日意如何?创业艰难百战多。此去泉台召旧部,旌旗十万斩阎罗。"这首脍炙人口的诗为代表的"绝笔"——《梅岭三章》,表现了陈毅同志视死如归的英雄气概。这期间,幸亏发生了"西安事变",围山的国民党第四十六师匆匆撤离,陈毅等得以乘机脱险。他的《梅岭三章》虽然没有成为陈毅元帅的绝世之笔,却成了描写革命斗争实践、抒发革命英雄情怀的绝妙之诗。

1938年1月,陈毅担任新四军第一支队支队长,率领第一、二支队挺进苏南,在开辟和建立以茅山山脉为中心的江南抗日游击根据地的同时,就以战略的眼光,为向江北发展,进行了有预见的必要准备。自从挺进江南后,陈毅既不株守于茅山附近地区,也不简单地、孤立地就江南考虑江南,而是十分重视越过沪宁铁路以北以东,向长江沿岸地区推进。1939年,陈毅曾亲自奔波指导沿江一带的工作,他在夜过江阴时写下了"江阻天堑望无涯,废垒犹存散似沙。客过风兴敌惶急,军民游击满南华"这首纪实诗。正因为在陈毅等同志领导下及早地开辟了长江南岸地区,才为应付紧接着来到的形势变化和渡江北上行动创造了有利条件。

1939年年底至1940年春,国民党顽固派发动的第一次反共高潮虽然被击败,但仍在继续制造事端,挑衅摩擦,国民党反动派将战略重点由华北转向华中,调集和部署了大量部队,分苏南、皖东、苏北和皖中三路进攻新四军。在此之前,党中央和毛泽东多次指示项英,不仅要争取向东、向北发展,而且要做好防止国民党制造突然事变的准备, 陈毅也多次提议项英将新四军军部撤出皖南迁入苏北敌后,可是项英就是听不进正确意见,拒不执行和接受毛泽东的正确指示和陈毅的提议,依然留恋于皖南云岭的弹丸之地,在军事上犹豫不决,举棋不定,坐失良机,最终酿成了"皖南事变"的恶果。"皖南事变"后,陈毅临危受命,在苏北成立新四军军部并代为军长。他遵照毛泽东和党中央的指示,迅速调集兵力,进行战斗部署,在条件成熟之后,率军横渡长江,挺进苏北。到达苏北之后,陈毅根据斗争需要,领导新四军立即进行部队整编,布阵华中,统一指挥部队行动。为迎接后来的反投降、反"扫荡"斗争以及华中大反攻,创造了战略上的有利条件。陈毅用诗词对这一阶段的斗争实践进行了概括——"我们在大江南北,向敌后进军,南京城外遍布抗战的旌旗。我们有共生死的政治团结,鼓舞着敌后人民胜利的信心。在日寇封锁线上穿插,在日寇坚城下纠缠。我们惯于夜间作战,用白刃同日寇肉搏,向敌人巢穴里投进烈火。集小胜为大胜,由相持到反攻,看我们风驰电掣,横扫千里。"

抗日战争胜利后,陈毅任新四军军长兼山东军区司令员,统率华中、山东的八路军和新四军,抗击五十万国民党军队对华东解放区的进攻。1947年1月,任华东军区司令员、华东野战军司令员兼政委,同副司令员粟裕、副政委谭震林等,创造性地贯彻执行党中央"以歼灭国民党军有生力量为主要目标,集中优势兵力各个歼灭敌人"的作战方针,指挥部队连续取得宿北、鲁南、莱芜等战役的胜利,对粉碎国民党军向解放区的全面进攻起了重要作用。1947年5月,陈毅参与组织指挥了孟良崮战役,粉碎了国民党军对山东解放区的重点进攻,同年秋,按照中共中央的战略布署,同粟裕率华东野战军主力一部实行外线出击,挺进豫皖苏,与"刘邓"大军密切配合,在中原地区大量歼敌,迫使国民党军陷入被动地位,对扭转全国战局起了决定性的作用。1948年5月,陈毅兼任中共中央中原局第二书记、中原军区和中原野战军第一副司令员。11月至次年4月,作为总前委成员之一,参与指挥淮海战役和渡江战役。1949年5月,兼任上海市市长。中华人民共和国成立后,根据中央统一部署,陈毅继续指挥部队解放东南沿海岛屿,剿灭国民党残余武装和土匪,筹建华东海军、空军和陆军技术兵种,为人民军队的现代化、正规化建设立下了不朽功勋。1955年陈毅被授予中华人民共和国元帅军衔,成为十大元帅中唯一没有参加长征的元帅。

罗荣桓:"国有疑难可问谁"

"记得当年草上飞,红军队里每相违。长征不是难堪日,战锦方为大问题。斥鷃每闻欺大鸟,昆鸡长笑老鹰非。君今不幸离人世,国有疑难可问谁?"这是毛泽东在罗荣桓逝世后所写的悼诗。毛泽东一生写了很多诗词,但悼念诗只有两首。从毛泽东采用写悼诗这种罕用的方式悼念罗荣桓,和悼诗中对罗荣桓的高度评价,可以看出毛泽东对他的器重程度。

罗荣桓

罗荣桓 1902 年 11 月 26 日出生于湖南衡山寒水乡南湾村(今属衡东县)。1924 年入青岛大学读书,曾参加"五卅"反帝爱国运动,进行反对土豪劣绅的斗争。1927 年 4 月到武昌中山大学读书,加入中国共产主义青年团,随即转入中国共产党,同年 7 月被中共派往通城从事农民运动,组织农民武装,于 8 月 20 日,领导发动了通城起义,担任通城和崇阳农民自卫军的党代表。之后率部队转移到江西修水,编入武昌国民革命军第二方面军总指挥部警卫团,任特务连党代表,参加了湘赣边界秋收起义。三湾改编时,罗荣桓是人民军队第一批七个连党代表之一。上井冈山后,罗荣桓历任中国工农红军连、营党代表,积极发展士兵党员,建立军队基层的共产党组织,实行民主制度,尊重爱护士兵,反对打骂士兵的军阀作风。1929 年年底,参加中共红四军第九次代表大会(古田会议),因"观念正确""斗争积极"而当选为红四军前委委员。1930 年年初,罗荣桓任红四军第二纵队政委,与纵队长曾士峨、政治部主任罗瑞卿等,紧密结合部队实际,认真贯彻古田会议决议,使这个纵队迅速进步,成为红四军的主力之一。1930 年 8 月,罗荣桓担任红四军政委,与军长林彪率部参加打长沙、打吉安和第一至第三次反"围剿"。1932 年 3 月任第一军团政治部主任,领导部队的政治工作,同时组织部队发动群众,打土豪,分田地,筹粮筹款,扩大红军队伍。第四次反"围剿"结束后,改任江西军区政治部主任、总政治部巡视员、动员部部长,曾兼任扩大红军突击队总队长,领导"扩红"工作成绩卓著。1934 年 1 月被选为中华苏维埃共和国中央候补执行委员,获红星奖章。9 月,任新编组的第八军团政治部主任,参加长征。第八军团撤销后,罗荣桓担任总政治部巡视员、第一军团政治部副主任。1936 年 6 月,进入中国人民抗日红军大学学习,并兼任培训高级干部的第一科政委。1937 年 1 月,任军委后方政治部主任,7 月,任第一军团政治部主任。

抗日战争爆发后,罗荣桓任八路军第一一五师政治部主任。1937 年 9 月率师政治部和少量部队,在山西、河北边界的阜平、曲阳、灵寿一带发动群众,组织抗日武装,建立抗日民主政权。1838 年奉命到吕梁地区,与代师长陈光一起,组织指挥了午城、井沟和薛公岭等战斗,在保卫黄河河防的同时,对驻当地的新军决死二纵队进行帮助,一同开辟晋西抗日根据地。同年 9 月赴延安参加扩大的中共六届六中全会,随后任第一一五师政委。1939 年 3 月初率部进入山东,组织指挥了樊坝、梁山等重要战斗,重创日伪军。罗荣桓率领的第一一五师部队,与由山东人民抗日起义武装组成的八路军山东纵队并肩作战,先后在鲁西、鲁南、冀鲁边、鲁中、滨海地区发动群众,建立抗日民主政权,发展人民武装,巩固和扩大抗日根据地。在斗争中,他坚决贯彻执行中共中央关于在统一战线中坚持独立自主原则的方针,强调团结抗日的友军和爱国民主人士,孤立和打击制造摩擦的国民党顽固派。1941年8月任山东军政委员会书记。同年11月,日伪军5万多人"扫荡"鲁中抗日根据地,中共中央山东分局和第一一五师师部等领导机关被合围于沂水留田一带。罗荣桓准确地分析和判断敌情,掌握时机,出敌不意地率部向日军占领区临沂方向转移,不费一枪一弹,跳出日伪军重围,被国际友人希伯誉为"无声的战斗"。随后又返回沂蒙山根据地的中心地区,领导军民坚持斗争,挫败了日军在山东进行的规模最大的一次"扫荡"。

1943年3月,罗荣桓任山东军区司令员兼政委、第一一五师政委、代师长,同年8月,任中共中央山东分局书记,统一领导山东抗日根据地的党政军工作。在抗日战争最艰难的时候,领导山东军民实行精兵简政,同时保留骨干,培训干部,为部队的再发展准备了充分条件。实行主力地方化,加强连队基层建设,开展分散性、群众性游击战争。针对日军兵力少、政治上孤立的情况,在敌军对根据地进行"扫荡"和"蚕食"时,罗荣桓提出了"敌人打过来,我们就打过去"的"翻边战术",并将山东五个战区的抗日斗争联系起来,互相呼应,互相配合,使日军捉襟见肘,首尾难以兼顾,从而扭转了山东抗日根据地的被动局面。与此同时,领导整风运动和大生产,为战略反攻准备条件。自1944年开始,组织了一系列重大战役,实行局部反攻。1945年,又指挥部队在山东全境进行大反攻,控制山东境内的津浦、胶济和陇海铁路,收复除济南、青岛等少数城市以外的山东绝大部分地区。1945年6月,罗荣桓当选为中共第七届中央委员。

抗日战争结束后,根据中央指示,罗荣桓紧急组织和率领山东主力部队6万余人抢进东北,并担任东北人民自治军副政治委员。1945年12月,面对国民党军对东北的疯狂进攻,他强调控制中长路两侧广大地区。1946年3月,在东北停战有可能实现的情况下,他又及时提出:在争取和平时要立足于战争;在战争时间上,要有长期打算;要进行主力、地方武装和游击队三者结合的运动战,反对拼命主义,克服大机关、大后方作风。他组织领导了东北地区大兵团作战中的政治工作,1947年在部队中推广第三纵队诉苦教育的经验,增强了指战员的阶级觉悟和战斗意志。这一经验后经毛泽东批示在全军推广。与此同时,他主持组建二线兵团,抽调骨干编组独立团,为前线主力部队输送大量合格的兵员。1948年8月,任东北军区第一副政治委员兼东北野战军政委。在辽沈战役中,坚决贯彻执行中共中央军委关于"先打锦州,把国民党军封闭在东北予以全歼"的战略决策,为夺取战役胜利起到了重要作用。1949 年 1 月，罗荣桓担任第四野战军第一政委，参与指挥了平津战役，主持了和平解放北平的谈判。1949 年 6 月，被任命为中共中央华中局第二书记，华中军区第一政委。

中华人民共和国成立后，罗荣桓同志任最高人民检察长。1950 年 4 月任人民解放军总政治部主任，同年 9 月，兼任总干部管理部部长。1951 年，罗荣桓领导人民军队"向文化大进军"运动，为军队现代化、正规化建设准备条件。1952 年，领导筹建人民解放军政治学院，并兼任院长。1954 年 6 月，罗荣桓担任中央人民政府人民革命军事委员会副主席。1955 年被授予中华人民共和国元帅军衔。同年 11 月，担任中共解放军监察委员会书记。罗荣桓在领导全军政治工作中，强调发扬人民军队政治工作的优良传统，努力推动军队现代化、正规化建设。罗荣桓同志戎马一生，对党忠心耿耿，为中国人民的解放事业和中国人民解放军的革命化、现代化、正规化建设立下了不朽功勋。他的军事指挥、政治工作领导才能以及他的高尚人格深受全军将士的钦佩，尤其他在长期革命斗争中高瞻远瞩、顾全大局的品格和作风，深得毛泽东等同志的赞赏。1963 年 12 月 16 日，当罗荣桓病故的消息传给毛泽东以后，毛泽东为失去这样一位优秀人才和亲密战友而痛苦不已，为他写下了本文开头那副挽诗。

徐向前："四山""四水"悼英灵

"大别山、大巴山、祁连山、太行山，山山俯首迎忠骨；长江水、嘉陵水、黄河水、滹沱水，水水扬波拜英灵。"这是徐向前元帅逝世后，群众送的一副挽联。联中提到的"四山""四水"，都是他生前征战过的地方。他和那里的人民同甘共苦，结下了生死之谊。他临终嘱咐，要把骨灰撒到那山、那水……

一位曾和他并肩战斗了半个世纪的老人这样评价他："一个具有坚定共产主义信念、百折不挠、战斗不息的忠诚的马克思主义者，一个大智大勇、缜思断行、擘画军事、驾驭战争的能手，一个坦荡无私、顾全大局、谦虚谨慎、廉洁奉公的人民公仆……"

徐向前

徐向前原名象谦，字子敬，1901 年 11 月 8 日生于山西五台永安村。1919 年在山西国民师范读书，受五四运动影响，参加进步活动，毕业后当过小学教员。1924 年 4 月考入黄埔军校第一期，开始了军旅生涯。1927 年 3 月加入中国共产党，最终成为一颗耀眼的帅星。

徐向前戎马一生，在军事领域里，建树尤为突出。早在土地革命战争时期，他就是党和红军独当一面、威震敌胆的著名军事统帅之一。他具有惊人的军事胆略，从不知恐惧为何物。越是大仗、硬仗、恶仗来临，他越是生龙活虎，精神百倍，指挥靠前，从容镇定。他知己知彼，有谋有断，善于审时度势，驾驭战局，灵活制敌，以少胜多。他有一股超凡的硬劲、狠劲，不论面对多少凶恶的敌人，都敢于咬住不放，反复较量，以己之长，击敌之短，不制敌于死命，决不罢休。他军令如山，指定部队在何时到达阵地就必须赶到，"跑不动爬也要爬到战斗岗位上"；命令坚守的阵地，哪怕打得只剩下一个人，也要坚守到底。

徐向前是"打"出来的元帅。他善于打大仗、恶仗、硬仗。无论多么凶恶的敌人，他都无所畏惧，具有不畏强敌，视险如夷，雷霆不移的宏伟气魄和革命胆略。"咬紧牙关""硬着头皮打""坚持最后五分钟"是他的名言。他常说："每一个指挥员，尤其是高级指挥员，要胆大心细，抓住战机，英勇果断，不顾一切!"在战场上，他的沉着、勇敢是惊人的，常常是哪里最危险、最关键，他就出现在哪里。呼啸的子弹打得树林掉松枝，山石冒火花，仍若无其事。他用兵的思维逻辑是：自己最艰苦、上不去的时候，往往也是敌人最困难的时候，谁能硬着头皮打，坚持到最后，谁就能胜利。

徐向前用兵向来不拘一格。1929 年 6 月，中共中央军委派他到鄂东北，任中国工农红军第三十一师副师长、鄂豫边革命委员会军事委员会主席。他到鄂豫皖的初期，红军力量弱小，处境十分困难，他就指挥部队敌进我退，敌东来我西去，与敌人兜圈子。有时采取"叫花子打狗"战术，边打边走，有时抓住时机，"咬一口就走"。当红军力量逐渐壮大以后，他又以"飘忽"战略制敌，忽南忽北，忽东忽西，运动歼敌，他不但积极防御，后发制人，有时还抓住战机，先发制人，主动进攻。

1931 年年初，徐向前被任命为第四军参谋长，协助军长旷继勋等指挥部队连续挫败国民党军对鄂豫皖苏区第一、第二次"围剿"。同年 7 月，他又担任第四军军长，与政委曾中生率领部队南下，在一个月内连克英山、罗田、浠水、广济四城，歼敌七个团以上。11 月至翌年 6 月，徐向前集中红军主力，连续发起黄安、商潢、苏家埠、潢光四大战役，在外线歼敌近 40 个正规团共 6 万余人。战后，红四方面军的兵力和根据地得到了大发展，建立了 26 个县的革命政权，引起了蒋介石集团的极大震恐。

徐向前用兵不拘一格，一切从实际出发，灵活机动，在他看来，战争是剧烈变化的矛盾运动，一切皆应以时间、地点、条件为转移，最要不得机械论，机械论只能捆住自己的手脚，招致战机的丧失，战争的失败。1932 年 10 月，由于敌人的强大和中共中央鄂豫皖分局书记张国焘战略指导的错误，第四方面军未能打破国民党军的第四次"围剿"，主力 2 万余人被迫撤出鄂豫皖苏区，向西转移。途中，徐向前指挥部队摆脱国民党十万余人的重重围追堵截,翻秦岭、涉汉水,越过大巴山,历尽艰辛,行程三千余里,胜利进入四川通江、南江和巴中地区,开辟川陕苏区。1933年2月起,他从川北的地势、敌情、我军兵力等条件出发,把运动战和阵地战相结合,创造性地开创了"收紧阵地"这一崭新的作战样式。采取收紧阵地、节节抗击、待机反攻、重点突破的作战方针,连续指挥了历时4个月的反"三路围攻"战役,并与川东游击军会合,使红军扩展到8万人,根据地达到4万余平方公里,进入鼎盛时期。1933年11月起,他指挥所属部队以灵活多变的战术,抗击国民党军20万人,历时10个月的"六路围攻",取得了歼敌8万余人的重大胜利。

1935年春,徐向前指挥了广(元)昭(化)、陕南、强渡嘉陵江等战役,率领部队长征。第一、第四方面军会师后,担任红军前敌总指挥。参加中共中央在毛儿盖召开的军事工作会议,积极拥护中共中央关于北上创建川陕甘根据地的战略方针。在毛儿盖会议期间,徐向前荣获中央革命军事委员会授予的金质红星奖章。会后,他又率领右路军北上,指挥了包座战斗,全歼国民党军一个师,打开了进军甘南的通道。在长征途中,他对红一、二方面军讲团结,讲友爱,反对张国焘分裂党和红军的阴谋,在关键时刻维护了党和红军的团结。1937年6月到达延安后,徐向前于8月出席了中共中央在洛川召开的政治局扩大会议,会后,与周恩来赴太原同阎锡山谈判,开展抗日民族统一战线工作。后任八路军第一二九师副师长,参与指挥广阳、神头岭、响堂铺等战斗和晋东南反"九路围攻"。1938年4月,率一二九师和一一五师各一部进入河北南部平原地区,提出"依靠群众建立'人山',开展游击战争"的方针,组织领导当地军民扩大抗日武装,建立统一战线和抗日民主政权,创建冀南抗日根据地。1939年1月,徐向前又参与组织指挥了冀南春季反"扫荡"。之后,奉命到山东任八路军第一纵队司令员,统一指挥山东和苏北境内的八路军部队,坚持抗日游击战争。1940年年底,徐向前奉命回到延安,担任陕甘宁晋绥联防军副司令员,1943年任抗日军政大学校长。

解放战争时期,徐向前先后担任晋冀鲁豫军区副司令员、华北军区副司令员兼第一兵团司令员兼政委。1948年3月至5月,指挥了著名的临汾战役,攻克了坚固设防的临汾城。6~7月,又指挥了晋中战役,以6万兵力歼灭国民党军10万余人,解放了14座县城。1948年10月至1949年4月,徐向前带病组织指挥了战果辉煌的太原战役。

徐向前不仅在军事上战绩卓著,而且在政治上始终保持清醒的头脑,坚决贯彻党对军绝对领导的方针原则。中华人民共和国成立后,徐向前担任人民解放军总参谋长、中央人民政府人民革命军事委员会副主席等重要职务,1955年被授予中华人民共和国元帅军衔。

徐向前对革命忠心耿耿，对国家和人民高度负责，以一个伟大的军事家和政治家的视野纵观时代风云，顺应历史潮流，为人民军队的现代化、正规化建设呕心沥血，1990年9月21日在北京因病逝世。当他带着满身战尘，走完他的军事生涯的时候，党和人民给予了他高度的评价，几十年风雨同舟的战友、部下悲痛地悼念他，无数的将士深切地怀念他。他终生为国为民的赫赫功绩，与留下了他的战斗足迹的山水同在，与日月同辉。

聂荣臻："建军建国，都是功臣"

前国家主席杨尚昆在评价聂荣臻同志的革命生涯时指出："建军建国，荣臻同志都是功臣。"

的确，在70多年的革命生涯中，他浴血疆场，迭经战阵，大智大勇，缜思断行，为我党我军立下了彪炳青史的赫赫战功。在革命战争年代，作为一颗帅星，他百战沙场，战功卓著。无论是南昌起义，还是攻打漳州、激战乐安、宜黄或伏兵草台岗；无论是率部反"围剿"，还是四渡赤水、血战湘江、强渡大渡河、攻打腊子口；无论是平型关大捷，还是创建晋察冀抗日根据地、粉碎日军八路围攻、组织百团大战、击毙日军"名将之花"；无论

聂荣臻

是华北三战三捷，还是清风店歼敌、解放石家庄、创造北平和平解放方式；等等，所有这一切，无不铭刻着聂荣臻的名字、无不记载着他辉煌的战绩。新中国成立后，作为国防科技事业的奠基人，他殚精竭虑，更是功不可没。

聂荣臻1899年12月29日出生于四川江津吴滩镇，五四运动时便在家乡参加了学生的爱国活动。1919年赴法国勤工俭学，1922年8月参加了旅欧中国少年共产党，1923年春转入中国共产党。1924年10月，聂荣臻到莫斯科，进入东方劳动者共产主义大学，后转入苏联红军学校中国班学习军事。1925年8月回国后，任黄埔军校政治部秘书兼政治教官，并为中共广东军委成员。北伐战争开始后，聂荣臻担任军委特派员、中共湖北省委军委书记，参与向北伐军派遣中共党员的工作。"四一二"反革命政变后，聂荣臻赴上海，协助周恩来整顿遭受破坏的工人纠察队，处理善后工作。1927年7月，由周恩来指定为中共前敌军委书记，赴九江准备武装起义。8月1日，在九江南面的马回岭车站组织张发奎部第二十五师两个多团参加南昌起义，被任命为第十一军党代表，与军长叶挺率部南下。潮汕失败后，转赴香港。继而参与领导广州起义，在起义受挫的情况下，与叶挺果断率部撤退，保存了部分革命

武装力量。1931年,聂荣臻进入中央苏区,先后任中国工农红军部政治部副主任、第一军团政委。1932年3月,当"左"倾冒险主义执行者要求中央红军夺取赣江两岸的城市时,他和军团长林彪支持毛泽东关于红军主力向国民党兵力薄弱的地区发展的意见。4月,聂荣臻作为东路军政委,与东路军总指挥林彪率领部队参加了第四、第五次反"围剿"。1934年10月,与林彪率部参加长征。在遵义会议上,聂荣臻坚决支持毛泽东的正确主张。红军巧渡金沙江后,聂荣臻担任红军先遣队政委,与司令员刘伯承一起,率部通过彝族区,强渡大渡河。随后和林彪率一军团作为长征队伍的先锋,翻雪山,过草地,打开前进的道路。在俄界出席中央政治局扩大会议期间,坚决反对张国焘的分裂活动。到陕北后,与林彪率部参加了直罗镇战役和东征。1936年5月,与代理军团长左权率领部队参加西征,参与指挥山城堡战役。

抗日战争爆发后,聂荣臻任八路军第一一五师副师长、政委,与林彪指挥了著名的平型关战役,取得了全国抗战的第一个大胜利。1937年11月,聂荣臻担任晋察冀军区司令员兼政委,率部在晋察冀边地区创建了第一个敌后根据地。在建立、巩固和发展根据地的过程中,他正确贯彻执行中共中央关于抗日战争的战略方针和各项政策,一切从战争的实际需要出发,凭借其雄厚的军事智慧实力,和对当时战略形势的科学分析与把握,形成了"欲立必稳,欲战必众,欲安必固,欲胜必强"的军事指导原则。以根据地为游击战的依托,发动群众打人民战争,建立巩固的抗日民主政权,形成了三位一体的武装力量体制。到1938年年底,晋察冀边区抗日根据地已发展到72个县,曾被中共六届六中全会主席团来电称誉为"敌后模范的抗日根据地及统一战线的模范区"。毛泽东对聂荣臻的工作成绩和才能佩服不已,对他在我党敌后抗日斗争中的表率作用给予了高度的评价,当白求恩要到晋察冀去时。毛泽东并无夸张地对白求恩说:"《水浒传》写了鲁智深大闹五台山的故事,五台山就在晋察冀。五台山,前有鲁智深,后有聂荣臻。聂荣臻就是新的鲁智深。"1939年冬,这位"鲁智深"巧妙地指挥了雁宿崖、黄土岭战斗,歼灭日军独立混成第二旅团1500余人,击毙了被日军称为"名将之花"的阿部规秀中将旅团长,大长了中国军民的抗日士气,给了日本军国主义者以军事和心理及政治上的多重打击。1940年春,聂荣臻率部参加"百团大战"组织指挥部队在正太、津浦、平汉、北宁等铁路线进行破袭战。1941年秋,日军7万余人对晋察冀边区的北岳、平西地区大举"扫荡",聂荣臻在指挥主力转移至外线作战的同时,率党政机关1万余人,在只有一个团的兵力的掩护下,突出重围,粉碎了日军围歼晋察冀领导机关和主力部队的企图。1942年,在斗争极其残酷、根据地日益缩小的情况下,聂荣臻根据当时的战情分析,适时提出"向敌后之敌后挺进",组建大量武装工作队,深入敌占区,袭击和夺取日伪军力量薄弱的据点,扩大游击区。到 1943 年后,逐步挫败了日伪军频繁的"扫荡""蚕食"和"清剿",扭转了困难局面。

1945 年 10 月, 聂荣臻与贺龙共同指挥晋察冀军区和晋绥军区的部队进行绥远战役。在解放战争中,聂荣臻屡建战绩,尤其是在指挥正太战役中,歼灭了国民党军 3 万余人,攻克了正太铁路沿线七个城及井陉等重要矿区,使晋察冀鲁豫解放区连成一片。继而又组织晋察冀野战军发起石家庄战役,获胜之后,又根据中央指示,与林彪、罗荣桓组成平津战役总前委,成功地组织指挥了平津战役。

新中国成立后,自 1950 年年初,聂荣臻任人民解放军代总参谋长,主持总参谋部工作,协助中央军委领导人部署人民解放军解放西南地区和东南沿海岛屿,清剿国民党残余武装和土匪。参与抗美援朝的组织工作。为人民解放军的精简整编,组建各军兵种领导机关和军事院校,制订军事条令、条例,做了大量工作。1955 年被授予中华人民共和国元帅军衔。

1956 年 11 月,聂荣臻担任国务院副总理,主管科学技术工作。尤其是 1959 年兼任国防部国防科学技术委员会主任后,聂荣臻领导国防科技攻关,组织全国大协作,仅用 5 年时间就研制成功多种导弹和原子弹。今天,中华民族之所以能够自立于世界民族之林,之所以能够一改积贫积弱的形象,挺直民族的脊梁,之所以能扬眉吐气不再遭受帝国主义和列强的侵略与凌辱,这都与聂荣臻这位国防科技的奠基人的丰功伟绩息息相关。1992 年 5 月 4 日,当这位百战沙场,建军建国的元勋与世长辞之时,全国人民极度悲痛,人民给予他永远的怀念。

叶剑英:"在关键时刻立了大功"

1967 年春天,毛泽东视察大江南北时曾摸着自己的头说:"叶剑英在关键时刻立了大功。如果没有他,我们就没有这个了。他救了党,救了红军,救了我们这些人。"叶剑英之所以得到了毛泽东如此高的评价,是因为他在中国革命的关键时刻,以其超人的胆识和谋略,多次使党和军队转危为安,化险为夷。

叶剑英原名宜伟,字沧白,1897 年 4 月 28 日出生于广东梅县雁洋堡一个小商人家庭。少年时期就学于梅县东山中学, 后来去南洋谋生。1917 年夏回国进入云南讲武堂学习,1919 年毕业后, 为追随孙中山而赴福建漳州参加孙中山领导的 "援闽" 粤军。1920 年 8

叶剑英

月，参加了粤军四面驱逐桂系军阀战役，翌年被荐任为孙中山的随员，1922年2月任海军陆战队营长，同年夏率部参加护卫孙中山，反击判军陈炯明的作战，同年秋任东路讨贼军第8旅参谋长。1924年3月升任建国粤军第2师参谋长，并应廖仲恺之邀，参与筹办黄埔军校，任教授部副主任。在黄埔军校，叶剑英与一些共产党员交往密切，开始接受马克思主义。1926年参加北伐，次年初任新编第二师师长。

1927年蒋介石发动"四一二"革命政变后，叶剑英毅然通电反蒋，从吉安奔赴武汉，担任国民革命军第四军参谋长，同年7月加入中国共产党。南昌起义前夕，叶剑英在九江得知汪精卫阴谋加害叶挺、贺龙的消息，立即电告叶、贺并商量对策，从而使叶、贺等革命的领导人化险为夷，为保护革命力量和发动南昌起义立了大功。南昌起义后，叶剑英又以其独特的魅力劝说第二方面军总指挥张发奎放弃尾追撤出南昌的起义军，从而减少了起义军被追击的压力，为起义部队的生存和发展立下了汗马功劳。后人在反思这段历史时清楚地认识到，"如果没有叶剑英，那段历史可能就要重写"。随后叶剑英兼任由武汉中央军事政治学校改编的第四军教导团团长，率领部队南下进入广州，并根据中共广东省委的指示，扩充部队，为起义创造条件。12月11日，参与领导了广州起义并担任工农红军副总指挥。

1928年，叶剑英赴苏联，进入中国劳动者共产主义大学学习。1930年回国，次年进入中央苏区，历任中央革命军事委员会委员兼总参谋部部长、中国工农红军第一方面军参谋长、中国工农红军学校校长、闽赣军区及福建军区司令员等重要职务，参与反"围剿"作战的指挥。长征时任第一纵队司令员兼政委。第一、第四方面军会合后，任红军前敌总指挥部参谋长。1935年8月上旬，第一、第四方面军混合编成右路军和左路军，分别从毛儿盖、卓克基等地出发北上，叶剑英任右路军参谋长。9月9日，当他参加右路军前敌指挥部会议，看到张国焘背着中央密令右路军南下，企图分裂和危害党中央的电报时，佯装入厕，飞跑到中共中央驻地向毛泽东报告，使中共中央采取了正确的防范措施，为确保中共中央的安全和红一方面军主力胜利北上立了大功。9月12日，组成陕甘支队，担任参谋长兼第三纵队（即军委纵队）司令员，到达陕北后，叶剑英担任第一方面军参谋长。1936年2月，叶剑英协助毛泽东、彭德怀指挥东征战役。7月起，到安塞、西安等地，联络东北军、西北军中的爱国力量，开展抗日民族统一战线工作。12月任中央革命军事委员会副总参谋长。西安事变发生后，协助中共全权代表周恩来在西安做了大量工作，推动事变的和平解决。周恩来回延安后，叶剑英继续留守西安红军联络处，处理各种遗留事宜，努力促成团结抗战局面。

抗日战争爆发后，叶剑英同周恩来、朱德一起，作为中国共产党和红军的代表，参加了南京国防会议,后任八路军参谋长、中共中央长江局委员、南方局常务委员等职,在南京、武汉、长沙、重庆等地,广泛联络国民党上层人士,进行抗日民族统一战线工作。1939年2月,国民政府军事委员会在南岳衡山举办西南游击战战略战术训练班,叶剑英担任副教育长,讲授游击战战略战术,宣传持久战思想。1940年3月,叶剑英出席了由蒋介石组织召开的全国参谋长会议,发表了《对日作战和反摩擦问题》的会议讲话,驳斥了国民党顽固派的反共言论。1941年2月返回延安,担任中共中央革命军事委员会参谋长,协助毛泽东、朱德等指挥作战。同时,为加强全军参谋部门建设,领导制定了一系列参谋工作的制度和措施,为我军司令部工作正规化奠定了基础。同年11月,叶剑英兼任军事教育委员会委员和军事学院副院长。1943年夏,当国民党顽固派发动第三次反共高潮时,叶剑英积极建议中共中央在进行军事反击准备的同时,大力开展政治宣传战,公开揭露国民党顽固派破坏团结抗战、制造内战的阴谋,为制止国民党顽固派蓄意发动的大规模军事进攻,发挥了重要作用。1944年,叶剑英在延安多次会见中外记者参观团和美军观察组,介绍八路军、新四军的抗战情况和战绩,扩大了中共敌后抗战的国际影响。

抗日战争胜利后,叶剑英参加了以周恩来为首的中共代表团,赴重庆出席政治协商会议,同国民党政府就国共停止军事冲突问题进行谈判。1946年1月10日,国共双方正式签订停战协定并颁布停战令。他随即到北平,任军事调处执行部中央代表,同国民党代表、美国代表调处国共军事冲突和监督双方执行停战协议。蒋介石发动全面内战后,他于1947年2月返回延安,担任中国人民解放军参谋长,同年3月,当中共中央主动撤离延安后,叶剑英奉命到山西临县地区担任中共中央后方委员会书记,统筹后方工作。1948年5月,叶剑英担任华北军政大学校长兼政委。12月被任命为北平市市长。

中华人民共和国成立后,叶剑英任华南军区司令员兼政委,参与组织海南岛战役,领导华南军民剿灭国民党残余武装和土匪,实行土地改革,建立城乡人民政权,恢复和发展生产。1952年担任中南军区代司令员、中共中央中南局书记。1954年担任中央人民政府人民革命军事委员会副主席、人民解放军武装力量监察部部长等职。1955年被授予中华人民共和国元帅军衔。1958年担任军事科学院院长兼政委,参与领导人民解放军革命化、现代化、正规化建设,为坚持和发展毛泽东军事思想,做出了重大贡献。叶剑英身经百战,为人民解放军的创立和发展立下了汗马功劳,尤其是在粉碎"四人帮"的斗争中起了重要作用,使党、国家和军队化险为夷。叶剑英文武双全,人称儒将,精通诗词,他的军事论著丰富了毛泽东军事思想,他的功绩永照千秋。1986年10月22日与世长辞之后,党和人民给予他以极大的怀念。